掌握生存技能
累積失敗經驗
克服恐懼心理
從初步成長到獨立自主
打造孩子的人生基礎

初為人母
很無助！

錢媽媽 —— 編著

◎ 想當個好爸媽，居然還有 7 種禁忌語言？
◎ 懲罰 10 大智慧，竟是一種微妙的家教藝術？
◎「白臉」要點＋「黑臉」準則，該注意的太多？
◎ 從照顧到教養，身為榜樣的父母卻有 30 種壞習慣？

天下最難的職業莫過於為人父母，
一本書為你提供所有育兒需要的幫助！

目錄

第七章　尊重孩子的原則

第八章　育兒經裡的理財經

第九章　你是什麼樣的父母

第十二章　和孩子一起玩遊戲

第十三章　「教」的藝術

第十四章　為孩子提供一個安全的成長環境

第十五章　教育的真諦

前言：淺談家庭教育的心得與體會

　　教育孩子不僅是學校、社會的責任，更是父母的職責。家庭教育對孩子的成長發展具有舉足輕重的影響。人們常說：父母是孩子的啟蒙老師。自孩子出生，就首先接受到了來自父母的教育。在家庭生活中，父母的喜怒哀樂、一言一行都對孩子的成長有著潛移默化的影響。因此，身為父母，應該充分發揮家庭教育的作用，讓孩子從小受到良好的教育，為今後的發展奠定扎實基礎。

　　家庭教育的方法、形式是很多的，不管多少，我覺得最重要的是要結合家庭實際情形和小孩的身心特性，有目的、有針對性地展開家庭教育。我最深的體會是：

▌必須以身作則，做好孩子的榜樣

　　要教育孩子，首先就要以身作則，讓自己成為孩子學習的榜樣，讓孩子感受到最真實的教育。只有自己做了，孩子才會跟著學習。如果光是說教，說大道理，而自己不能示範帶頭做起，那麼，這種教育不過是金玉其外敗絮其中的教育，是絲毫達不到效果的。比如，父母教孩子誠實、不說謊，而父母自己卻常常說謊，甚至在孩子面前說謊。孩子知道了，也就學會了說謊。又如，要孩子讀書，養成良好學習習慣，父母就必須常常陪孩子一起讀書。如果不是這樣，長時間在外，缺乏與孩子的情感交流，那麼，即使是用金錢或物質鼓勵孩子，也沒有什麼用。

多與孩子溝通，家長要做孩子的知心朋友

多與孩子溝通，深入了解孩子的想法，充分尊重孩子的意見。平常，不管工作有多忙，我總是想辦法抽出時間來陪孩子，利用吃飯、散步、接送上學等時間，與孩子溝通，了解孩子的想法變化，並進行正面的引導，促進孩子的健康成長。

在與孩子溝通的過程中，也許你會發現，不論孩子的話題多麼簡單，如果你表現出感興趣的姿態，那麼，孩子就會主動打開心門，樂於和你溝通。相反，如果你總是沉著臉，一言不發，一幅漫不經心的樣子，就會令孩子十分失望。慢慢地，他也會養成對什麼事都不關心的習慣。即使遇到問題，也不會主動來找你。

俄國作家契訶夫（Anton Chekhov）說過這樣一句話：母親之所以在教育孩子方面不能由別人代替，就是因為她能夠跟孩子一起感覺、一起哭、一起笑……等，單單靠理論和教訓是無濟於事的。

正確引導培養孩子的興趣，打開求知之門

愛因斯坦曾被人們譽為天才，可他卻說：「這個世界，沒有天才，只有興趣！」興趣為什麼如此重要？因為孩子的興趣在哪裡，他的優勢和天賦就在哪裡。發揮孩子的優勢，他更容易找到自己的定位，並取得成功。如果阻止了孩子的興趣，他就失去了發展的可能。因此，發現並呵護孩子的興趣是父母的天職。對此，我深有體會。興趣是孩子探索知識之門，是學習的發動機。如果對知識沒有興趣，孩子怎麼可能追求知識呢？

身為家長，要根據孩子的個性特質，發現、培養並激發孩子的興趣，比如從小讓他學習繪畫、書法、電腦程式設計、樂器等等。孩子有了興趣特長，不僅生活變得充實，學習自信心也會大大提高，求知的欲望也相應增強。這樣，就可以促使他身心全面發展。

多鼓勵、多表揚孩子，讓他獲得持久動力

在成長過程中，孩子有了進步，家長要適當表揚，哪怕是孩子的一點點進步，都要及時加以鼓勵肯定。這樣做，孩子會更加充滿信心，更加積極向上。尤其是，孩子遇到困難時，父母充滿關愛和鼓勵的話語，將增加孩子克服困難的勇氣。

確實，人生的路上，有平原小溪，更有高山大河；有燦爛陽光，更有風風雨雨，只有那些勇敢的人，才能像暴風雨中的海鷗，「得意洋洋地掠過海面，好像深灰色的閃電」。良好的承受失敗與戰勝挫折的能力，受到挫折後的恢復能力和百折不撓、不向失敗屈服的精神，是成功人才不可缺少的特質。

總之，多鼓勵、多表揚孩子，想讓他獲得學習進步的持久動力，就要正確面對孩子的成功與失敗，家長「既要贏得起，也要輸得起」。

第一章　吾家有兒初長成

▌寶寶哭聲的密碼解析

　　小寶貝才 3 個月大，平時吃了睡、睡了吃，既聽話又省心，可是最近不知道什麼原因寶寶總會大聲地哭鬧，找不到癥結所在，讓新手媽媽變得憂心忡忡。其實，不會說話的寶寶才聰明呢：他們會用各式各樣的哭聲來告訴媽媽自己的心情和健康狀況哦！

翻譯寶寶的哭聲

　　如果寶寶這樣哭：寶寶的臉色紅潤、氣定神閒，哭鬧時聲音洪亮、中氣十足，有時候表現地哭哭停停、有時候哭聲又一聲跟著一聲，此時哭泣大多發生在餵奶前或剛剛餵完奶沒多久，在哭泣的間歇，寶寶的嘴巴在尋覓和吸吮、甚至還會吃手指。

　　寶寶表示 ──「我餓了！」

　　許多寶寶之所以會哇哇哭泣，最常見的原因就是寶寶餓了！造成寶寶飢餓的原因可能是母乳不足、寶寶沒吃飽，或母乳品質不好、不能提供足夠的熱量，又或者瓶餵時的奶嘴不合適、奶粉濃度比例不對等問題。

　　哭聲消音器 ── 餵奶好啦！

　　媽媽應該學幾招判斷寶寶是否飢餓的方法。如果媽媽的奶量充沛，那麼在寶寶開始吸吮幾分鐘內，便能快速的分泌母乳，並且每次寶寶只吸吮一側乳房就能吃飽。如果餵奶後，將乳頭放入寶寶口中，他還吸吮，這就說明媽媽的奶水不夠。而寶寶在吃飽後應該能安穩的睡上一覺，安靜達

2 ～ 3 個小時，說明寶寶吃得很好。

如果寶寶這樣哭：有的寶寶一邊哭，一邊轉頭張大眼睛溜溜的四處尋找，在看不到人時哭聲較低、斷斷續續，看到人之後哭聲變大，彷彿非常的委屈。只要你放下手中的活計，輕輕的撫摸或者將他抱起來他就立即停止哭泣、破涕為笑。

寶寶表示 ── 「我很寂寞！」

這種哭泣的原因是寶寶的心理需求沒有得到滿足，一方面有的寶寶個性脆弱、敏感孤獨，他可能覺得被媽媽冷落了；另一方面則可能是由於媽媽喜歡抱著寶寶做事情，結果寶寶養成了黏人的「壞習慣」。

哭聲消音器 ── 媽媽在關注寶寶呢！

媽媽要經常用目光、微笑和撫摸來增進彼此的親密感，盡量不要在寶寶哭鬧時總是將他抱起來搖晃或拍打，這樣才能避免建立錯誤的信號，養成寶寶用哭鬧「要求」媽媽來關愛的習慣。同時注意當寶寶 3 個月大以後，應該開始逐漸建立雙方正確的交流方式及合理的溝通管道，媽媽透過擁抱、親吻、哼唱兒歌來平息寶寶的失望、膽怯等負面情緒。

聽懂新生兒哭的含義

說的能力 ── 新生兒「說的能力」就是哭的能力。哭是新生兒唯一的語言，如果新生兒出生沒有哭，醫生會立即進行搶救 ── 哭象徵生命，依哭聲大小衡量生命的品質。整個新生兒時期，寶寶都在哭，新手媽媽要學會聽懂這種特殊的語言。

⊙ **健康性啼哭**：嬰兒正常的啼哭聲抑揚頓挫，不刺耳，聲音響亮，節奏感強，無淚液流出。每日累計啼哭時間可達 2 小時，是運動的一種方式。嬰兒正常的啼哭一般每日 4 ～ 5 次，均無伴隨症狀，不影響飲食、睡眠及玩耍，每次哭時較短。如果你輕輕觸摸他或朝他笑笑，或

把他的兩隻小手放在腹部輕輕搖兩下就會停止啼哭。

⊙ **飢餓性啼哭**：這種哭聲帶有乞求，由小變大，很有節奏，不急不緩，當媽媽用手指觸碰寶寶面頰時，寶寶會立即轉過頭來，並有吸吮動作；若把手拿開，不給餵哺，寶寶哭得會更厲害。一旦餵奶，哭聲戛然而止。吃飽後絕不再哭，還會露出笑容。

⊙ **過飽性啼哭**：多發生在餵哺後，哭聲尖銳，兩腿彎曲亂踢，向外溢奶或吐奶。若把寶寶腹部貼著媽媽胸部抱起來，哭聲會加劇，甚至嘔吐。過飽性啼哭不必哄，哭可加快消化，但要注意溢奶。

⊙ **口渴性哭鬧**：表情不耐煩，嘴唇乾燥，時常伸出舌頭，舔嘴唇；當給寶寶餵水時，啼哭立即停止。

⊙ **意向性啼哭**：啼哭時，寶寶頭部左右不停扭動，左顧右盼，哭聲平和，帶有顫音；媽媽來到寶寶面前，啼哭就會停止，寶寶雙眼盯著媽媽，很著急的樣子，有哼哼的聲音，小嘴唇翹起，這就是要你抱抱他。

⊙ **尿溼性啼哭**：啼哭強度較輕，無淚，大多在睡醒時或吃奶後啼哭；哭的同時，兩腿踢被。當媽媽為他換上乾淨的尿布時，寶寶就不哭了。

⊙ **亮光性啼哭**：寶寶白天睡得很好，一到晚上就哭鬧不止。當打開燈光時，哭聲就停止了，兩眼睜得很大，眼神靈活。這多是白天睡得過多所致，應逐漸改變過來。

⊙ **寒冷性啼哭**：哭聲低沉，有節奏，哭時肢體少動，小手發涼，嘴唇發紫；當為寶寶加衣被，或把寶寶放到暖和地方時，他就安靜了。

⊙ **燥熱性啼哭**：寶寶多大聲啼哭，不安，四肢舞動，頸部多汗；當媽媽為寶寶減少衣被，或把寶寶移至涼爽地方時，寶寶就會停止啼哭。

⊙ **困倦性啼哭**：啼哭呈陣發性，一聲聲不耐煩地亂叫，這就是習慣上稱的「想睡覺」。寶寶想睡覺，常因室內人太多，聲音嘈雜，空氣汙

濁、過熱。讓寶寶在安靜的房間躺下來，很快就會停止啼哭，安然入睡。

- **疼痛性啼哭**：異物刺痛，蟲咬，硬物壓在身下等，都造成疼痛性啼哭。哭聲比較尖銳，媽媽要及時檢查寶寶被子、衣服中有無異物，皮膚有無蚊蟲咬傷。

- **害怕性啼哭**：哭聲突然發作，刺耳，伴有間歇性大叫。害怕性啼哭多出於恐懼黑暗、獨處、小動物、打針吃藥或突如其來的聲音等。要細心體貼照看寶寶，消除寶寶恐懼心理。

- **排便前啼哭**：排便前腸胃蠕動加快，寶寶感覺腹部不適，哭聲低，兩腿亂踢。

- **傷感性啼哭**：哭聲持續不斷，有眼淚。比如寶寶養成了洗澡、換衣服的習慣，當不洗澡、不換衣服、被褥不平整、尿布不柔軟時，寶寶就會傷感地啼哭。

- **吸吮性啼哭**：這種啼哭，多發生在餵水或餵奶 3 ～ 5 分鐘後，哭聲突然陣發。原因往往是因為水、奶過涼、過熱；乳頭孔太小，吸不出來奶水；乳頭孔太大，奶水太多，嗆奶。

用哭聲辨別他的需求

新生寶寶是透過哭讓你知道他需要什麼的。第一個原因是他感到肚子餓了。你要注意觀察，他什麼時候想吃奶，什麼時候不想吃奶，你很快就可以判斷寶寶的哭是否因為餓，還是因為不舒服、想引起別人關注。有時候，寶寶哭是想要別人抱他，有時候是尿布溼了不舒服，有時候是他感覺到疲倦了或厭煩了。

只要你和寶寶彼此都熟悉了，你就能分辨出寶寶哭的不同原因，然後採取針對性措施。

寶寶哭的時候，你及時去照看，關注他，這並不會寵壞他的脾氣，只會有利於寶寶感覺到你的愛，使他產生安全感。

專家提示：盡可能朝寶寶微笑、接觸和交談，不管是在餵奶、換尿布和洗澡時，都應該這樣做。你充滿慈愛的照看，對寶寶來說是多麼的重要。

安撫寶寶的方法，有時候寶寶並不餓，尿布也是乾的，看起來也沒有生病，但就是哭個不停。這可能是因為他感覺不舒服。你可以採用多種方法安撫寶寶，具體做法：

- ⊙ 坐在寶寶搖籃邊，輕輕地拍拍寶寶。
- ⊙ 柔和地撫摸寶寶的頭、後背或胸脯。
- ⊙ 輕輕哼唱歌曲或播放輕柔音樂。
- ⊙ 用毯子將寶寶包起來。
- ⊙ 用柔和的聲音，輕聲細語地與寶寶交談，表明你在他身邊，會照看他的。

如果你動了很多腦筋，用了很多辦法，寶寶還是哭個不停，不用慌亂，更不必束手無策。如果你發脾氣，寶寶是會感受到的。不管你多麼生氣、煩惱，絕對不要搖晃寶寶。用力搖晃會導致寶寶大腦損傷甚至死亡。如果你累了，想休息，最好請親戚鄰居來幫忙。

每個寶寶都會哭的，你不可能每天每次都做得完美無缺，讓寶寶感到舒舒服服的。寶寶哭鬧，並不等於說你是個不稱職的媽媽，只要你盡了力就可以了。

專家提示：有一個很簡單的應對寶寶哭鬧的辦法，那就是多多貼近他，多多照看他。研究表明，受人關注的寶寶哭得少。

如何餵養 2 ～ 3 個月的寶寶

2 ～ 3 個月的寶寶的餵養應該根據母乳的量來決定餵養方式。

1. 母乳充足時，2 ～ 3 個月的寶寶體重平均每天增加 30 克左右，身高每月增加 2 公分左右。過去吃奶吃得很多的寶寶，餵奶間隔的時間會變長。以往一過 3 個小時就餓得哭鬧的寶寶，現在即使過 4 個小時甚至更久也不醒，說明寶寶的胃可以存食了，決不要因為餵奶時間到了就叫醒寶寶，這樣會影響寶寶的休息。

   這個時期，有的媽媽可能會出現母乳逐漸減少的情況，如果寶寶體重增加速度下降，變得愛哭、夜裡醒來哭鬧的次數增多，此時應該加餵一次牛奶試試，如果效果不明顯就再增加一次牛奶。寶寶體重每天增加 30 克左右是比較理想的。

2. 用牛奶餵養，此時的寶寶食慾旺盛，如果按照寶寶的食慾不斷加奶就有可能過量，繼續加下去就會過度肥胖，體內積存不必要的脂肪，加重心臟、腎臟和肝臟的負擔。雖然吃母乳的寶寶也有肥胖的，但由於母乳易於消化，不會加重肝腎負擔。

   為了不使寶寶過胖，這時牛奶的每日用量應限制在 900 毫升以下，計算 900 毫升產生的熱量為 580 大卡，足夠寶寶的需求。一天餵 6 次，每次不超過 150 毫升，如一天餵 5 次，每次不超過 180 毫升。

3. 開始增加果汁、副食品以補充維生素。

當寶寶拒絕奶瓶餵養怎麼辦

一直用母乳親餵的孩子一看到奶瓶就會哭叫，這是一個常見問題。為避免這種與奶瓶抗拒現象的發生，建議新手媽媽在寶寶斷奶三週前就開始穿插規律的奶瓶餵養（裡面最好裝上擠出的母乳），這種交叉哺乳不會對

寶寶的生長造成任何干擾。

　　媽媽在寶寶 6 個月時突然意識到要盡快改為奶瓶餵養，於是不自覺中讓整個形勢緊張起來。媽媽通常發現小寶貝會有一種「奶瓶恐懼綜合症」，原因可能是奶瓶與乳房母乳流出方式的不同讓他不習慣，或者孩子曾經在奶瓶餵養時被嗆過以至於產生反感。

　　當然，孩子也可能是依戀母親溫暖、柔軟的乳房，並發覺橡皮奶嘴口感不好。這些都是可以理解的。小寶貝可能還不知道如何正確地從奶瓶中吸吮，當然孩子也可能根本沒有機會嘗試正常吸吮，因為奶瓶從來沒有以正確的方式放進他的嘴裡。

　　許多媽媽喜歡握住奶瓶的底部餵孩子，實際上這樣無法完全控制奶瓶。正確的方法應該是握在奶瓶上部，並用餘下的手指輕輕抵在寶寶臉部。

　　如果你有一個「奶瓶恐懼綜合症」的孩子，請按照以下方法執行，從而在 24 小時內從母乳親養順利過渡到奶瓶餵養。

　　開始嘗試前最好確保寶寶已經大於 4 個月。

1. 留出 24 小時，在這期間只進行奶瓶餵養。選一個有人在旁邊幫忙的日子。你可能需要擠出母乳以免乳房飽脹和疼痛，然後你可以將母乳用奶瓶餵給寶寶。

2. 這一天，用奶瓶餵養前至少 2 ～ 3 個小時不給寶寶任何吃的或者喝的，直到孩子感覺飢餓並有食慾。

3. 嘗試不同的奶瓶和奶嘴。柔軟的乳頭狀奶嘴最好。使用一個可以搭配任何型號奶嘴的普通、瘦長的奶瓶。

4. 如果可以，剛開始最好使用擠出的母乳，因為你的寶寶已習慣那種味道。如果母乳缺乏，可用其他配方奶。

5. 用一根消毒過的針在奶嘴上戳一個較大的洞，保證流量比母乳流量

大。對像這樣一旦奶嘴放到嘴裡就會哭叫的寶寶，這種措施很有效，因為可以讓她有一種奶能非常流暢地流出的感覺。

6. 奶瓶裡的奶要完全加溫。很多母乳餵養的寶寶喜歡奶瓶裡的奶比平常溫度高一點，當然前提是不能燙傷寶寶。

7. 讓寶寶筆直地坐在你的膝蓋上，避免母乳流速過大使寶寶產生窒息或恐慌。不要像母乳親養時那樣讓寶寶躺在你的臂彎裡，奶瓶餵養時這樣的姿勢讓寶寶感覺不適。

8. 用周圍能發出聲響的玩具或電視轉移寶寶的注意力。在寶寶意識到奶嘴在嘴裡前，他已經在不知不覺中開始吸吮。

9. 要耐心。如果寶寶出現窒息現象，馬上讓他挺直身體，但是奶嘴要繼續放在他的嘴裡。

10. 要堅持。至今為止，我們發現 24 小時是寶寶能堅持的最長時限，大部分寶寶很快很自然地放棄了對母乳親養的堅持。

▌寶寶晚上不睡覺怎麼辦

　　一個月內的新生兒，正常情況下，平均每天睡眠的時間約可達十六至二十個小時，是成年人的兩倍多。

　　在母親肚子裡的時候，胎兒是沒有白天與夜晚的區別，因為子宮內都是昏暗暗的。但是出生後馬上就面臨了晝夜的問題，人類在千萬年演化的過程中造就了夜伏晝出的生活習性，白天活動，夜晚休息，所以父母皆希望寶寶能調整生理時鐘，與父母作息時間相配合。但實際情況卻不如此。

　　寶寶晚上不睡覺，哭鬧要大人抱，多為心理因素，是成長階段的必然現象，隨著寶貝的心智發展，他日漸需有人刺激玩耍，只是寶寶選擇的時間對大人不適合而已。半夜吵鬧對父母而言的確很傷神的。

　　因此，為了寶寶及父母雙方的利益，一定要將寶寶夜晚不睡覺的習慣儘早改過來。

但是寶寶的生理時鐘是無法在短時間內調整過來，父母可以利用下列的方法逐步進行：

1. **白天盡量不要讓寶寶睡覺**：可與之玩耍、刺激或放置到光線充足的地方，使之不易入睡；而到了晚上就盡量把光線調暗，環境安靜，使其舒適而能安睡。

2. **可以借助一些安眠的藥劑**：與兒科醫師溝通，使用無上癮性的鎮靜劑，在夜晚需要讓寶寶安睡時適量給予，促使其安睡；大約只要一週左右的時間，寶寶的睡眠習慣就可以調整過來了。（但這種方法一般不建議使用）

3. **置之不理**：寶寶夜晚哭鬧不停，只要確定無病痛，屬於情緒性的哭鬧，要人撫慰時，父母可置之不理，但要不動聲色地在旁觀察，待其哭鬧累了，自然就會安睡。經過一段時間後，寶寶的心理會意識（學習）到，當睜開眼看到黑漆漆的時候，再怎麼哭鬧也不會有吃或擁抱的。

總之，父母只要持之以恆，一定可以改變寶寶夜晚不睡的習慣。

▎嬰兒是怎樣學習的

嬰幼兒的智力發展一直是科學家十分關注的課題。儘管嬰幼兒腦科學研究有很大難度，科學家還是透過實驗和觀察在這一領域取得了重大進展。現在，科學家已經知道：

⊙ 新生兒的大腦不到一磅重，只有成人大腦的四分之一大小，而且大量的神經連繫尚未完成。

⊙ 3 個月大時，控制視覺區域裡的大腦突觸（指一個神經元的軸突接觸並影響另一個神經元的樹突或胞體的部位）的密度達到最大，嬰兒開

始能分辨顏色，順利地追蹤物體的運動。

- 6 個月大時，使嬰兒理解和產生語言的大腦部分全面發展。

- 12 個月大時，海馬迴（延伸於腦的每一個側腦室下角底上的一條海馬狀突起，被認為是記憶之所在）已發育成熟，學步中的嬰兒能回憶起幾分鐘以前發生的事情。

- 18 個月大時，嬰兒的注意力持續時間以及計畫和執行行動的能力，暗示在額葉前部的腦皮層中，智力正在出現。

- 24 個月大時，隨著腦力的增強和從社會環境中獲取的經驗的累積，嬰兒能夠獨立找到被隱藏起來的東西。

專家認為，很多人誤解了腦科學家們所發現的有關嬰幼兒快速認知發展的理論。

誤解之一：豐富的刺激活動可使大腦產生很多突觸，因此對嬰兒的刺激越多越好。

絕大多數的科學家都同意，如果孩子在家中得不到足夠的刺激，其智力就會落後於同齡的孩子。堪薩斯大學的研究人員發現，依靠福利生活的單身母親很少和他們的孩子交談，弱勢家庭的嬰兒平均每小時聽到 616 個單詞，而職業家庭的嬰兒平均每小時可聽到 2,153 個單詞。

由於家長的忽視或不穩定的家庭環境所造成的壓力，幼兒的學習能力可能會受影響。明尼蘇達大學幼兒發展教授根‧岡納發現，當遇到可怕的情景時，與父母關係不穩固的嬰兒會釋放出額外的壓力荷爾蒙，而與父母關係穩固的嬰兒的壓力荷爾蒙含量會保持正常。

然而，太多的豐富刺激則是件危險的事情。一些研究者警告說，過分刺激會阻礙學習。密西根大學心理學家阿諾德‧薩默羅夫說：「如果用過多的刺激來教孩子，那麼孩子學會一樣東西，要比按照有步驟、有計畫的方法教孩子花更多的時間。」一連幾個小時用抽認卡片操練孩子的家長會

讓孩子負載過重。孩子學得不耐煩時，就會透過轉頭、閉眼、開始坐不住或哭叫等方式顯示出來。薩默羅夫教授說：「來自『豐富刺激』環境的人為壓力──例如父母站在一旁焦慮地等待孩子成功──對幼兒是非常有害的。」

那麼父母該怎麼辦呢？賓州大學幼兒教育計畫主任說：「放輕鬆，不要有什麼心理負擔。」他建議說：「只要家長不用音樂課取代與孩子的交談，不用電腦軟體取代公園散步就行了。孩子們可以從他們每天接觸的世界中獲取全部刺激──如在地上爬、拿著茶壺玩耍、聽你說話等等。」

嬰兒教育的誤解之二是：基本學習能力在出生後的前三年就已形成，當突觸的快速形成階段結束時，基本學習能力的形成過程也隨之結束，幼兒智力發展的「敏感期」就像一扇窗一樣從此永久關閉。

其實，敏感期這一概念是一些生態學家根據對動物的研究提出來的，是指有機體的潛在能力只有在一定特定時期中提供特定的刺激，才能得到最好的發展。敏感期一般出現在生命的早期。這種用環境刺激腦力的理論來源於西元 1970 年美國科學家對老鼠的實驗。實驗表明，生活環境豐富並得到訓練的一組小白鼠的大腦皮質較厚，特定部位的突觸較多，完成學習任務較出色，而環境單調又無訓練的一組小白鼠的情況則相反。

不過，另一些美國科學家認為，適用於小白鼠的規律不一定適用於幼兒，何況豐富環境與單調環境之間的差距跟大多數家長推斷的良好環境與優秀環境之間的差距，二者是兩碼事。

實際上，為了和經驗相適應，人的大腦一生都在不斷發展著。它的復原力幾乎是無限期的。即使是一些在嬰兒期遭受嚴重感官剝奪的孩子，當被放入正常的環境中，大部分仍然能趕上正常幼兒。一些美國人領養的羅馬尼亞孤兒的情況就證明了這一點。研究人員花了數年時間追蹤調查這批遭受嚴重感官剝奪的兒童，結果驚奇地發現，他們到了美國後，大部分的智力水準都能夠趕上正常的美國兒童。

嬰幼兒早期教育以哪些內容為主

嬰幼兒的早期教育應該根據嬰幼兒的心理發展規律和年齡性,把重點放在發展幼兒的智力和個性特質培養上。

鍛鍊孩子的感官

嬰幼兒感覺器官的功能,需有相當的刺激輸入和鍛鍊,才能得以發展。因此,應從新生兒開始,利用聲音、語言玩具、實物等刺激其聽、視、觸、嗅覺等,促使他們在看、聽、聞、摸、嘗的過程中,獲得各種印象,這是人對客觀世界認知的第一步,對嬰幼兒智力發展有著重要意義。當幼兒會走路時,應帶其外出遊玩,讓孩子認識大自然和各種社會生活現象,幫助他們獲得簡單的知識,累積感情經驗,發展知覺,培養其敏銳的觀察力。

訓練語言和思維

幼兒的語言發展,一般要經過三個階段:從出生到 1 歲,是語言前期;從 1 歲到 1 歲半,是理解語言階段;從 1 歲半到 3 歲末,是表達語言階段。科學研究證實,嬰幼兒 1 歲半左右是學習語言的最佳時期。此時,幼兒學說話最容易而且學得快,故應及早與孩子說話,不斷與幼兒進行語言交流,可以誘導、啟發和促進孩子的語言發展。

珍惜幼兒的求知欲

嬰幼兒時期的兒童,對周圍的一切都感到新奇,尤其是他們剛學會走路和說話的時候,求知欲和好奇心很旺盛,父母應珍惜小兒的這種求知欲望,一定要耐心而熱情地傾聽,認真簡要而正確地回答幼兒提出的每一個

問題，從而滿足他們的要求，開闊他們的眼界，豐富他們的知識和經驗。此時，絕不能嫌麻煩而對孩子冷淡，甚至斥責或單純應付性地解答，否則將對幼兒心理及智力發展產生不良後果。

對幼兒的早期教育，要根據幼兒不同年齡的生理心理特性和發展規律，循序漸進，並且考慮到嬰幼兒和個體差異，因人施教，不能千篇一律。在實施早期教育時，可採取啟蒙式或遊戲式的方法讓孩子在生動活潑的氣氛中發展智力，切不可命令、包攬和灌輸。

▌八招養出健壯的小寶寶

第一招：母乳與副食品相得益彰

現在提倡母乳餵養，母乳餵養的優點不容置疑，母乳可滿足 4 ～ 6 個月以前嬰兒所需的營養素。然而 4 ～ 6 個月以後，其所含鐵質、葉酸、維生素、鈣等營養素就顯得相對不足，若不適時補充其他食物，即副食品，孩子不僅成長不好，而且有患貧血、佝僂症等疾病的可能。

第二招：主食與零食不可偏頗

寶寶一般在週歲左右斷奶，此時主食固然很重要，但零食也不可忽視，一味亂給或一點不給都不是明智之舉。美國一份調查資料顯示，孩子從零食中獲得的熱量達到身體所需熱量的 20%，獲取維生素與礦物質占總攝取量的 15%。所以說零食是孩子所需熱量與養分的重要補充，零食和主食哪樣都不能缺少。

第三招：貴食與賤食不分彼此

不少父母習慣於用價格的高低來衡量食品的貴賤，以為價格越貴的食

物對寶寶越是有益，其實，價格普通的奶、蛋、肉、豆類、蔬果及糧食才是兒童生長發育最必需的。研究表明，奶、蛋所含蛋白質的胺基酸組成與人類細胞組織的胺基酸很接近，消化吸收利用率高。肉食則含有豐富的鐵、鋅等微量元素，其營養價值遠遠超過許多價格超過他的食品。總之，選擇食物主要是遵循是否為幼兒所必需和能否被充分吸收利用的原則來定，與價格無直接連繫。

第四招：水果與蔬菜結合完美

有些家長認為水果營養優於蔬菜，加之水果口感好，孩子更樂於接受，因而輕蔬重果，甚至用水果代替蔬菜。其實，水果與蔬菜各有所長，可以給孩子提供不同的營養。但總體來說，蔬菜比水果對寶寶的發育更為重要。當然，水果也有蔬菜所沒有的保健優勢，故兩者應兼顧，互相補充，不可偏頗，更不能互相取代。

第五招：軟食與硬食兼施

年輕的父母常常擔心寶寶乳牙的承受能力，總是限制他們對硬食的攝入，更有甚者是讓他們避開硬食。但醫學專家告訴我們：嬰兒出生後，其頷骨與牙齦就已發育到一定程度，足以咀嚼半固體食物。乳牙長出後，更應吃些富含纖維，有一定硬度的食物，如水果、餅乾等，以增加寶寶的咀嚼頻率，並透過咀嚼動作牽動寶寶的面部肌肉及眼部肌肉的運動，這樣有利於寶寶血液循環的加速和頷骨與顏面骨骼的發育，對健腦和美容均有益。

第六招：葷食與素食雙管齊下

通常動物性食物被稱為葷食，葷食雖然營養豐富，口感也好，但脂肪

含量高，故應予以限制，不能多吃。家長在給寶寶配餐時，可做到肉，菜兼顧，葷素搭配。

第七招：進食與飲水並駕齊驅

重視進食，忽視飲水是不少家長存在的又一餵養盲點。水是構成人體組織細胞和體液的重要成分，一切生理與代謝活動，包括食物的消化，養分的運送、吸收及廢物的排泄，無一能離開水。年齡越小，對水的需求相對越多。因此在每餐之間，應給孩子一定量的水喝。

第八招：食物與情緒適時調整

食物影響著兒童的精神發育，不健康情緒和行為的產生與食物結構的不合理有著相當密切的關係。如吃甜食過多者過動、愛哭、好發脾氣；飲果汁過多者易怒甚至好打架；吃鹽過多者反應遲鈍、貪睡；缺乏某種維生素者易孤僻、憂鬱、表情淡漠；缺鈣者手腳抽筋、夜間磨牙；缺鋅者易精神渙散、注意力不集中；缺鐵者記憶力差、思維遲鈍等等。身為父母應牢記這些，並付諸於行動，以保持孩子健康樂觀的情緒。

第二章　一點點地放開手

▌7招讓寶貝愛上幼兒園

對幼兒而言，幼兒園是一個充滿陌生的環境，心理上的殺戮戰場。因為孩子一生中最大的「分離焦慮」是在幼兒園產生的。

有些幼兒不願意入學，總是哭鬧甚至絕食，家長怕委屈了孩子，結果是送送停停，三天打魚兩天晒網，孩子長期不能適應團體生活。

遇到這種情況，按照以下幾點來做當可以解決問題：

1. 必須堅持天天送去上學，態度要堅決，要說「明天該去幼兒園了」，不要說，「明天去幼兒園好不好？」也不要哄騙孩子或者答應孩子的不合理要求，即使孩子天天哭鬧也不能動搖。

2. 把孩子送到班上立刻轉身走，老師是有辦法安慰孩子的。不要兩眼淚汪汪，一步三回頭，這種焦慮不安的情緒會感染孩子，使他更感到害怕和孤獨。實際上，孩子哭幾天就會好的。

3. 若有可能，剛開始幾天您可以稍早一點接孩子，以免只剩下 1 ～ 2 個人時，增加孩子孤單、想家的心情。

4. 如果您的孩子比較膽小、內向，可以先向老師介紹一下孩子的性格特質，請老師給孩子介紹一個活潑外向的小朋友一起玩耍，孩子會更容易適應。

5. 向老師了解孩子一天的表現，有微小的進步都要給予表揚，這對孩子是一種精神安慰。

6. 從幼兒園接回家後多與孩子談談幼兒園的生活，讓他表演在幼兒園學

的兒歌舞蹈，從正面引導孩子對園裡生活的美好回憶。

7. 切記不要以送幼兒園、托兒所作為對孩子的威脅，這樣他會加深對托兒所、幼兒園的反感。

　　幼兒園對每個孩子都餘悸猶存，只因為那是一個完全陌生、看不到親人的地方。在媽咪離去時，瘋狂地喊叫哭泣，無助地趴在地上，此種恐怖的記憶對孩子而言，有種被撕裂與割離的情緒。所以如何使孩子能開開心心上幼兒園，對父母而這是一道很重要而且必須要克服的難關，此時期的親子教育對幼兒的心靈和心理發展有很大的影響，代表人生另一種轉變與蛻變。

　　建立良好的人際關係與社會關係。其實，協助孩子願意上幼兒園並非難事，只要稍微動一下腦筋，便可應付自如。以下的策略與方法可提供為人父母者參考：

　　首先是為孩子找同伴，同齡的或大一、兩歲的小孩。每天抽空讓孩子和左鄰右舍年齡相近的孩子多相處，以建立良好的人際關係與社會關係，將來上幼兒園時，可以和自己的同伴一起上學，如此才不會感到孤獨與無聊。

　　其次是養成孩子的正常作息習慣。早睡早起三餐定時定量，中午要睡午覺；第三是常帶孩子到戶外運動、遊戲，培養良好的生活習慣；第四是完成孩子大小便的訓練。讓孩子學會自己照顧自己，增加其自我自信心；第五是培養孩子看書的興趣。提供幼兒一些簡單的圖卡、圖畫以培養其閱讀的習慣。在未上幼兒園時，先養成其規律生活的習慣與自動自發的生活，將來才能適應團體生活，不致於因為生活的改變而導致適應不良。

　　然後是要孩子減少挫折、增強自信心。其次，良好習慣的養成，必須是點點滴滴累積而成。所以家長必須要花時間和心血，培養孩子良好的生活習慣，鼓勵其多與其他小孩子認識，建立友伴與同儕關係。養成孩子正

常作息和訓練孩子大小便，最終目的在於使孩子適應團體生活，如果孩子沒有養成這些習慣，很容易在團體生活中受到挫折，降低其自尊心；其次增加幼兒園老師的困擾，容易遭到同學們的訕笑，造成孩子幼小的心靈會造成很大的傷害，失去自信心而退縮畏怯，不敢輕易嘗試與冒險，缺乏進取的精神。

所以在孩子上幼兒園之前，一定要讓孩子學會自己上廁所。

例如，在兒子滿四歲時，媽媽讓他開始上幼兒園小班。記得帶兒子上學的第一天，一走進校門口，兒子就立刻鬆開媽媽的手，開心地到處和小朋友打招呼，玩得好開心；第二天正式上課，兒子穿著幼兒園的制服，站在巷口等娃娃車，看他又期待又開心的模樣，絲毫沒有畏懼上學的樣子。上幼兒園成為孩子每天最快樂的事。

現在的孩子大部分是獨生子女，有條件的最好送去托兒所或幼兒園，讓他們過一過團體生活，同齡兒童相互之間有一種天然的親和力，很快他們就會和諧愉快地生活在一起。剛去托兒所、幼兒園的不適應，會很快過去，家長大可不必過於擔心。

教寶寶自己吃飯

有的寶寶 3 歲多了，還不會自己吃飯，有的父母因此而不願意送寶寶去幼兒園，擔心寶寶在幼兒園沒有人餵飯，吃不飽。不會自己吃飯的寶寶一般還伴隨有挑食、偏食、吃飯慢等一系列飲食習慣方面的問題。

其實，應儘早養成寶寶自己吃飯的習慣。專家認為，吃飯不僅能為寶寶提供生長發育所必需的各種營養物質，而且寶寶的飲食行為發展是否正常，還關係到寶寶的精神和社會心理的發育發展。為寶寶選擇哪些食物、進食量、餵哺方式、時間、間隔、餐次等等，與父母的素養、家庭養育傳統及社會時代文化都有密切關係，這些因素既可能對寶寶生長發育產生正

面影響，也會造成寶寶餵養困難，損害寶寶的身心健康，甚至引起未來在情感、心理、社會交往和體格發育等方面的不少問題。

有經驗的父母可以發現，寶寶 10 個月以後（有的寶寶可能還要早），當他習慣於用湯匙吃副食品時，每次餵飯他都喜歡來搶奪你手中的餐具，這是訓練寶寶自己吃飯的一個很好的時機。這時候，你可以在每次餵飯時，也給寶寶另外準備一個湯匙和一個小碗，當然應該是不易碎裂的塑膠製品，讓寶寶自己拿著，，這時的寶寶一般不會來挖碗裡的食物，而是拿著餐具高興地敲敲打打，對吃飯也更加有了興趣。

過一段時間後，也許在 1 歲左右，寶寶可能就會用湯匙來挖碗裡的食物，並模仿大人把湯匙裡的食物送到自己嘴裡，想自己「吃飯」。這是訓練寶寶自己吃飯的最好時機。這時的寶寶很可能因此會把飯菜灑得一身一地。有的媽媽愛乾淨，也怕麻煩，不願意寶寶把一切弄得髒亂不堪，往往就生氣地制止寶寶這種行為，豈不知這樣做實際上是扼殺了寶寶自主自立學吃飯的萌芽，時間長了，寶寶就會認為吃飯就是一個被動接受的過程，與自己無關。

正確的做法是：給寶寶穿上一個圍兜，盡量防止弄髒衣服，但完全避免是不可能的，媽媽對此不要太在意。然後在餵寶寶的同時，把飯菜也放一點點在寶寶的小碗裡，比如幾粒白飯、一片菜葉，讓寶寶試著自己挖起來送進嘴裡，開始不成功沒關係，允許寶寶多次嘗試，即使飯菜掉到了地上，這時也不應該過分批評寶寶，更不能因此而制止他。很快你會驚喜地發現，寶寶能夠比較自如地完成這個動作了，這時要及時鼓勵寶寶，誇獎他說：寶寶真能幹，自己會吃飯了。

這樣寶寶也會很開心，自己動手的積極度就更高了。當然，這時寶寶吃飯主要還是要靠大人餵，只是要允許寶寶參與到這一過程中來，不能一味地包辦代替，打擊寶寶自理的積極度。隨著寶寶動手能力的加強，可以

試著讓寶寶獨立吃完一部分食物。

比如，在碗裡飯菜所剩不多時，讓寶寶自己吃掉剩餘的食物，如果寶寶能夠獨立完成，就予以正面鼓勵，這會讓寶寶產生一種成就感，也有助於自信心的培養。對於一些小饅頭、小包子之類食物，完全可以讓寶寶自己拿著吃。這樣有的寶寶在 1 歲半以後，慢慢地就可以逐漸過渡到自己吃飯了，甚至有的寶寶兩歲左右就可以使用筷子夾菜了。

等寶寶會自己吃飯以後，有時也會不肯自己吃，這時不要過分遷就他，告訴他吃飯是他自己的事，讓別人餵飯羞羞臉。使他樹立自立光榮的意識和觀念。這樣到 3 歲時寶寶上幼兒園後，就不用擔心寶寶自己吃飯的問題了。

有的父母或長輩心疼寶寶，凡事總愛包辦代替，總說寶寶還小，長大自然就會了。殊不知寶寶的許多壞習慣都是大人「培養」出來的。就從自己吃飯這件事來說，如果大人總是過分主動，寶寶自然就會相應被動，久而久之，不僅在吃飯這件事上總處於被動狀態，甚至連性格和其他行為習慣都會變得被動起來，缺乏自信，自理能力差，依賴性越來越強，責任心淡薄。

這對寶寶身心的健康發展都是不利的。因此培養寶寶良好行為習慣要從小事做起。

讓孩子掌握 6 種「生活技能」

根據世界衛生組織的建議，家長、老師都要努力幫助青少年在日常生活中學習和掌握生活技能。這裡所謂的「生活技能」不是指洗衣、做飯、整理內務等生存能力，而是指一個人的心理社會能力。

世界衛生組織將心理社會能力解釋為：是一個有效地處理日常生活中的各種需求和挑戰的能力；是個體保持良好的心理狀態，並且在與他人、社會和環境的相互關係中表現出適應和積極的行為的能力。

1. 了解自身特性，培養自我認知能力，要讓他們明白世界上不存在十全十美的人，只有看到自己的長處，才能培養樂觀健全的個性，造就快樂自信的人格。

2. 學會傾聽和表達，培養良好的人際交往能力要使他們懂得對人生採取和睦相處、友好協商、克己讓人的態度，對人際交往出現的問題和矛盾，採取寬容、公平、有禮有節的處理方式。

3. 了解情緒，學會緩解壓力的能力，培養他們學會緩解精神壓力，要教育他們懂得和學會宣洩和放鬆。

4. 理解支持他人，培養換位思考能力，要培養他們懂得什麼叫同理，什麼叫愛心，在這當中將心比心，設身處地地站在對方的立場和角度上。此時，換位思考能力的培養就顯得十分重要。

5. 有效解決問題，培養應對能力，應該教育和訓練他們解決問題的能力、培養他們應對的技巧，引導他們了解問題的突破口和方法步驟，要討論，要協商，要探討，要嘗試。

6. 避免攻擊性言行，要培養他們嚴格的自律能力，嚴格要求自己，不諷刺譏笑他人，不為自己的利益火冒三丈，更不能使用武力甚至暴力，學會用和平的方法替代攻擊性行為。

　　不管是作為家長還是作為老師，在當今這充滿機遇與挑戰的社會，我們該思索的是：該教會孩子什麼？我想，我們培養出來的孩子只有是心理健全的，才能為這社會創造財富，也才能讓這個社會充滿和諧與快樂。

　　讓我們用心去培養和教育他們吧。讓我們為培養關愛互助、建立和諧的社會盡一點點力！

▎家長應給予孩子的 10 個經歷

⊙ **幸福家庭的經歷**：家庭是孩子的依歸，一旦家庭有所動搖，孩子情緒

會變得不穩定、坐立不安、容易生氣、甚至神經質。我們應該營造一個和諧溫馨的家庭氣氛，使孩子在充滿愛和關懷的環境下成長，讓孩子感受何謂幸福家庭，並了解父母的責任。

- ⊙ **獨立處事的經歷**：孩子初次嘗試，難免遭遇困難，我們不應干預，更不可代替他做，應讓他從失敗中學習。只在重要時刻才替他作決定，但當孩子堅持要自己解決，不妨善用其好勝心，給予適當的鼓勵。

- ⊙ **參與工作的經歷**：訓練孩子最好的方法就是分配工作給他。我們應先考慮孩子的年齡、能力、興趣和性格，讓他幫忙做家事，但也不要強逼他。孩子在擔當責任的同時，也覺得備受重視，自然會變得懂事。

- ⊙ **處理不同意見的經歷**：與孩子意見不一致時，切忌強行說服他，這只會令他抗拒，即使服從，也只會流於表面。

- ⊙ **失敗後成功的滋味**：教孩子運動時，選擇容易掌握的競技活動，使他不會多次失敗，挫折感會令他失去興趣；讓他感受失敗後的成功，他既會感到趣味，也可啟發他凡事要盡力而為的道理。

- ⊙ **出外活動的經歷**：孩子喜歡四處走動。父親平日忙於工作，空閒時應多跟孩子遊戲、運動，或到圖書館、博物館等地方，以增廣見聞，也讓他感受您的愛護。或趁假日帶孩子到郊外，一同吸吸新鮮空氣，舒展筋骨，放眼遠眺，同時也能多學詞語。

- ⊙ **情緒流露的經歷**：人人都有自己的脾氣，因此不應害怕在孩子面前宣洩。傷心時不避孩子，生氣時告之原因，可讓孩子了解我們的情緒，同時也可示範宣洩情緒的方法。孩子看到父母吵架後和解的過程，體會到衝突的化解和愛的持續力量，也學到處理人際關係的技巧；看到父母悲哭，學到如何處理哀痛的情感；孩子難過時，我們在旁慰藉，讓他知道分擔悲傷可使親密關係更深厚。

- ⊙ **父母得體吵架的經歷**：夫妻吵架時要有原則，每次須有特定的主題，

不要翻舊帳，清楚說明自己的要求。雖然得體的吵架是孩子社交上的重要學習機會，但有些事應避免在孩子面前爭吵：金錢問題，只會令孩子不安；數落親戚不是，會破壞他與家庭成員的親密關係；子女的教養方式，會令他無所適從。

⊙ **父母過往的經歷**：當孩子遇到問題向我們傾訴時，不妨將以往的經歷、挫折、失敗和痛苦、所得的教訓等，一一坦誠地講給孩子聽。毋須害怕會破壞您在孩子心中的形象，相反，這會使孩子更了解您，也可使他得到啟發，並可將您的觀念和價值觀灌輸給他。

⊙ **生命和死亡的體會**：孩子在成長期間須經歷無數的嘗試、考驗、困難、挫折和失敗，唯有他克服這些挑戰，才能發展成獨立堅強的人。如果養的小動物死了，孩子會感到傷心，可趁機會令他明白失去親人的傷痛，使他知道珍惜生命的重要。在日常生活中，向他灌輸正確的人生觀，令他明白生命的可貴之處；平日多帶他接觸大自然，令他領略生命奧妙之處。

寶寶學走路三種情況多注意

　　天氣暖和、陽光充足的夏天，寶寶們也開始戶外運動了。經常看見 1 歲多學走路的孩子，有的總是要媽媽抱，有的晃著晃著就摔倒，還有的走起來像隻小鴨子，這些現象都說明孩子走路姿勢不對，媽媽們千萬要注意。孩子如果有以下三種情況，又沒有及時發現和糾正，會對他今後的成長發育造成很大影響。

八字腳需補充鈣

　　寶寶的八字腳表現在腿上，也就是常說的 X 型腿和 O 型腿。X 型腿的寶寶愛夾著大腿走，一般都不愛走長路，總吵著讓媽媽抱，有時候這種

姿勢的寶寶是缺乏肌肉負重鍛鍊，媽媽別總是寵著，要讓他多做些鍛鍊；O 型腿的寶寶走路像騎馬，不過不用擔心，慢慢自己就能調整過來。

這兩種走路姿勢一般在 2 歲就能慢慢恢復正常，但如果一直這樣，就有缺鈣和維生素的跡象，需要治療。像 O 型腿嚴重的寶寶甚至要給雙腿打上石膏來矯正。

跌撞易影響平衡

剪刀步和醉步，這兩種步態的共同點是跌撞、不穩。事實上，寶寶學步時的跌撞、摔跤都是正常的，在跌撞中他能很好地控制腳步。不過，如果到 2 歲後還是這麼跌撞著走，那麼就要帶他去醫院，一種可能是骨架結構的問題；另一種可能是小腦疾病影響平衡，也可能是腦缺氧或腦癱。

跛行要查髖關節

鴨子步和跛行。有的寶寶走起來像小鴨子，兩條腿移動很慢。如果不小心摔倒了，要用手撐地、彎腰，或用手撐膝關節才能站起來。這種步態一開始學步就很明顯，一種原因是因為他還是平足，走的過程中要慢慢練，不妨讓他騎滑步車，一般到 5 歲前腳掌就會自然出現弧度；另一種原因是由於兩側先天性髖關節脫臼，要盡快去醫院檢查。

走路跛行的多是得過小兒麻痺痺的孩子，若是一開始走就這樣，那可能是單側髖關節脫臼引起的。

寶寶學步的注意事項

1. 寶寶從出生到會走要經歷幾個階段，媽媽千萬別強求。一般來說，寶寶 3 個月左右就能抬頭、抬腿，可以坐起來了；5 個月的時候，他開始有力量，會翻身了；長到 6 個月，基本就能爬

了；爬需要一段稍長的時間，到 10 至 11 個月慢慢站起來學走；1 歲到 1 歲半寶寶就能獨立走路了；2 歲前後，他的大腦神經發育完全，走、跑就都沒問題了。
2. 寶寶走路的時候別餵他吃東西，以防噎著、戳著喉嚨。
3. 地面一定要平，不能有坡度、不能太滑。否則寶寶走起來很容易摔倒、受傷。
4. 孩子在家裡走的時候，別讓他在擺滿各種尖角傢俱的房子裡走，避免碰撞。

千萬不要忽視孩子的「第一次」

寶寶許許多多的「第一次」可能都在年輕媽媽沒想到的時候就發生了，看著寶寶每天的新進步和驚喜，讓媽媽實在不禁為他的無所不能而讚嘆！不過，別光顧著開心，還要抓緊充電，學習該如何面對好寶寶更多的「第一次」。

第一次微笑：情感交往的起點

時間：出生 2 個月左右。

這時的寶寶經常會睜開雙眼四處看，一切都覺得那麼新奇。當媽媽出現在寶寶面前時，他會注視著媽媽的臉，手腳亂動，甚至會無意識地咧嘴微笑。

這是寶寶最初的交際形式，也是寶寶與人進行情感交流的起點。

年輕媽媽回應方式：當捕捉到寶寶的第一次微笑時，年輕媽媽千萬不可因興奮而忘了和寶寶交流，這時的微笑正是表示他對媽媽提出了新要求：在寶寶醒著時，媽媽應經常出現在他面前，微笑著對他講話；還可以利用各種色彩鮮豔的玩具，如紅、黃色的氣球，充氣的彩色塑膠玩具，花手帕，小鈴鐺等逗寶寶，使他心情愉快。

寶寶手舞足蹈的反應會使身體各部分的骨骼、肌肉得到鍛鍊,同時也加深了與媽媽的感情。經常與寶寶進行這種「情感交往」,對寶寶身體、智力、心理的發育都非常有益。

第一次發聲:理解溝通的開始

時間:出生 4 ～ 7 個月。

這時寶寶給人的感覺更有趣,咿咿呀呀地整天叫個不停,表情也更豐富了。無論聽到什麼聲音,他都會試著去模仿,學著利用舌頭不斷地實驗和練習,享受其中的樂趣。

年輕媽媽回應方式:聽到寶寶的第一次發聲或說出第一個「詞」時,媽媽可乘機與寶寶做發聲遊戲:當他咿呀亂叫或咯咯直笑時,跟隨著重複或模仿,會激起寶寶更大的興趣,令他繼續嘗試發聲。當他發出「啊啊」、「哦哦」之類的韻母時,媽媽可在前面加上聲母示範,如當他說「啊～」時,可以教他念「媽 —— 」、「爸 —— 」。

媽媽還可以把寶寶日常接觸的物品拿給他示範發音,節奏放慢些,重點詞予以重複,並作適當間隔,給他學習和回應的時間。需要注意的是,對寶寶說話不必總是用兒語,正常語音能使他更早學會正確的發音。

第一次摔跤:面對困難的態度

時間:1 歲左右。

一般來說,寶寶 3 個月會坐,6 個月會爬,9 個月就該走路了。寶寶在媽媽的指引下,靠著牆或者扶著凳子開始慢慢學習走路,卻總是歪歪扭扭,稍不留神便摔倒在地,「哇哇」大哭。

年輕媽媽回應方式:很多媽媽會趕忙跑上前,心疼地將孩子抱入懷裡又親又哄。其實,從寶寶第一次摔倒開始,媽媽就應該狠下心不去抱他,

而在旁鼓勵：「寶寶，快自己爬起來，你真棒！」實在不行時再幫一把，扶他起來。有了這樣的第一次，下回不管摔得多厲害，寶寶都能自己爬起來。日後遇到比摔跤更需要獨自應付的事情時，也要讓孩子記住「我能！我會！我很棒！」

第一次發現：接受新事物的開始

時間：10 ～ 18 個月。

寶寶已經可以搖搖擺擺走路，離開媽媽的視線了，這時周圍的一切對他來說都那麼新奇。趁媽媽不注意，寶寶拿了茶几上的幾張撲克牌，翻過來轉過去地琢磨，按一按，咬一咬，然後興沖沖連跑帶爬來到你的跟前，舉起牌高興地「啊啊」叫個不停。

年輕媽媽回應方式：媽媽要嘗試著從寶寶的角度來看待他的新發現。如果寶寶把撲克牌含在了嘴裡，不要立刻驚叫：「哎呀！髒死了！快丟掉！」最好輕輕地蹲下告訴他：「寶寶，這叫撲克牌，是爸爸媽媽用來娛樂的，你長大後也可以玩，但不能放在嘴巴裡哦。」然後順勢把撲克牌從寶寶嘴裡抽開。有時間的話，媽媽還可以將撲克牌一張張攤開，從顏色和數字上教寶寶分辨。過於成人化的理智，往往會打擊寶寶的好奇心，成為學習、成長、發展創造性的隱形障礙。

總之，和寶寶一起分享他的發現，寶寶才能在不斷的探索—展示—解說之中，接受和學習新的東西。

▋讓孩子的學習從身邊開始

人腦是透過連繫與模仿儲藏資訊的，及早地讓孩子開始這一過程，使生活中的每一個細節都成為學習的經驗，將為孩子日後的學習打下基礎。

外出是一種學習

外面的世界很大，隨著孩子各方面能力的增強，家長需儘早讓孩子接觸、認識大自然。大自然中有無窮的樂趣和知識，借助大自然可以初步培養孩子的觀察、分析、概括和想像能力。

家長帶孩子去戶外，可有意地提出問題：「你看見的哪些東西是圓形的呀？」在孩子幼小的心靈中，圓形的東西如：輪子、太陽、碗、硬幣等，都是他們觀察後捕捉的對象，孩子可以透過觀察尋找各類形狀，如長方形的東西：車廂、門、文具盒等；三角形的東西：屋頂、小山、帳篷等。孩子還可以透過觀察進行連繫，明白世間萬物到處可見對立物，如燈的開和關、白天和黑夜、漂亮的小姐姐和醜的布娃娃等。

只要家長留心周圍事物，用心地去引導、講解，用科學的教育理念培養孩子，孩子就會養成仔細觀察，認真分析的好習慣。

逛超市也能學習

超市的物品琳琅滿目，擺放有序。家長帶孩子去逛超市時，有意提醒孩子思考些問題：果凍和牛奶去哪裡買？冰箱和電視在哪一層樓？能在賣玩具的地方買到牛奶嗎？孩子透過自己的觀察逐漸明白超市的物品是根據功能的不同來分區擺放的：如玩具區、服裝鞋帽區、食品區等等。這樣初步培養了孩子觀察的能力和給事物分類的能力，並且知道了到哪裡能購買到自己需要的物品，培養了簡單的購買能力。

從家務中學習

家長在做飯時，可讓孩子幫忙做小助手，做一些簡單且力所能及的事，如在包水餃時給孩子一小塊麵團，讓他利用手中的麵團捏出自己喜歡的造型，當孩子吃到自己親自做出的水餃時，會感到興奮與滿足；在包水

餃的整個過程中，家長還可以和孩子聊天，講述有趣的生活瑣事，增進了情感交流；用餐前可讓孩子數一數用餐人數，應擺放多少把椅子？多少碗筷？使孩子真正透過思考來解決實際問題；洗衣和摺衣服時家長可讓孩子配對襪子、區分全家人的衣物、明白自己的小衣服放在哪裡等等的生活小常識。

孩子的學習就在身旁，家長利用身旁的每一個細節，精心設計，用心指導，使每一個看似平常的瑣事都能成為孩子學習的經驗，培養孩子各方面的能力。

▌要珍惜孩子的主動嘗試

孩子小時候往往什麼事情都要搶著做：掃地、洗碗，但他還小，什麼也做不了，所以父母就沒讓他做，可是為什麼等他長大了，能夠洗碗掃地的時候，卻變懶了，什麼也不願意做了呢？更有甚者，他連自己的作業，比如作文、畫畫什麼的都要讓大人幫忙，自己懶得動腦筋了呢？很多家長非常疑惑。

孩子天生就是積極的，勤快的，他一張開眼睛，就嘗試到處看看，當他能控制自己的動作時，他喜歡到處爬，到處摸，什麼都拿起來咬，大人做什麼，他也模仿著做什麼，當然，因為很多事情他是第一次做，所以很容易出錯，如果每次嘗試大人都報以嚴厲呵斥「不准……」或大驚小怪地驚呼「危險！不要……」時，孩子就好像被電擊了一樣，久而久之，孩子就學「乖」了，哪兒也不能碰，不准摸，不可以試，那就不碰、不摸、不試，他認為這樣才是大人眼中的好孩子。再長大一點，孩子就漸漸變成該做的事情也懶得去做了。

所以，如果您不想讓孩子變得懶惰，想讓他保持自信、積極進取，您就應該記住：當孩子做出某種嘗試時，只要不是危險的和損害別人利益

的，大人就應該鼓勵，並且提供機會讓他大膽嘗試。要讓孩子明白，誰都有失敗的時候。

這樣，孩子每次嘗試做一件事情時，他得到的都是獎勵而不是「電擊」，他當然會很有自信，樂意一而再再而三地努力去做自己還不會做的事情了。長大了之後，他很自然就會成為一個勤快的、樂於嘗試新事物的、積極向上的孩子了！

如果您的孩子不幸已經沒有自信並且變得懶惰了，唯一的辦法就是停止對他進行「電擊」，也就是說要停止對他所做的事情挑毛病、指責或者是表示不滿意，而是多給獎勵，只要他願意，做得怎麼樣，都予以鼓勵。

▌放手，讓孩子做力所能及的事

任何一個孩子，都是由於父母的教育和環境的影響，才形成了不同的人格特質和能力的。兒童心理學研究表明：幼兒期心理活動的主動性明顯增加，喜歡自己去嘗試體驗。父母可以因勢利導，掌握孩子這個時期的心理特性，在確保孩子安全的前提下，放手讓孩子去做力所能及的事情。

大人放手，孩子動手

在現實生活中，有一些父母怕孩子累，怕孩子做不好，自己重新再做太麻煩，因而不讓孩子做一些力所能及的事；還有一些父母認為，吃飯、穿脫衣服等生活技能是不用訓練的，因為小孩長大自然就會。其實這些觀念都是不正確的。從兒童發展的觀點來看，不給予孩子鍛鍊的機會，就等於剝奪了孩子自理能力發展的機會，久而久之，孩子也就喪失了獨立能力。所以我們要依循著「大人放手，孩子動手」的原則，讓幼兒做一些力所能及的事情。在家裡，父母可以根據孩子的興趣和能力因勢利導，透過具體、細緻的示範，從身邊的小事做起，由易到難，教給幼兒一些自我服

務的技能，如學習自己擦嘴、擦鼻涕、洗手、刷牙、洗臉、穿衣服、整理床鋪等。

這些看上去雖是很小的事，但實際上給幼兒創造了很好的鍛鍊機會，無形中幼兒獨立生活能力。當孩子完成一項工作後，作父母的要給以適當的肯定和讚賞，當孩子的存在價值被肯定，自己的工作能力被肯定，他們也會感到無比的興奮和快樂，在很大程度上增進孩子的自信心。

適應幼兒發展的需求

自我服務是幼兒發自內心的需求。對幼兒進行自我服務能力的培養，是為了適應未來社會的需求。我們培養的是未來社會的建設者，他不應光有淵博的知識，更應熱愛勞動，具有一定的勞動技能。在幼兒期對他們進行自我服務能力的培養，正是為他們對未來的勞動奠定心理基礎和物質基礎。

幼兒手部肌肉發育不完善，動作不靈活，影響了他們的認知和探索，有目的、有計畫地對他們自我服務能力的培養，不僅可以有效地促進了幼兒肌肉的發育和完善，促進他們動作的協調發展，而且由於手部肌肉活動越多，越豐富，就越能開發幼兒大腦的潛能，促進智力的發展。孩子在「我自己做」的過程中，能不斷增強自信心，提高獨立思考、獨立做事或解決問題的能力，這有助於良好個性特質的形成。

尊重幼兒的好奇心

眾所周知，獨生子女普遍存在著一個不良的性格特徵，其中之一就是懶惰。由於成人過分的包辦代替，長此以往，幼兒懶於動手動腦，不願獨立思考。所以，成人要培養幼兒的獨立性，教育他們要自己的事情自己做，遇到困難要想辦法自己去解決，學會獨立思考。只有這樣，幼兒在獨

立的基礎上創造力才會不斷發展。我國著名的教育專家陳鶴琴先生說：「凡是孩子能做的事情應該讓孩子自己做，不要替代他。」培養孩子獨立思考的能力，就是不僅要孩子自己獨立動手去做事，還要孩子獨立的動腦去想問題。獨立思考能力強的孩子，往往具有較強的好奇心。

父母應該尊重孩子的好奇心，千萬不要因為孩子提的問題過於幼稚而加以嘲笑，以免傷害孩子的自尊心。隨著家庭觀念的更新，有一些具有現代家庭觀、教子有方的父母，注意創造機會，從小培養孩子獨立生活和獨立思考的能力。父母可以給孩子說一些科學家、發明家成長的故事，以激勵孩子從小立志，培養孩子對學習新知識、探索新問題的興趣。

創造機會，感受挫折

我們有的父母經常說孩子主意不好，應該聽大人的，實際上孩子有想法是件好事，他有自己的看法，自己的認知，應該給孩子創造機會培養他自己拿主意。我們的教育常常是注意培養孩子順從聽話，不大注意去傾聽孩子的需求，從生活小事一直到孩子的發展方面都由父母一手包辦了，因此我們的孩子缺乏自己做決定的機會和權利，就很難培養孩子自我解決問題能力。獨立生活能力差的孩子依賴性強，缺乏進取心和毅力，遇事容易打退堂鼓或把任務轉給成人。這大多是成人嬌慣、包辦代替的結果。

那麼孩子的成長也是一樣，大人應給孩子創造機會，培養孩子自己做選擇和處理問題的能力。讓他在嘗試的過程中感受失敗，碰釘子，這樣孩子就會從失敗中記取教訓而成長起來。一個人在成長的過程中，不可避免的有成功，也有失敗和失誤。而且通常是經過無數次的失敗，才能獲得較大的成功。

在生活中，要培養孩子的自我提升能力，要讓幼兒學會自我觀察、自我體驗、自我批評、自我控制，培養孩子的自我抉擇、解決問題的能力。

以身作則、言傳身教

父母要給孩子一個獨立自主的好榜樣。榜樣的力量是無窮的。如果你自己就是一個處處依賴他人，對什麼事都拿不定主意、動不動就尋求幫助的人，那你不要指望你的孩子能夠獨立自主。你的一舉一動，還有你的品性，都是孩子模仿和學習的榜樣。所以，先從你自己獨立自主做起。

第三章　給孩子失敗的機會

▋讓退縮寶寶，勇敢向前

　　大多數孩子與其他小朋友能融洽相處，一起玩耍，但是有些孩子孤僻、膽小、退縮，不願與其他小朋友交流，一起玩，更不願到陌生的環境中去，寧願一個人待在家裡，這種現象稱之為「兒童退縮行為」。

　　案例一：秀秀自幼溫順、孤僻、膽小，連可愛的小動物都害怕。在家裡，父母非常寵愛她，外婆更視她為掌上明珠，處處關心，事事包辦。平時父母上班後，秀秀喜歡一個人待在家裡，看看書、玩玩玩具、聽聽外婆講故事，很少出門，十分聽話。但是一旦家裡來了客人，無論大人小孩，秀秀不理不睬，也不同桌吃飯，而是獨自到房間裡去玩玩具。

　　案例二：4歲的陽陽剛上幼兒園時，又哭又鬧，就是不肯去。被父母強行送入幼兒園後，陽陽卻一個人躲在幼兒園的角落裡，不與任何小朋友玩耍，對誰也不講話，也不願參加團體遊戲活動，顯得十分孤僻。幼兒園老師反覆勸慰，沒什麼成效。無奈之下，父母只得把陽陽帶回家。但一回到家，就能與父母有說有笑，有時還能幫助媽媽揀揀菜、掃掃地、洗洗手帕等。

　　一個正常的兒童，突然到了一個完全陌生的新環境，或遇到了驚嚇、恐怖的情景，出現少動、發呆、退縮等行為表現，這是正常的，是兒童正常的適應性反應。隨著時間的推移，兒童會對所處的環境逐漸適應，並在做遊戲等活動中，主動發展自己適應環境的能力。但是有退縮行為的兒童卻很難適應新的環境。

　　兒童時期的退縮行為如果不注意防治，不僅有可能延續至成年，而

且，有可能持久地影響到他們成年後的社交能力、職業選擇及教育子女的方式等。

退縮行為原因剖析：

- 先天適應能力差 —— 這類兒童從小適應能力差，對新環境感到特別拘謹，不願意主動接觸他人。若勉強去適應，適應過程艱難而緩慢。他們平時也不愛活動，對新鮮的事物不感興趣，缺乏熱情和好奇心，從不與陌生人主動交往。

- 後天教育不當 —— 有的家長整天把孩子關在家中讓他獨自玩耍，不讓他與其他孩子交往；有的家長對孩子過於溺愛，過分地照顧與遷就，使孩子難以適應新的環境，以致他（她）採取逃避的方式，如拒絕上幼兒園或學校。

五種方法讓退縮寶寶勇敢向前：

1. **培養自主能力**：家長應培養兒童獨立自主的能力，讓孩子學會自己管理自己、自己事情自己做，相信孩子的能力。培養孩子的勇敢精神，讓孩子甩開處處依賴父母的心理拐杖，自己「獨立行走」。

2. **參加社會活動**：家長應鼓勵孩子參加各種社會活動，多方創造條件，使孩子能和其他小朋友一起玩耍，一起遊戲，並多陪孩子一起參加孩子的社交活動，讓孩子能適應公共場所的各種活動。對已經出現退縮行為的兒童，父母和老師應幫助他們克服孤獨感，適應外界的各種環境，使孩子能在小朋友之間建立和睦融洽的人際關係。

3. **塑造良好的性格**：家長對孩子不要溺愛，以免使孩子過分依賴：也不要粗暴，以免使孩子恐懼不安。要鼓勵孩子從小熱愛團體，主動與其他小朋友一起活動，培養開朗的性格。家長和老師對孩子的關心和信心，有利於孩子克服性格上的缺陷，塑造開朗的性格。

4. **及時鼓勵**：家長應對兒童在社交中出現的合群現象，給予獎勵，逐漸

增加他們的社會活動，克服退縮行為。經過多次社交實踐和家長的正確心理誘導，絕大多數有退縮行為的兒童，都可成為性格開朗的人。

5. **藥物治療**：對於經過以上方法但效果卻不理想的孩子，可在心理醫生的處方和指導下，服用抗憂鬱劑，如百憂解、郁樂複、麥普替林、氯丙咪嗪等三環類抗憂鬱劑，也可服用精神興奮劑，如利他能等。

▌正確看待孩子考低分

家長大多數愛聽孩子得高分，一聽低分就難受，輕則訓斥，重則打罵。難怪現在的孩子說謊的多，這都是父母逼出來的。逼的結果還不止這些，最可怕的是當孩子再次得低分時，他不是考慮如何總結經驗教訓，而是如何逃避父母的打罵，有的乾脆不學了。那麼，如何對待才是正向有效的呢，下面一些方法可供參考：

1. 要冷靜。不要一看到孩子考了低分，不問青紅皂白，就把孩子臭罵一頓，更不要拳腳相向，嚇得孩子以後再也不敢把低分考卷拿給家長看。

2. 注意聽孩子分析解釋，全面考慮和評價。有的時候低分不低。比如全班數學平均成績是 40 分，而孩子考了 60 分，可能就是班上的「資優生」。此外，是單科目差還是全差，要看孩子其他科目的考分，不要只看一門課程考試成績差，就說孩子學習差，如果孩子因一門功課差而感到自卑、氣餒，家長還要在鼓勵的同時，用其他科目的好成績來調整孩子的情緒。

3. 看孩子是真差還是假差。孩子的程度不可能在某一次或幾次的考試上全面反映出來。如孩子考試成績是靠死記硬背得來的，非經思考後答題，這是真差；而孩子反應靈活，答題具有創造性，有時雖然考分不高，卻是假差。

4. 要看考試的內容。有的是單元測驗，有的是全書測驗，有的是單項測驗，有的是綜合練習。家長要看試卷，區別對待，如果是單元測驗或單項測驗考了低分數，有可能是孩子對某一項內容沒有掌握好，要提醒孩子注意，如果是期終或綜合練習分數低，就要引起重視，尋找原因。

5. 看孩子是特差還是稍差。對於稍差一點的，家長不要誇大其辭，以免傷害孩子的自尊心，削弱孩子的學習積極性。對於特差的孩子，家長要與老師共同商量對策，或請教兒童心理醫生。

▎告訴孩子：你可以失敗

您不應該說：這次期末考你一定要考好，再考砸了，你就別想上學了。

您應這樣說：孩子，放鬆些，考試考得不好沒關係，重要的是你盡了力。

您不應該說：兒子，明天的比賽一定要拿第一！

您應這樣說：孩子，勇敢一點，失敗了也沒關係，不就是一次比賽嘛。

把失敗的權利還給孩子

做父母的，往往是望子成龍、望女成鳳，一門心思放在孩子身上，天天在孩子耳邊碎碎念：成績要好呀，要努力呀，不能掉隊呀。一到考試的時候，更是比孩子還著急，不厭其煩地囑咐孩子一定要考好，不許失敗。

這樣的心情可以理解，但真的對孩子有害無益。

沒有誰能事事成功的。也不是任何事一次就能做好的。

孩子只是孩子，他沒有生活的閱歷與經驗，他還處在人生中最初摸索

的階段。他有權利失敗。

哪個做父母的不是在跌跌撞撞中走過來的？那麼，也請寬容孩子吧，把失敗的權利還給他們。允許孩子失敗，就等於是給了他鍛鍊自己意志力的機會，也給了他增加自己閱歷的機會。

其實，在生活中，讓孩子適當地承受一些失敗是很必要的。作為父母，必須讓孩子知道，每個人都有失敗的可能，失敗並不可恥，更不可怕，可怕的是失敗了不敢面對，不去改正不足之處。

有「失敗即教育」的意識

父母不允許孩子失敗，往往是只看到了失敗的這一面，把它看成是丟臉的事，卻忽略了失敗的價值和意義。

父母應該有「失敗即教育」的意識。孩子失敗了，但是他獲得了「痛苦的體驗」，將來就知道如何去避免。同時，他也有了挑戰困難的契機。孩子從失敗走向成功的過程，就是一個鍛鍊自身，慢慢成熟的過程。他良好的心態和解決問題的能力會在這個過程中培養出來。

在一帆風順的環境中長大的孩子，脆弱的心理會漸漸定型，有一天當他面對突如其來的挫折時，會驚慌失措，甚至一蹶不振。

人生缺少了磨練，想取得永久的成功是不可能的。

從這個意義上說，父母應該鼓勵孩子去嘗試做一些事情，在失敗的磨礪中，鍛鍊出膽量，摸索出經驗。有時，父母就算知道孩子成功的機率很小，也要讓他做做看。

告訴孩子失敗了沒關係

生活中，父母常為孩子的錯誤和失敗，擔心、著急，害怕孩子下次再犯，有時就忍不住地警告孩子：「你到底要這樣失敗多少次？」可是父母

是否想到，給孩子「不許失敗」的壓力，孩子的心理負擔會更重，情緒也會一直處於緊張狀態，不但不能夠從失敗的狀態中走出來，甚至更糟。

運動心理專家發現：在重要比賽時刻，如果一味地給運動員施加壓力，不但不能鼓舞士氣，反而會影響到運動員的發揮水準。但是，如果將很重要的目標簡單化，淡化比賽的緊張情緒，那麼運動員就會有一種輕鬆的感覺，很容易發揮正常水準甚至超常發揮。

同理，在關鍵時刻，我們也應給孩子創造一個輕鬆的心理氛圍。

孩子考試或比賽之前，不要催著孩子去學習，可以允許他們適當看看電視，跟別的孩子玩耍。也可以帶孩子出去呼吸一下新鮮空氣，跟孩子聊聊天，表現出對考試成績或比賽結果不在乎的態度。盡量讓他們脫離緊張的氣氛，調整好狀態。父母的這種態度會讓孩子心裡輕鬆起來，並大受鼓舞。壓力釋放掉了，真正的水準才能發揮出來。其實很多時候，孩子失敗，也跟父母施加了太大壓力有關。

孩子做某件事失敗時，父母不應以憐憫的態度來對待孩子，或者在孩子面前唉聲嘆氣，更不應劈頭蓋臉責罵孩子。正確的方法是讓孩子明白，失敗是人人都可能碰到的，不是什麼大不了的事，勇敢、聰明的人應該從失敗中吸取教訓，繼續努力。

這其中還有一個潛在的心理效應：允許孩子失敗，也是對孩子能夠成功的一種信任。那麼，請你也給孩子這份信任吧。

▎不要讓失敗伴隨你的孩子

華人信奉「失敗乃成功之母」！於是在對孩子的教育中，學校裡有些教師套用「失敗－努力－進步－再失敗－再努力－再進步」的教育模式，平時他們喜歡出怪題、偏題和難題，設置種種陷阱，不讓學生輕易「過關」，唯恐學生驕傲自滿；家庭裡有些父母也是不知疲憊地去發現孩子身

上的缺點，並且不斷地拉出來「批評」孩子，以為只有把孩子的缺點說出來才能使孩子看到自己的差距，從而鞭策自己不斷努力。殊不知，這種方法偶爾為之也許有一定的作用，但過多的失敗必然會挫傷孩子的積極性，甚至扭曲孩子的心靈。

一個孩子之所以能夠堅持不懈地做一件事，在很大程度上是「成就感」給了他們力量。假如一個小孩子拚命地用功讀書都絲毫沒有感到自己的進步，也沒有感到這種進步帶給他的榮譽和自豪，那麼他根本就沒有堅持下去的勇氣，也沒有下決心完成一件事的動力。

比如有一位學生，原來在普通班時成績一直不錯，後來他考進了資優班，但他的成績卻一直在班上最後幾名徘徊，而且精神狀態也一日不如一日。老師找他了解情況，他很苦惱地說：原來在普通班的時候，題目都很簡單，他不需要費多少力就能完成，現在到資優班之後，突然覺得題目難度超過了他的能力範圍，常常找不到解題的突破口，這讓他覺得壓力很大，簡直快對自己失去信心了。

在孩子的內心世界中，屢次努力仍慘遭失敗，這對於他們幾乎會變成一種「禁忌」，這種「禁忌」會導致一個人缺乏信心，甚至喪失鬥志，不敢正視人生。雖然我們常說「苦盡甘來」。然而在教育中，如若不讓孩子們嘗一嘗成功的「甜」，他們將沒有勇氣面對競爭的「苦」。

有些孩子的學習積極性很差，往往是由於他們學習中經歷了太多的失敗和挫折。而當他們在學習上受挫時，往往又得不到必要的鼓勵、指導，受到的卻是教師的批評、譴責、奚落的白眼，有的甚至還受到父母的打罵。在老師和家長的眼裡，他們就是笨孩子，永遠也學不好。

更為糟糕的是，孩子在他的內心容易產生一種習得性失助（Learned helplessness），認為自己是一個無能者、失敗者、無前途者，不是學習的料，於是便會自暴自棄，放棄了對學習的追求和熱情。

　　但是，不容樂觀的事實是，從教育現狀來看，很多教師和家長的教育行為都在不斷增加著孩子學習和生活中的失敗感受。

▎當孩子面對挫折與失敗時

1. 鼓勵孩子一心一意地做某件事。孩子的興趣常常會很快轉移，因而不少孩子今天學鋼琴、明天學電腦、後天再學繪畫，到頭來卻什麼都沒有學好。心理學家指出，這種「三天打魚，兩天曬網」式的學習對培養毅力往往起了負面影響。

   不妨鼓勵孩子一心一意專心致志地做某件他感興趣的事，在獲得成功之前絕不放手。由於目標明確，孩子自己會要求自己克服困難堅持到底。即使遇到挫折也會不打退堂鼓，實際上孩子堅持做一件事本身，即是對自己意志力的培養和考驗。

2. 加強體育鍛鍊。積極參加體育鍛鍊，不僅可以增強體格，而且還可以增加心理承受能力，即培養了堅強的毅力，尤其是那些需要堅持才能完成的運動項目，如慢跑、遊戲、爬山、爬樓梯等，對鍛鍊孩子的意志力更有效。

   當然家長的要求也不能過高，因為運動水準的提高是循序漸進的，逼迫孩子「一步登天」往往事與願違，不僅達不到鍛鍊意志的目的，反而挫傷孩子的身體和寶貴的自信心，最終使孩子視「堅持」為洪水猛獸。

3. 有意識地讓孩子吃點苦頭。在物質條件過分充裕環境中長大的孩子大多缺乏毅力，由此可有意讓孩子吃點苦，如上學搭公車，在大太陽下趕路，或冬泳等等。

4. 家長作出表率。如果家長自己都缺乏毅力，那麼要求孩子有毅力基本上是一句空話。很難想像一個冬泳時，因怕冷而半途而廢的父親能培

養出不屈不撓練長跑的兒子，要求孩子做到的，家長自己首先也得做到，要知道，榜樣的力量是無窮的。

5. 遇到困難多做鼓勵。對尚未「經過風雨，見過世面」的孩子，在接受意志力考驗的過程中，遇到困難或挫折時意志消沉往往是難免的。此時，來自家長、教師乃至小夥伴的鼓勵非常重要，一旦在他人的幫助和支持下，鼓起勇氣度過了難關，意志力即像打鐵似地得到了有效的鍛鍊。

孩子失敗時，先表揚後提醒

孩子失敗時，先表揚後提醒！

您不應該說：比賽又搞砸了吧！早就告訴過你了，不要犯同樣的錯，你不聽！

您應這樣說：你很努力嘛，這點小失敗算不了什麼，以後吸取教訓，稍加努力，一定會成功的。

您不應該說：你還是偏科，要不總分就很高了。以後在差的幾科上多花點功夫吧。

您應這樣說：語文考了第三，很好嘛！總分不高，可能是因為你有點偏科，以後要注意平衡。

了解孩子失敗後的心理

以成人的心理來看，失敗了，都會感到沮喪、難過，並且自責、後悔，這個時候是他們最傷心的時候，也是最脆弱的時候。

小孩子也是一樣，甚至他們內心又多了一層恐懼 —— 怕被爸爸媽媽數落。這個時候他的內心是敏感的，需要安慰、理解和鼓勵。有的小孩子天生自尊心強，如果失敗後得到的只是一頓責罵，他心裡就會留下一個陰影。

對症下藥，先表揚後提醒

孩子做一件事失敗了，他也並不一定就能對失敗有正確的認知，只是擔心害怕，沒有去想自己失敗的原因。那麼父母就應該是一個引導者，首先肯定他的努力，然後再提醒他做得不夠的地方。

心理學上有一種「感化→情報→感化」的說服方法。就是在說服對方，向對方傳遞某種資訊時，不是生硬的說教，而是採用「感化」的方法。這一點也可以借鑑來教育孩子。

生活中，一般情況是，孩子失敗了，有的父母根本不考慮孩子的心情，立即就教訓孩子，甚至當著許多人的面責怪他，質問他為什麼又失敗了。有些家長的話還很過分：「我就知道你拿不到第一，平時就知道玩！」、「叫你平時用功你不聽吧，現在可恭喜你了，得了倒數第一！」這樣的話，不僅傷孩子的心，孩子自己也不會去思考失敗的原因，甚至產生反抗、反感的情緒。父母的訓斥達不到目的不說，還嚴重挫傷了孩子的積極性。

但是，如果換一種方法，先表揚孩子，對他的努力予以肯定，對他說「你很努力嘛」、「你很勇敢」這樣的話，「感化」孩子，讓他知道自己也有值得肯定的地方；然後再慢慢指出失敗的原因，加以提醒和鼓勵：「某某方面還不足，要稍加注意，一定會有進步的。」如此一來，孩子的情緒不再停留在失敗的恐懼上，而是轉而思考失敗的原因，考慮怎麼才能不再失敗。

▎尊重孩子的失敗

生活中，父母常忍不住為孩子的錯誤和失敗擔心、著急，害怕孩子下次再犯，總是警告孩子：「你到底要這樣失敗多少次？」可父母是否想過，在給孩子「不許失敗」的壓力時，他的心理負擔會更重，情緒也會一直處

於緊張狀態，不但不能夠從失敗的狀態中走出來，甚至可能更糟。孩子失敗了，但是他獲得了「痛苦的體驗」，將來就知道如何去避免，同時也有了挑戰困難的。

孩子從失敗走向成功的過程，就是一個鍛鍊自身，慢慢成熟的過程，良好的心理素質和解決問題的能力會在這個過程中培養出來。

有一對旅居加拿大的夫婦，前不久他們全家海歸小住，聊到教育孩子的話題時，他們講述了自己的經歷：

自從他們的兒子進了足球隊，夫婦倆便隨著他轉戰各地比賽。這之中有捧回冠軍獎盃的輝煌，也有敗走麥城的沮喪，其中滋味，不親身經歷是無法體會的。兒子所在的足球隊有個傳統，就是比賽結束的時候，父母們站成一排，伸手跟跑過來的小隊員擊掌慶賀。在一次很重要的足球聯賽中，他們隊出人意料地輸給一個實力不高的對手，父母們都很難過。可一旦面對孩子們，剛才還在為輸掉比賽捶胸頓足的父母，立刻笑容滿面地跟垂頭喪氣的小隊員擊掌慶賀：踢得好！

一場本該贏的比賽打成這個樣子還說踢得好？當朋友夫婦倆痛心疾首地向同隊一位父母表達惋惜之情時，那位加拿大父母聳聳肩說：「沒關係，他們還是孩子，從這場比賽可以學到更多東西。我很在乎孩子的成功，但我也尊重孩子失敗的權利。」

接受孩子的失敗，就給了他成功的機會。他們的兒子擔任責任重大的中後衛期間，有一次失誤導致全隊敗北。夫婦倆當時想：完了，教練再也不會用他了。誰知教練只是對那個球的處理作了技術上的提醒。一個月後的另一場比賽，兒子依然作為主力陣容出場，並且至今仍是這個位置的出色選手。

這位丈夫說：「很早我就注意到加拿大人對孩子不完美的寬容，比如，從來沒聽說父母因為孩子沒考到好成績而打他。」有一次他聽到鄰居上小

學的兒子對他爸爸說，成績單拿回來了。正在修車的父親問，學得怎麼樣？兒子說：「Ｃ、Ｃ、Ｃ、Ｂ、Ｂ……」父親高興地說：「很好！」這位父親說，他在旁邊聽了差點沒暈過去，那幾天他正為兒子有一門課得了Ｂ，破壞了全Ａ記錄生他氣呢。

他很佩服加拿大人能這麼平和地接受孩子的平凡，心想一定是外國人對孩子不如亞洲人重視。後來他發現並不完全是這樣，兒子足球隊的教練要求每位隊員的飲食要營養豐富，不許吃油膩的食物。有個隊員的父母認為一家連鎖速食店的三明治特別符合要求，總是去那家買三明治。偏偏有一次比賽場所附近的好幾條街都沒有那家速食店，這位父親居然開車尋遍了近半個城的大街小巷，才帶著那家速食店的三明治趕回來。他們對孩子同樣重視，不同的是他們能夠接受孩子的失敗……」

尊重成長中孩子失敗的權利是西方文化中極具人情味的一部分，我們很多父母一直沒有意識到這對孩子成長的重要性，往往不厭其煩地囑咐孩子只許成功，不許失敗。這樣的心情可以理解，但對孩子無益。孩子沒有生活的閱歷與經驗，還處在人生中最初摸索的階段，允許孩子失敗，就等於給了他鍛鍊意志力、增加閱歷的機會。

父母不允許孩子失敗，是因為只看到了失敗帶來痛苦的一面，卻忽略了失敗的價值和意義。當我們因為孩子沒有達到要求動輒辱罵時，別忘了孩子還在成長，他有權失敗。回首人生，誰不是在跌跌撞撞中走過來的？尊重孩子失敗的權利，就是對孩子終將成功的信任，而這種信任，將是孩子戰勝失敗的勇氣和動力！

▎給孩子失敗的機會

在成長的過程中，孩子終歸有面對失敗的時候。當孩子年紀還小，多數家長往往一笑置之，搶著幫孩子處理問題，或者乾脆讓孩子放棄，認為

他的能力還不足以完成這個任務，等再大些，才能夠勝任。

英國家長卻不這樣認為，他們常常會讓孩子做些力所不及的事情，「失敗是成功之母，只有經歷過失敗，才能享受到成功的喜悅，也只有一步步成功，孩子才能真正地長大。」

麥克的兒子查理就是這樣長大的，如今他不但會照顧自己的起居生活，修理家裡的水管、電器，甚至連修汽車也能說個頭頭是道。

查理第一次做事，是在 2 歲的時候，他看到麥克在水槽洗碗，感到很好奇，就拉著麥克的腿，不願跟媽媽回客廳去。見此情景，麥克乾脆把查理抱到水槽上：「來吧，查理，你來洗碗好了，看看你能幹得怎麼樣！」查理馬上跳進水槽裡洗了起來。說是在洗碗，其實更像是在洗澡，查理衣服、褲子都溼了個透，碗不但沒洗乾淨，而且還掉到地上，摔碎了一個。

開始時，查理還在笑，覺得坐在水槽裡玩是件有意思的事，可是，慢慢地，他覺得不好玩了，就無聊地把水潑到水槽外面，把碗推到水槽一角又推回來，終於，他忍不住哭了起來。直到這時，麥克才把他抱出來，送他去洗澡，換了乾淨衣服，再把他放在水槽旁邊，自己穿好圍裙，把洗碗精擠到水裡，然後，在查理的注視下，把碗一個個洗乾淨、擦乾。

結果，查理第二次洗餐具碗筷，衣服只溼了一半。第三次，只有袖子溼了一點點。麥克教他把碗洗乾淨的方法，查理越做越好。

這只不過是小兒科，比較危險的是燒水。

水壺放在瓦斯爐上，裡面的水被燒得滋滋響，麥克用一塊抹布墊在手裡，把水壺拿了下來。查理也要做。那時他才 4 歲。麥克就把壺裡的水換成溫水，告訴查理，水開時水蒸汽會把水壺把手蒸熱，所以要墊上毛巾才能拿；水很熱，要注意，不能讓水壺傾倒下來。第一次嘗試時，半壺水倒在了查理身上。

「這是因為你的力氣不夠，」麥克說，「你需要用兩隻手。」

說完，麥克又為他換了壺溫水。

「不，爸爸，我再也不拿水壺了，」查理膽怯地後退著，「我知道，這很危險，我再也不碰了。」

「你一定要再試試，你有這個能力。」麥克鼓勵他，「用我教你的方法，你一定行的。」

在麥克的指點下，查理又試了一次。這次，他安全地把水壺取了下來。

家長應重視孩子的挫折教育

當今的孩子多「生長在溫室」，受到眾星捧月般的呵護；生活中家長唯恐孩子吃一點苦、受一點委屈。這些父母沒意識到，挫折教育是孩子更為重要的需求之一。

一位美國兒童心理健康專家說：「有十分幸福童年的人，常有不幸的成年。」很少遭受挫折的孩子長大後會因不適應複雜多變的社會而痛苦不堪。「挫折教育」其實就是使孩子不僅能從外界給予中得到快樂，而且能從內心激發出一種自尋快樂的本能。這樣，在挫折面前才能泰然自若，保持樂觀。

據統計，近年來中小學生的心理疾病發生率呈上升趨勢。某些地區的調查表明：國中生中，近三成的人具有心理異常表現，如厭學、單相思和離家出走等。在回答「遇到困難怎麼辦」時，九成多的中小學生想到的是找家長或教師，而不是自己想辦法解決。

家庭教育氛圍不當是孩子承受挫折能力差的重要原因。家長「包辦」使孩子的實踐能力沒有機會獲得良性發展，孩子「自我負責」的意識也難以培養。這樣，當孩子真正面對現實競爭，不能事事滿足時，自然會產生強烈的挫折感。家長的過分呵護會使孩子產生被動、膽小、依賴性強的心

理；也有家長限制孩子與外界接觸，擔心孩子遇到危險，使其產生孤僻心理。

　　父母應重視創建輕鬆的家庭氛圍。對孩子期望過高，會增加其心理壓力，使之不敢面對挫折；但也不能總貶低孩子，傷害其自尊。身教勝於言教，父母可把自己生活和工作中克服大小困難的事例告訴孩子，並與之分享戰勝挫折後的快樂。還可以要求孩子將其克服挫折的經歷記錄下來，日後提醒其查看紀錄，以自己為榜樣，自我激勵，戰勝挫折。有效的挫折教育將使孩子學會豁達地看待挫折，盡快重新振作，逐步走向成熟。

　　學校挫折教育更是責無旁貸。學校應向學生提供日常心理諮商，開通心理熱線電話，適當傳授應對挫折的心理調節方法；在課堂上進行挫折、情感教育，創造適宜的挫折情境，與學生討論解決途徑，從而培養孩子戰勝挫折的能力。

▍父母善用責備三步曲

　　責罵是為了讓孩子對自己的過失負責，培養一種責任，教育是為了讓孩子學會自我管理，培養自控的能力，所以要孩子養成良好個性和行為習慣，爸爸媽媽務必在必要時善用責備

第一步唱「白臉」

　　就快吃晚飯了，可是貝貝吵著要吃桌子上的餅乾。

　　策略 1：媽媽一把奪下孩子手裡的餅乾，教訓說：「不許吃餅乾，告訴你一會兒就吃飯了。真不聽話！」

　　策略 2：媽媽悄悄把餅乾盒藏起來，轉移貝貝的注意力。「小白兔老是吃零食，結果牙齒都掉光了，貝貝可不要和她學。我們先來講故事，一會兒吃飯，好嗎？」

策略 1 和策略 2 孰優孰劣，相信爸爸媽媽們一看就心中有數，媽媽在責備時唱「白臉」，既起到了糾正孩子錯誤行為的作用，又避免了傷害貝貝的幼小心靈。3 ～ 7 歲的寶寶大多精力旺盛，調皮好動，做出些意外的事情就在所難免，很容易招來爸爸媽媽的責備。誠然，有時候對孩子進行責備可以避免孩子再犯相同的錯，但是一味地責備孩子卻容易造成孩子做事畏首畏尾，情緒壓抑，這就需要爸爸媽媽在責備孩子時有人唱「白臉」。

　　快樂有趣的語言更易讓孩子接受父母的意見，「白臉」之妙就在於可以和顏悅色地讓孩子明白他剛才做錯了什麼，應該怎麼做，這樣就能發揮到應有的教育作用了。

　　Tips：「白臉」三要

1. **要避免經常化**：父母說孩子做得不對時，孩子總不大高興，有時候甚至會哇哇大哭，如果說孩子這不對那不對，就會強化孩子的叛逆心理，整天悶悶不樂。有研究表明，愛笑的孩子更聰明，當孩子生活在民主的氛圍裡，才更容易享受童年的快樂。

2. **要婉轉而間接**：孩子對世界還不甚了解，很多的錯誤行為是出於好奇，所以即使是必須批評孩子時，也可以透過一些孩子喜歡的故事人物，婉轉指出孩子的錯誤，孩子容易輕鬆接受，還會感到爸爸媽媽很有趣。比如，爸爸媽媽可以說，「小熊都在自己畫畫呢，你也自己畫好嗎？」、「小公雞在搶別人的蟲子吃，你說牠有沒有禮貌啊？」

3. **要有理有據**：爸爸媽媽在唱「白臉」時要和顏悅色，有理有據。用孩子能夠理解的語言，給孩子解釋為什麼會受到責備，又應該怎麼做，避免孩子毫無頭緒。這樣，寶寶就會乖乖地接受家長的責備指正並且改正錯誤。

第二步扮「黑臉」

子瑞爸爸：「每到吃飯時間，我和子瑞的媽媽就特別頭痛，因為我們家子瑞很難安安靜靜地把飯吃完，使盡渾身解數才能哄他吃下半碗飯。餵飽他以後，我們都沒心思吃飯了。我要是打他罵他吧，又覺得孩子這麼小，挺心疼的。該怎麼辦呢？」

為了讓孩子從小養成良好的生活習慣，有些規矩是不能不立的，所以該「責備」時就「責備」。因此，可當第一步 —— 唱「白臉」力所不及時，爸爸媽媽就得在責備孩子時扮扮「黑臉」囉！

3 ～ 7 歲的孩子是最聽不進複雜道理的，他們已經開始聽從自我意識的召喚，此時就不該拘泥於道理而應著重行為習慣。「黑臉」之妙就在於可以對孩子的錯誤進行「懲戒」，讓孩子學會對自己的行為負責，最終能夠自我管理。對於因長時間的聽之任之而養成的不良行為習慣，例如不好好吃飯這類問題，單純的勸說不一定有效，爸爸媽媽可直接責備孩子的錯誤，語言行動相一致就會立竿見影，達到效果。

Tips：「黑臉」準則

1. **只對事不對人**：不管是語言責備還是行動懲戒，責備的是孩子做錯的事，應該避免牽扯到孩子的個性和人格問題。「連這點小事都做不好，你笨死了」，這些帶有貶低意味的話語很容易導致孩子的叛逆情緒，這就將造成批評的教育效果大打折扣。

2. **語言責備**：在責備孩子時，語言責備是第一步，其作用相當於警告。「吃飯時要安安靜靜的，否則我就把飯收走了，今天你就沒有晚飯吃了。」在語言責備時要注意表情和語言相一致。大家可以想像，笑咪咪的警告會發揮多大作用呢？

3. **行動懲戒**：語言警告，往往會因家長的一貫教育或寶寶的個性特質等

原因，不一定對每個寶寶都有效，此時爸爸媽媽就要果斷採取行動，把晚飯收走。孩子餓了一頓之後就知道下次應該乖乖吃飯了，這說到底還是為了孩子好，所以爸爸媽媽不能因為孩子的哭鬧而心軟，「光打雷不下雨」的話，「懲戒」就不起作用了。

第三步少「變臉」

孩子良好行為習慣的養成不是一天兩天的事，爸爸媽媽在對孩子進行責備教育的時候應該盡量避免「兩天打魚，三天晒網」，真要持之以恆可就不像說起來這麼容易了。

Tips：「變臉」解析

這「變」指的是對孩子錯誤發生後的基本看法和原則態度的改變。

1. **前後不變**：拿媽媽為例，在孩子所犯同樣錯誤的責備態度和原則應該一致，不應有強烈反差，甚至矛盾。比如，媽媽原本與琳琳約定好了每天的固定玩耍時間，可媽媽的脾氣很火爆，碰上心情不好，看到琳琳把玩具弄得亂七八糟的，她就會火氣上來，把琳琳好好「責備」一頓；要是碰上心情好的話，又跟女兒親得不得了，即便看到琳琳做錯了，也會輕鬆放過。那琳琳可能就會在媽媽義正嚴辭地責備她時，對媽媽曾經完全相反的行為提出疑問，那時你到底是以「我是你媽媽，你要聽我的」搪塞，還是向女兒認錯呢？認一次兩次沒有關係，可總是在孩子面前檢討的話，以後孩子就會以「我媽媽還做不好」為由降低做事要求。造成前後改變的大多數情況下，原因出在家長自身控制情緒的能力上，為此各位長輩都應先檢討自己，省得以後再檢討就晚了。

2. **人人不變**：這不變，不單需要一兩位家長，還應涉及到祖輩，這是出

於現今祖輩參與了很大一部分教育，影響孩子的角度而考慮。如果各持己見，誇張起來，就會造成媽媽說東，爸爸說西，爺爺奶奶說北，外婆外公說南的混亂場面，那孩子一定是暈頭轉向，沒了方向。那他怎麼辦呢？可能就索性依著自己的性子行事，而缺乏體驗和能力的他只會越做越錯，導致更多更大的錯誤發生，家長就開始新一輪的「責備」了。這樣可是個惡性循環啊！

要做到人人不變，那就得統一步調，各自分工，長輩可以事先協調好，該責備的時候就貫徹責備，該教育的時候就正確教育，這樣孩子才能成為一個明是非懂禮貌的好寶寶。

3. **始終不變**：這裡講的是「以不變應萬變」，也就是說寶寶會出現的小差錯雖有不少，可也無外乎就那幾樣，不過依循的原則是不變的，可方法就可因人而異了，比如「白臉」、「黑臉」，但切記不可在同一次責備中變換，這樣會給孩子「你治不了我」的感覺，以後孩子會更加肆意妄為。

成功而有效的責備對孩子還是有益的，所以就應仰仗合理的情境，良好的氛圍，有趣的方法，達到萬變也不離其宗。

第四章　父母是孩子最好的醫生

▍從指甲看寶寶的健康

　　父母最關心的莫過於寶寶的健康。疾病來臨之前都是有徵兆的，只要您細心觀察，就能及時發現寶寶的病情。本章我們就告訴您如何從小小的指甲上做文章，做到觀甲知病，為寶寶的健康保駕護航！

　　健康指甲的 3 項指標：

1. 顏色健康寶寶的指甲為粉紅色。
2. 外觀甲面光滑有亮澤，堅韌而呈弧形。甲面的半月痕清晰，顏色稍淡，甲緣上沒有倒刺。
3. 按壓如果輕輕壓住指甲的末端，甲面顏色呈白色，放開後立即會恢復為粉紅色。

　　觀甲知病 9 項問答：

　　Q1：寶寶指甲甲面上出現白色斑點和絮狀，是怎麼回事？

　　A1：根據臨床觀察，這多是由於指甲受到外部擠壓、碰撞，致使指甲根部細胞受到損傷所致。隨著指甲向上生長，白點部位會被逐漸剪掉。對孩子的生長發育不會有影響。

　　專家提示：寶寶玩耍時，父母要注意做好保護措施，最好不要讓寶寶玩易擠、壓、夾住手部的遊戲。

　　Q2：寶寶指甲甲面上為什麼呈黃色、綠色、灰色、黑色等顏色？

　　A2：寶寶的指甲呈黃色、綠色、灰色、黑色等多半是真菌感染引起。如果與寶寶密切接觸的人出現了真菌感染，要注意和寶寶隔離，防止出現

交叉感染。如能確診，要在醫生的指導下，連同密切接觸者一起治療，同時注意環境的消毒，避免病情的反覆。

也可能是因為食用了過多含胡蘿蔔素的食物或是遺傳，應當去醫院做進一步的診治。

專家提示：寶寶的手部容易多汗，非常可能發生真菌感染，所以要保持寶寶手部皮膚的清潔乾燥，不要讓寶寶長時間玩水，洗手後要用毛巾把手擦乾。

Q3：寶寶的指甲上半月痕顏色異常，呈紫色或淡紅色是怎麼回事？

A3：如果出現紫色，多是心臟病的徵兆；淡紅色多是貧血的表現。

專家建議：如果懷疑有心臟病就要及時就醫。如有貧血，可在醫生的指導下，給寶寶吃一些補血的食品、藥品。

Q4：寶寶的指甲甲面上出現脊狀隆起，變得粗糙、高低不平是什麼原因？

A4：一般多是由於維生素 B 缺乏所致。

專家建議：可在飲食中增加蛋黃，動物肝腎，綠豆和深綠色蔬菜等食品。

Q5：寶寶指甲甲面上為什麼會出現小的凹陷，質地變薄變脆或增厚粗糙、失去光澤？

A5：寶寶指甲上如果出現以上徵象，很有可能是乾癬的早期表現，最好到大醫院檢查、治療。

Q6：寶寶指甲甲面上為什麼會發生縱向破裂？

A6：寶寶有可能是甲狀腺功能低下，腦下垂體前葉功能異常等疾病，應及時去醫院檢查、治療。

Q7：寶寶指甲為什麼薄脆，指甲容易撕裂、分層？

A7：此現象可見於扁平苔蘚等皮膚病，但更多見於指甲營養不良引起

的表現。

專家建議：應該適當給寶寶多吃些魚、蝦等高蛋白的食物；補充核桃、花生等堅果，能使指甲堅固。而微量元素鋅、鉀、鐵的補充對指甲的生長發育也很重要。

Q8：寶寶指甲的甲面上為什麼會出現橫溝？

A8：寶寶可能近期曾得了一些發熱性的疾病，如麻疹、肺熱、猩紅熱等，也可能是代謝異常或皮膚病等導致。

專家建議：最好去醫院確診一下，以免耽誤治療。

Q9：寶寶指甲的甲根周圍為什麼長滿倒刺？

A9：寶寶甲根周圍長了倒刺，多是由於咬指甲或與粗糙物體的摩擦造成。長倒刺還有可能是由於寶寶的營養不均衡，缺乏維生素引起皮膚乾燥所致。

專家建議：出現倒刺不要直接用手拽掉，可用指甲刀剪去。同時要讓寶寶多吃水果，補充維生素。在乾燥的季節裡，要給寶寶的手上塗抹寶寶專用保養品。

█ 解析寶寶流鼻涕 5 種可能

寶寶流鼻涕，爸爸媽媽首先就會想到：是不是感冒了？該吃什麼藥呢？其實寶寶流鼻涕也是有很多種區別的。

1. 感冒引起的鼻炎被稱為急性鼻炎，此時鼻腔黏膜充血腫脹，腺體分泌增多即形成鼻涕，開始為清水樣的，3 ～ 5 天後漸為濃涕，以後逐漸痊癒。

2. 常流鼻水並伴有鼻塞、鼻癢、打噴嚏等症狀，尤其清晨起床後明顯，從溫暖的被窩中出來，立即連連打噴嚏，接著鼻水流個不停，需警惕寶寶是否患有過敏性鼻炎。支氣管哮喘同時伴有流鼻涕，媽媽更是要

注意寶寶是否患有過敏性鼻炎了。

3. 如果寶寶的一側鼻腔有臭味，流濃涕，有時涕中帶血絲，需考慮鼻腔內是否有異物。這種情況多發生於 3 歲左右的孩子，玩耍時因好奇，常常自己把紙張、豆類、花生等異物放入鼻腔內，塞入後取不出，水分被吸收後發生腐敗，產生臭味，但金屬類小零件、小鈕扣塞入鼻腔後不一定引起臭味。另外，涕中帶血時還要注意，不應排除鼻腔腫瘤的可能性。

4. 寶寶因急慢性鼻炎繼發鼻竇炎時，常常鼻涕會很多，似乎「流不完」，有時還伴有頭痛。

5. 個別寶寶僅單側有鼻涕，但擤也擤不出來，鼻孔不通氣，睡覺打呼嚕，那就要警惕有鼻息肉的存在了。

▎父母必學六個家居急救常識

12 歲以下的孩子在家裡發生意外是司空見慣的事，但有關調查表明，60%的父母幾乎沒有任何急救常識。下面為父母們準備了一些對付孩子突發狀況的基本知識，希望能給予大家一些幫助。

- ⊙ **燙傷或燒傷**：迅速將孩子燙傷或燒傷的部位放到冷水中，至少冷卻 10 分鐘，這可以減輕傷處的腫脹程度。然後將傷口附近的衣服脫掉或剪開。如果衣服和傷口黏在了一起，不要動它，等待醫生處理。如果傷口面積比孩子的手掌還大，就要用乾淨的保鮮膜或沒有絨毛的布把傷口蓋起來，馬上送去醫院。

- ⊙ **嗆噎**：如果孩子突然猛烈咳嗽，可能是因為嗆到東西。父母應立即看看孩子嘴裡是否有東西。如果手能挖到噎住的東西，就趕緊挖出來；要是不行，就讓孩子趴在自己的腿上，用手掌拍他的背部。如還沒有緩解，就叫救護車。在救護人員到達前，要不斷重複急救動作。

- ⊙ **拉傷或扭傷**：首先要用小毛巾包幾顆冰塊冰敷 10 分鐘，然後綁上繃帶，將傷處抬高，讓血流減緩，這樣可以減輕腫脹和瘀血的程度。

- ⊙ **觸電**：如果孩子觸電後還沒有脫離電源，絕不可以碰他，第一件事情是切斷電源。如果一時找不到開關，可以站在一個乾燥的絕緣物體上（如一本厚厚的電話簿或一疊報紙），把電源拉開。觸電在人體表面留下的傷痕面積可能不大，但對孩子的內臟可能有傷害，因此一定要叫救護車。

- ⊙ **中毒**：如果孩子誤食了有毒物質，一定要叫救護車。在救護車到達之前，要讓孩子保持靜止不動。如果有可能，找出他吃下了什麼東西，並帶一點到醫院化驗。不要強迫孩子嘔吐，否則有可能讓食道和胃進一步受到傷害，如果孩子本能地嘔吐，要把嘔吐物收集起來帶到醫院。如果孩子感到食道或口腔有燒灼感，可以先喝點牛奶，等待醫生救助。

- ⊙ **流鼻血**：讓孩子坐下，頭向前傾，使鼻血順利流出來。然後讓他用手捏住鼻子，用嘴呼吸。10 分鐘後，如果血還沒有止住，就再壓兩次，每次 10 分鐘。止血後，把鼻子擦乾淨，告訴孩子不要說話，不要咳嗽，也不要擤鼻涕，以避免將剛剛凝固的血塊弄碎。但如果鼻血流了 30 分鐘還沒有止住，就必須送醫院了。

▍父母必修：帶寶寶看病的新觀念

生病與吃藥

大家到醫生那裡看病之後，總要拿一些藥回家吃，在患者和家屬的心目中，普遍存在著著這樣的觀念：「不吃藥，病就不會好；吃了藥，病就會好得快些」。其實，你知道嗎，有些病是不需要吃藥就可自行痊癒的。

以小兒科門診為例，1～6歲的孩子所患的疾病，大部分都是因病毒感染所致。像感冒、水痘、皰疹性齒齦口腔炎、玫瑰疹、細支氣管炎等，大都是只有輕微而短暫的症狀，是可以自行痊癒的。除了少數皰疹病毒之外，其他病毒幾乎都沒有特效藥。

感冒與抗生素

許多人都誤以為，發燒和咳嗽是身體被細菌感染而引起的某處發炎現象。更錯誤的是，把抗生素藥物稱之為「消炎藥」。也許有一兩次孩子感冒，醫生開了些抗生素，孩子吃了之後感冒好了，那麼家屬立刻就產生錯覺，認為感冒必須用抗生素才會好。

其實，抗生素不是消炎藥，而是殺細菌和抑制細菌的藥。感冒是病毒感染，是自行痊癒的疾病，跟抗生素實際並無關係。

發燒與燒壞頭腦

長久以來，人們都誤以為發高燒可以把腦子燒壞。其實，發燒是人體因疾病或微生物入侵所引起的一種良性、警告性的反應。除了偶爾在某些孩子身上造成抽搐和不適之外，發燒對身體是無害的。與其說發燒燒壞頭腦，發燒久了變成肺炎，不如說是「引起發燒的腦膜炎燒壞了頭腦」、「因為得了肺炎才發燒」才恰當。

乳牙蛀了怎麼辦

可能與飲水含氟量或個人口腔衛生有關，華人國家孩子患蛀牙的比例很高。大家似乎都誤認為乳牙是要換掉的，蛀了就算了，反正還會長出新牙。

事實上，乳牙的衛生十分重要，被蛀了的乳牙可能引起疼痛，孩子的

身心都可能受到影響。另外，蛀壞了的牙齒會提早掉落，原先乳牙所在的位置很快就被結締組織長滿，等到恆齒要長出來的時候，因為沒有足夠的空間，所以無法讓牙齒長得整齊、好看。

建立正確醫療觀

歐美人帶孩子去找醫生，把孩子完全放心地交給醫生處理，而亞洲人帶孩子去看醫生，大都帶著許多主觀的想法，許多時候，甚至連做什麼檢查、開什麼藥也都是喜歡以自己的意思叫醫生去做。

所以，在此誠懇地呼籲大家，帶孩子去就醫，不要告訴醫生去做什麼，而是讓醫生告訴你應該做什麼。許多時候，醫生的經驗和建議，對你孩子的幫助，比藥物的作用還要大得多。

▎兒童流鼻血時幾大禁忌

兒童碰了撞了常會引起鼻子出血，當發生這種情況時，家長要注意幾條禁忌：

1. 忌用紙團、樹葉塞鼻子堵血。這種辦法不但達不到止血的目的，反面會刺傷鼻黏膜血管，以致造成更嚴重的出血。
2. 忌低頭。這時病人低頭，可使出血更多，因鮮血的刺激，使病人精神過度緊張，又增加出血量。
3. 忌把頭高高抬起。這樣不但無助於止血，而且還會發生意外，因為流鼻血時抬頭，血液雖不從鼻流出，但可以流向咽喉處。如流血較多，可能會誤入氣管，引起嗆咳，甚至發生肺炎。另外，也可經食道吞入胃內，從而引起腹內不適。

一般鼻出血，最常見的出血部位是在鼻中前下區，因為這個地方血管

特別豐富，黏膜較薄，位置又偏前下，最容易受外界的刺激。

因此，一旦發生出血，除積極治療病因之外，正確的方法是：使頭微仰，用兩手指捏住靠鼻骨下方兩側鼻翼的位置，這樣正好壓住中前下方的出血區，在前額、鼻部可用毛巾作冰敷，經過這樣處理以後，一般不太嚴重的鼻出血可以馬上止住。

鼻出血後兩週內要盡量避免打噴嚏和便祕，忌用力擤鼻、提重物，並且忌參加劇烈的體育活動，以防再度出血。

幼兒易鼻出血，家長應採取哪些預防措施？

1. 鼻部經常塗些金黴素或紅黴素油膏，以防止鼻部乾燥。
2. 教育孩子糾正不良習慣，不要挖鼻孔。
3. 經常服些維生素 □，可以增加毛細血管緻密性，減低血管通透性和脆性。
4. 對有出血性疾病的小兒應及時積極地治療。

▎輕鬆餵寶寶吃藥的方法

1. 在小兒吃藥前，盡量不要讓小兒知道要吃藥，以免小兒恐懼。
2. 將藥物製成水劑或乳劑；也可將片狀研磨成細小粉末，臨時混入果汁、糖漿或其他小兒愛喝的液體中餵服，這樣小兒即可在不知不覺中食入藥物。
3. 對年齡較大的小兒應訓練其主動吞咽藥片，然後喝喜愛的飲料去除苦味，加以鼓勵。
4. 注意不要讓嬰兒完全平臥或在其哽咽時給藥，餵藥時最好抱起小兒或抬高其頭部，以防嗆咳。
5. 在給小兒餵藥時，應注意防止小兒將藥物吐出，具體做法是讓小兒頭

部略後仰，藥物盡量倒在舌體後部或舌兩側，這樣小兒不易吐出。

6. 若用小藥匙餵藥，則從嬰兒的嘴角處順臉頰部位方向慢慢倒入藥液，待藥液咽下後才將藥匙拿開，以防止患兒將藥液吐出。可用拇指和食指輕輕捏雙頰，使之吞咽。

7. 也可以用眼藥水瓶或注射器從小兒牙齒與頰部之間插入，將藥液注入，頭略後仰，藥液即流入到咽部，進而咽進胃中，因藥物不經過舌，小兒很難將藥物吐出。

8. 嬰兒餵藥應在餵奶前或兩次餵奶之間進行，以免因服藥時嘔吐而將奶吐出引起誤吸。

9. 任何藥物不應混於奶中哺餵，以免影響藥效，如果藥物需要放在奶中服用，需要經過醫生同意。

10. 小兒不開口時，家長常用手捏緊鼻子迫使小兒張口，把藥物從口中灌進去，這種餵藥方法是極不恰當的，常會引導致小兒嗆咳，易將藥物吸入氣道。家長應盡量避免這種粗暴的做法。

11. 對處於昏迷不能咽食或拒絕服藥的小兒，應改用肌肉注射或靜脈給藥，必要時可經鼻胃管給藥，也可由肛門直腸灌入。

第五章　孩子的害怕，你了解多少

▌孩子的害怕，你懂得多少

　　所有的孩子都會感到害怕，這種膽怯感會隨著他們年齡的成長和生長發育而發生改變。做為父母應該懂得孩子在不同年齡階段的不同膽怯，協助他們戰勝心中的陰影，健康成長。

　　年齡：0 ～ 6 個月。

　　害怕：很大的噪音、墜落。

　　原因：這些膽怯來自天性。

　　父母的策略：盡量避免突然發出很大的響聲和噪音；懷抱嬰兒時，要確保安全和平衡。

　　年齡：7 ～ 12 個月。

　　害怕：陌生人。

　　原因：這個階段的孩子已經能辨識別人與家人之間的不同了，所以對於不熟悉的人會感到害怕。

　　父母的策略：慢慢地，有耐心地讓孩子結識新朋友。當引見陌生來訪者時，一定要有一位孩子認識並熟悉的人陪伴在他身邊。

　　年齡：1 歲～ 18 個月。

　　害怕：分別。

　　原因：孩子已經開始對父母或是其他經常照顧他的人產生特別的依戀感。

　　父母的策略：請新來的保姆早點到，給孩子較寬裕的時間認識、習慣她。另外，當父母離家上班時，能夠讓孩子平時最喜歡的玩具、毯子、圖書陪伴他，增強他的安全感。

年齡：2～3歲。

害怕：體形宏大、聲音可怕的動物。

原因：孩子日益增強的思考能力使他對所有看上去比他大的動物感到害怕。

父母的策略：當孩子和動物玩耍時，確保他不要被動物弄傷。父母面對動物時要保持鎮定和沉著，這樣孩子也會加以效仿。

年齡：4～5歲。

害怕：妖怪、戴面具的人。

原因：這些膽怯來自孩子處於萌芽狀態的想像力以及對本人身體的強壯程度缺乏自信。

父母的策略：和孩子聊聊他們的膽怯和害怕，為他們做一些能令他們感到好些的事情，比如在晚上睡覺前，拉開櫥門和抽屜做檢查，向孩子保證裡面沒有藏著任何妖怪。注意觀察孩子的情緒變化，對他們的進步要有耐心。孩子戲水時，一定要安排一位成人倍伴。

年齡：6～9歲。

害怕：對孩子本人或父母的安全會形成威脅的事物。

原因：孩子對倒楣事件的發生已經有意識，然而在情感上還不夠成熟，無法對此做出正確的觀察和斷定。

父母的策略：向孩子供給一些能夠減輕他們膽怯感的常識。比如你外出時，關照孩子要鎖住大門以防外人闖入；萬一發生竊盜能夠撥打110；如果瓦斯洩漏，警報器會響等。另外，還要教孩子一些遇到緊急事件時，應該採取的簡易對策。

▎不要讓害羞困擾你的孩子

相信不少家長對下面的情景並不陌生：孩子與家人在一起的時候有說

有笑，輕鬆自然，但是如果有陌生的客人來訪，孩子就完全變了一個樣，讓他給客人打招呼問好，他或是低頭不語，或是滿臉通紅，或是聲音很低，或是乾脆躲到媽媽的身後，要是讓孩子給客人表演個節目，那就更難了，雖然父母又是鼓勵又是央求，可孩子卻扭扭捏捏的，許多時候不但節目沒演成，孩子還會一溜煙地躲進自己的房間再也不出來了。

孩子的膽子特別小，也很不善與人交往，只是一味地迴避，平時不喜歡和別的孩子一起玩，甚至連一個朋友也沒有，有時即使想參加別的孩子的遊戲，可也鼓不起勇氣；在眾人面前很少說話，而且一說話就臉紅；與媽媽一起上街，遇到了熟人也從不主動打招呼，別人逗他幾句，孩子就會很不自在，一副局促不安的樣子。

孩子在學校裡很少主動舉手發言，每次老師上課提問，他即使知道答案也會默不作聲，有時老師點名讓他回答問題，孩子經常是輕聲細語，結結巴巴，沒有一個人能夠聽清他在說什麼，而且幾句話沒說完就滿臉通紅；課間休息的時候，別的孩子在那裡遊戲玩耍，可他卻靜靜地坐在那裡，要麼看書，要麼想心事，彷彿他不是這個班的學生似的。

害羞，在青少年中是一種常見的現象，幾乎每個孩子都有過害羞的經歷，據統計，大約有 1/5 的兒童天生就害羞。雖然說害羞是人的一種天性，是人的一種常見的心理防禦，一般不是太大的問題，但如果孩子過分害羞，就有可能影響他正常的學習、生活和交往，甚至影響到他將來的人生發展。

首先，容易使孩子自卑。害羞的孩子普遍對自我形象持否定態度，他們對自己的自我評價往往較低，他們認為自己相貌平平、能力一般、缺乏魅力、人緣欠佳、不善表達等等，而這些想法會使孩子經常被一些負面的情緒所困擾，他們在生活中會感到焦慮和沮喪，如果再遭受一些挫折，受到別人的嘲弄，其自卑感就會更加強烈。

第二，影響孩子學習。在學校裡，孩子如果因為害羞而不敢表現自己，如上課不敢發言、迴避團體活動，他自然就不會得到老師的喜愛和重視；另外，孩子的害羞也會給同學們造成對人冷漠、不友善的印象，他的人際關係往往比較緊張。而對於孩子的學習來說，師生關係和同學關係是十分重要的影響因素，美國的一項調查表明，害羞的青少年的學業成績相對較低。

　　第三，很難結交朋友。害羞會直接影響孩子與他人的交往，害羞的孩子在別人眼裡是沉悶而乏味的，因此大家都不太願意與其相處，盡量採取迴避的方式來對待他們，無形中與他們保持相當的距離。害羞的孩子一般都有很強的孤獨感，常感到自己形單影隻，他們常被同學和夥伴們排斥在各種活動之外，無法很好地使自己融入同齡人的圈子。

　　第四，不利於未來生活。有人說，「現在的社會，似乎更青睞那些有野心和更懂人情世故的人。」而害羞的人往往最缺乏的就是社會性能力和競爭性，他們在社會團體生活中會被歸為社會行為較差的人，他們在職場上較難取得成功，因為老闆可能不賞識他們，同事們可能不喜歡他們。

　　另外，據美國學者的研究，害羞的人在家庭生活上也有困難，有的人終生沒有結婚，有的人到很晚才結婚，有的人則對婚姻草率行事，即使結了婚也並不幸福。

五種讓孩子恐懼的事

睡覺

　　案例：陸洋 6 歲了，不敢一個人睡覺，或者說是不敢一個人在黑暗中睡覺。他一走進黑漆漆的房間，就大叫「媽媽有鬼，有鬼」或者說「媽媽裡面有大野狼要咬我」，反正有什麼恐怖他就說有什麼。

多發生年齡：2～8歲。

分析：孩子的恐懼感源自大腦豐富的想像，因為在黑暗中他們無法看清楚周圍的東西，他們就對自己想像的事物深信不疑，光憑解釋是無法說服他們的。加上有的父母有時候喜歡以把孩子獨自關在黑房間裡作為懲罰手段，長此以往，孩子對黑暗的恐懼就會加強。

爸媽妙計：父母可以陪伴寶寶到他睡著，並開一盞小夜燈在孩子的房間裡。掛一把充氣寶劍在寶寶的房間裡，給寶寶壯膽。

小動物

案例：一凡正在社區的噴水池邊和小朋友們一起玩，突然一隻小狗經過他身邊，一凡站住不動了。他屏住呼吸，小臉漲得通紅，死死的盯住那隻狗，生怕那隻狗來碰他一下。

多發年齡：2～6歲。

分析：寶寶進入智力快速發育階段以後，思維很活躍，想像力也越來越豐富。一些我們大人認為是非常可愛和友善的物體，在他眼裡卻成了可怕的龐然大物。他們覺得，這些不熟悉的物體對他們充滿了威脅。

爸媽妙計：父母可以給孩子買一些小動物的絨毛玩具，如小狗，小貓，讓孩子先接觸玩具，然後再接觸活生生的小動物。給孩子看《動物世界》或《天線寶寶》這樣的影片，從視覺上接受小動物。

小丑

案例：穎兒第一次去遊樂園玩。雲霄飛車、碰碰船、海盜船，各式各樣的遊樂設施讓她玩得開心的不得了。可是突然，她看到了一樣奇怪的物體，正在向她靠近，是 —— 小丑。眼看著小丑那畫著大大白白的眼睛的臉向她越來越靠近，越來越靠近，穎兒終於嚇得哇哇大哭起來。

多發年齡：1 ～ 6 歲。

分析：大人一直會以為馬戲團的小丑表演會是孩子們的最愛，可其實那張誇張的小丑的臉，在孩子眼中一點都不可愛，甚至可以說是一張扭曲變形的臉，充滿了恐怖色彩。

爸媽妙計：大人平時可以有意識的扮鬼臉給寶寶看，或者鼓勵寶寶自己也模仿大人做一些鬼臉。買一些能夠在臉上塗的油彩和寶寶玩化妝遊戲，然後告訴她，她見到的小丑就是這樣在臉上一筆一筆畫出來的，不化妝的時候，小丑還是和我們一樣的人。

故去的人

案例：SARS 時期，小南媽不敢讓小南總是看電視。那段時間的電視裡常會出現被僅覆蓋臉部的死人畫面，小南一看見，就會用小手遮住眼睛，嚇得不敢睜開眼睛，甚至有時候晚上還會做惡夢呢！

多發年齡：4 ～ 8 歲。

分析：害怕死人，是較大的孩子才會產生的恐懼心理。這些孩子的認知能力已經累積到了一定的程度，也會對死亡的意義有了粗淺的了解，所以會自然而然的產生出害怕死人、害怕死亡的心理。

爸媽妙計：和寶寶玩戰爭遊戲，然後扮演被寶寶打死的死人，當寶寶來搖你的時候，你就說「死人是不會說話不會動的，死人是不會傷害人的」。

傷心事故的重演

案例：去年的車禍裡，小米失去了親愛的爸爸。儘管車禍已經過去一年多了，可是這件事對小米的影響仍然根深蒂固。她至今仍堅持不肯坐和發生車禍的車一樣顏色的黑色汽車外出，害怕發生同樣車禍的那一幕。除了這，她還不能見到身邊有黑色的汽車，看到後，她就會遮住眼睛或者轉身而逃。

多發年齡：3 ～ 12 歲。

分析：佛洛伊德說過兒童因為幼年發生的重大事件而產生的恐懼和心理陰影會從他的童年一直延續到成年，會從潛意識裡影響他長大成人後的一些行為。所以雖然這種類型的害怕比較少出現，但是卻是最嚴重的一種，也是最容易導致孩子有心理問題和病態表現的一種。孩子在經歷過這種事件後，情緒變得焦慮，喜怒哀樂也變得和正常孩子不太一樣了。甚至他們的行為和語言也會出現一定的偏差。

爸媽妙計：帶孩子到兒童育幼院去參觀，讓他把用不著的衣服和玩具捐獻給那裡的小朋友，讓他有機會接觸和他有相似遭遇的孩子。如果重大事故嚴重影響了孩子的身心的話，不要遲疑，家長要及時帶孩子去看心理醫生，尋求專業的協助。

父母 TIPS

> 作為家長，除了幫助孩子化解那些外來的恐懼以外，還要注意千萬不要去故意「嚇唬」孩子。要杜絕以下 3 種情況：
> 1. 家長不能把「你再不聽話，大野狼來咬你了」、「你要是還不睡覺，就會碰到妖怪，妖怪專門吃小孩子的」這樣的話掛在嘴邊。
> 2. 家長也不要講一些神仙鬼怪的恐怖神話故事，搞的孩子半夜裡不敢一個人上洗手間，生怕裡面藏著個白骨精。
> 3. 更要杜絕孩子和大人一起看恐怖電影和電視，那些恐怖血腥的鏡頭會總是在孩子的腦海裡浮現，讓孩子長期處於一種驚嚇的狀態之中的。

▌父母應該如何看待孩子膽小

膽小有兩種類型，一種是天生膽小，一種是後天膽小。

後天的膽小不一定是壞事，孩子知道害怕，說明他的思考能力發展到了一個新的階段，從某個角度講，他的想像力更豐富了。

當然，讓孩子時常有恐懼感並不是件好事，避免這類現象的產生，首先從照顧者入手，照顧者害怕的通常也是孩子害怕的，因此，照顧人不要把自己認為害怕的情況灌輸給孩子。

比如：爸爸發現地上有隻菜蟲，想借機讓孩子「大開眼界」一下，爸爸興奮的跑過去，並呼喊孩子「快來看呀！這裡有隻菜蟲！」孩子也跟著跑了過來，隨著爸爸的視線，他看到了這隻肉肉的大蟲子，爸爸把蟲捏起來放到自己手背上，「涼涼的！」，孩子也伸出小手躍躍欲試；同樣是這隻菜蟲，如果是媽媽見到，就是另外一種情形了，「啊！蟲子！快走快走！」，從此孩子一見到蟲子就躲得遠遠的。

其次，要從客觀的角度教孩子認識事物，孩子在 1 歲多的時候害怕陌生人，那麼就不要用「你如果不乖，外面的老爺爺就來找你！」這類話嚇唬孩子，這樣只會使孩子更加怕生。你可以說「大野狼專吃小兔子、小羊，是個大壞蛋」，卻不能說：「大野狼來吃你啦！」

再次，在孩子心中樹立一個保護者，一旦孩子遇到了可怕的事物，他會想到有比壞蛋更厲害的人來保護他，而不會因為無助而陷入恐慌。爸爸是最適合擔當這一角色的人。平常可以在講故事的時候告訴孩子，爸爸是獵人，獵人專門打大野狼、狐狸、老虎，之後家長甚至可以給孩子設計一些情境，遇到了害怕的事物 —— 媽媽處理不了，也很害怕 —— 請來爸爸 —— 爸爸把怪物驅除，這樣，爸爸的超人形象在孩子心中就根深蒂固了，也會時刻伴隨著孩子給他壯膽。

另外一種是天生就膽小，元寶就是這種類型，做事非常謹慎，顧慮太多。對這種膽小也要一分為二的看待，就說元寶，他的天性使他免去很多皮肉之傷，也讓我們對他比較放心，但我還是認為這種天性弊大於利。

天性是很難改變的，我所能做的只是幫他減少種種顧慮。比如今天孩子在幼兒園的溜滑梯上遇到了一點小危險之後，就再也不碰這個溜滑梯了，爸爸也不能強迫他繼續玩，爸爸能做的是明天去幼兒園接他出來，自己首先跑去玩溜滑梯，消除他之前的顧慮，繼續挑戰這個在他眼中的「危險物」。

生性膽小，如果控制不當，會使人變得懦弱，但如果家長能鼓勵孩子消除顧慮，勇於挑戰自己的「極限」，那麼在克服膽小的同時，另一種更優秀的性格也就隨之形成了。

破除寶貝最害怕的 8 種東西

一些司空見慣的事物對寶貝來說簡直就像怪獸或者惡魔，帶給他一種莫名的恐懼感。那麼，寶貝可能會害怕哪些事情，又該怎樣消除寶貝的這種恐懼心理呢？

恐懼事件 1 —— 分離

媽咪走了，她是不是不要我了？她是不是再也不回來了？

媽咪第一次外出上班的時候，壯壯正跟外婆玩得高興呢，所以媽咪悄悄地出門，他居然一點都沒有哭鬧。等他想起要找媽咪，才發現她突然不見了，壯壯哭鬧了一陣子，最後哭累了，居然迷迷糊糊倒在外婆懷裡睡著了。從此，壯壯每天都把媽咪盯得死死的，只要她一準備出門，壯壯一雙小手便緊緊抓住媽咪的衣服，絕對不肯鬆手。

> **壯膽策略**：在寶貝分離焦慮開始形成之前，就開始訓練他學習適應和媽咪之間短暫的分離，每次媽咪離開時，都要教他和媽咪道別。每次外出的時候，要明確地告訴寶貝，媽咪要去哪，並以寶貝能夠理解的方式告訴他什麼時候回來，比如到下一次吃飯的時候。不管

他懂不懂，都要堅持這樣做。

和寶貝玩分離的遊戲，在跟寶貝告別時，給他一個喜愛的玩具，給他一些他感興趣的承諾等等，讓這些帶給他一些愉快的情緒體驗，可以有效地減少甚至消除與媽咪分離給他帶來的恐懼感。

恐懼事件 2 —— 會叫的電器

那個怪叫著吸灰塵的長鼻子會不會把我也吸進去？

每當媽咪用吸塵器時，丁丁就會在一旁嚇得聲嘶力竭地大哭大叫。有一次，他甚至親眼看到它吸進了一小片紙屑呢！沒有比這更可怕的了。你沒看它那長鼻子在地上聞來聞去的，肚子裡轟隆隆地怪叫著，好像餓壞了的樣子。說不定媽咪沒看好，它就會把自己給吸進去呢。

> **壯膽策略**：除了吸塵器，寶貝可能還會害怕其他發出聲音的家用電器。不管寶貝懂不懂，都要簡單地向他解釋吸塵器的作用以及它「怪叫」的原因，並且告訴寶貝這個東西不會對他造成傷害。耐心地向寶貝示範怎樣開關這些電器，讓他明白他可以透過一個小小的開關來控制這個東西，這樣可以幫助他理解它們無法傷害他的原因。

恐懼事件 3 —— 觀葉植物

陽臺上那盆長著好多眼睛的花會抓住我不放嗎？

一些熱帶觀葉植物有著鮮豔的色彩或者紋路，它們大大的葉片有時候會讓寶貝覺得非常恐懼。露露就是這樣，她不敢看，更不敢摸陽臺上的那盆被媽咪叫做「花」的東西，即使父母把葉片拿在手裡，她也會嚇得哇哇大叫，用力往後躲：「媽咪，你看，好多眼睛呢！」

> **壯膽策略**：不要強求寶貝去接近他害怕的觀葉植物，這樣會加深他的恐懼感。父母可以經常當著寶貝的面去摸摸那盆觀葉植物，誇誇

它漂亮的顏色等，以行動來告訴寶貝，它不會對人構成傷害。等到寶貝敢看那盆植物了，再抱他到面前看看，慢慢過渡到自己用手摸一摸，透過這些讓寶貝獲得一種有關這棵植物的經驗，並慢慢地建立起它不會「吃人」的概念。

恐懼事件 4 ── 閃電

那個把天撕裂了還大喊大叫的東西會不會把我也撕裂了吃掉？

豆豆望著窗外被閃電撕裂了的天空，聽到震耳欲聾的雷聲，簡直嚇呆了。豆豆恐懼地哭叫著躲進媽咪懷裡，她用小手堵住耳朵，小臉埋在媽咪胸前，不敢看，不敢聽，但是又忍不住悄悄地轉頭去看一眼窗外。「它把天……撕破了，它生氣了！」她就這樣翻來覆去說著這兩句話，等待那個把天撕裂了大喊大叫的東西消失。

壯膽策略：不常見的雷聲或者其他巨大的響聲都會讓寶貝感覺恐懼莫名。這時候，不管寶貝懂不懂，父母都要向她解釋這些聲音的來源，並且告訴她這些東西不會傷害到她。為了幫助寶貝習慣這些聲音，平時可以在家適當地和她玩玩聲音遊戲，比如給寶貝買個小鑼、其他可以敲出比較大的響聲的玩具，或者乾脆利用家裡的廚具，比如金屬材質的鍋蓋和鍋子等，敲一敲，讓寶貝習慣各種聲音，並借此向寶貝說明，雷聲也不過是一種聲音，下雨的時候才會出現，並不可怕。

恐懼事件 5 ── 陌生人

一個不認識我的人非要抱我親我，他一定是想把我從媽咪手裡搶走吧？

當當在家活潑調皮，常常惹得一家子笑個不停。這個在家活躍非凡的小傢伙，出了門就不活躍了。奶奶想抱抱他，他趕緊把頭藏媽咪懷裡，雙

手緊緊地抓著媽咪的衣服，生怕被搶了走。叔叔想摸摸他的小腦袋，他哇一聲就哭了。家裡來個客人，他一定抓著媽咪不放手，碰到長得強悍點的叔叔，他還嚇得不停地哭鬧，不把人哭走絕不善罷甘休。

> **壯膽策略**：怕生是大多數寶貝都會經歷的一個階段，一般到 2 歲左右，這種現象會得到緩解直至最後消失。對待怕生的寶貝，千萬要尊重他的選擇。他不想讓陌生人抱，就不要勉強他。父母可以將寶貝抱在懷裡，在他離陌生人有一定距離的情況下和陌生人聊聊天，讓他慢慢適應那些陌生的臉孔，一點點地接受陌生人。平時可以多帶寶貝外出玩耍，每次出去都主動跟鄰居朋友打個招呼，讓他有更多機會接觸陌生人，幫助他逐漸消除對陌生人的恐懼心理。

恐懼事件 6 —— 下水道

臭便便被吸下去了，我也會被那怪叫著的漩渦吸下去嗎？

萌萌習慣了便盆，習慣了用自己的小浴盆洗澡。當媽咪第一次讓她學坐馬桶的時候，看到自己的臭便便被馬桶裡的漩渦沖下去，她驚恐地哭叫起來。當天晚上，當她第一次在浴缸洗澡時，另一段類似的恐懼經歷，再次嚇得她抱著媽咪的脖子尖叫起來。

> **壯膽策略**：下水道是很多寶貝無法理解，並因此產生恐懼心理的因素之一。因此，有的寶貝在家習慣了便盆，上了幼兒園就可能對幼兒園的小馬桶，產生一種莫名的恐懼心理，嚴重的甚至因此不肯再去幼兒園。當寶貝因此恐懼時，父母不要強迫寶貝，讓他繼續使用便盆、浴盆，給他一兩週時間緩解這種恐懼心理，同時，在浴缸裡沒有水的情況下可以特意讓寶貝到浴缸裡玩耍，讓他熟悉浴缸，逐漸消除他對浴缸的恐懼心理。上了幼兒園的寶貝可以跟老師商量，讓他先帶上自己的小便盆過渡一下。每次用浴缸給寶貝洗澡時，記得一定要在放水之前用浴巾將他包好，抱他在懷裡，這樣也可以降低他的恐懼心理。

恐懼事件 7 —— 小動物

小貓豎起身上的毛，弓著背，很不高興地看著我，牠想狠狠地咬我一口吧？

杭杭看到鄰居阿姨家的小波斯貓，好奇得不行，他總想去摸摸那隻毛茸茸的小動物。這天杭杭總算遇到機會接近了小波斯貓，他的小手剛伸出去，小貓就豎起身上的毛，弓著背，一副不高興的模樣。杭杭立刻嚇得大哭起來。從此只要看到毛茸茸的小動物，他就嚇得往媽咪懷裡鑽。

> **壯膽策略：**寶貝這種對外界事物產生警覺的現象是一種正常的心理現象，是心理成長的表現。如果寶貝害怕小動物到了很過分的程度，可以給他買一些有關小動物的圖書、光碟，讓他透過這些了解更多有關這些小動物的知識，這樣可以幫助他消除恐懼心理。平時還可以給他多一些接觸這些小動物的機會，嘗試給小動物餵食、觀看牠們玩耍、在保證安全的情況下摸摸小動物等等。隨著寶貝長大，他會逐漸接受小動物，他對小動物的恐懼心理也會隨之煙消雲散。

恐懼事件 8 —— 黑暗

你看那黑漆漆的房間是不是怪物的大嘴巴？那些看不見的牙齒一定會把我咬個稀巴爛吧？

童童怕黑，每天晚上都要開燈才能入睡。天一黑，他就不敢出門，並且堅持要打開所有的燈，不管他在哪裡，每個房間的燈都要開著，這樣他才敢安心地玩耍，否則就會哭鬧不休：「媽咪，那個黑怪物會把我吃了。你快開燈吧！」

> **壯膽策略：**因為什麼都看不見，隨著寶貝生活經驗增多，想像力日漸豐富，很多寶貝都會對黑暗的環境，無端地生出許多怪異的想像，並因此恐懼萬分。因此，父母平時不要講情節恐怖的故事給寶

貝聽，睡前不要用「你再不睡，大野狼就會吃了你！」、「你再不睡，警察叔叔來抓你了！」之類的話哄寶貝入睡。如果寶貝怕黑，可以在他入睡前開個小夜燈，平時可以一家人在黑暗中玩玩摸人遊戲，或者蒙上眼睛，玩聽聲抓人的遊戲等等，讓寶貝在遊戲中驅除對黑暗的恐懼。

消除寶貝恐懼心理

不同年齡段孩子的害怕對象

　　研究發現，正常兒童中，90％以上的幼兒會有不同程度的害怕心理；40％的 2 ～ 4 歲的兒童至少有一種害怕；43％的 6 ～ 12 歲兒童有七種以上的害怕。不同年齡階段的兒童有不同的害怕對象，如：

　　0 ～ 6 個月高分貝的噪音，突然而來的聲響，身體忽然失去支撐；

　　6 個月至 1 歲一般意義上的陌生人和生疏的環境，浴盆和浴缸排水；

　　1 ～ 2 歲一般意義上的睡眠，和父母健康、受傷、排便；

　　2 ～ 5 歲害怕黑暗、孤獨，想像中的怪獸、強盜、醫生等。

　　測試一下，孩子的害怕正常嗎？

　　懼怕與兒童身體發育的狀況和應對能力有關，會隨著兒童體力，智力和經驗的發展而不斷消失和變換。一般來說，正常發育過程中出現的害怕和恐懼，為時短暫，一種懼怕很少持續一年以上，多數在三個月內消失，很少會對兒童的行為產生嚴重的影響。

　　孩子的害怕屬於正常還是病態，可以根據下列問題進行測定：

1. 孩子的膽怯不安是否只是針對某個事物或現象，與這個事物或現象相關的其他因素會不會引起他的恐懼？

2. 離開了驚嚇物或現象後，孩子的懼怕反應是否隨之消失？

3. 在看圖片、電視或一般的談話中，如果孩子看到或聽到他所懼怕的事物或現象，他是否表現出無所謂的樣子？

4. 經歷了後，孩子的日常生活是否不受影響？

如果對以上問題的回答都是「是」，說明孩子屬於正常發育過程中的膽小害怕；否則，說明孩子可能存在心理疾病，尤其是孩子害怕到了如下程度就是不正常的了，比如懼怕的持續時間超過三、四個星期，以致於喪失某種能力，伴隨明顯的症狀：心跳過快，頭暈眼花，噁心和失禁等，這需要到兒童醫院就醫。

如何疏導孩子的恐懼心理

那麼，我們應如何防止幼兒產生不必要的恐懼呢？或說父母應如何教育幼兒呢？

首先，父母要以實事求是的態度對待幼兒所面臨的事物，切忌言過其實地恫嚇兒童，更不能使用妖魔鬼怪等不存在的東西來欺騙孩子。因為幼兒對外界的接觸很少，經驗很有限，加之在幼兒的眼中，父母是無所不知的，他們會確定無疑地相信父母的話。

父母為了尋求所謂的「安全」而製造的謊言，往往會伴隨兒童很長的時間，同時還會造成孩子不適當的恐懼。

其次，父母不要溺愛孩子。眾所周知，溺愛的不良後果不勝枚舉，但很少有人知道父母的溺愛往往也是造成孩子膽小，重要的直接因素。一些初次和父母分開睡的幼兒，為了得到母親的撫慰會哭鬧著不肯單獨去睡，他會找出害怕的理由來拒絕。

此時，父母千萬不要遷就孩子，否則他的「陰謀」得逞的同時，也真的會相信自己謊言所說的，從此害怕單獨一人居住。父母應堅持自己的主意，以免真的會出現這種恐懼。

最後，父母本身要給幼兒做榜樣。如果父母不想讓孩子恐懼，那麼父母自己先要無所畏懼。如果父母害怕閃電雷鳴，孩子第一次在父母面前聽見雷聲時，也會感染上同樣的恐懼。假如父母不能避免恐懼的話，那就盡量不讓孩子發現。

孩子為什麼害怕去醫院

媽媽：「琪琪，準備好了嗎？媽媽今天要帶你到醫院打預防針？？」

琪琪：「醫院好恐怖，打針好痛，我不要去醫院。」

媽媽：「不行，已經跟醫師約好了，一定要去。」

琪琪：「我不要去啦，哇哇哇……」

常可以看到，父母抱著生病的寶寶到醫院就診時，腳都還沒有跨進醫院門檻，就聽到寶寶哇啦啦的哭聲，且還不斷搖頭表示不要進去醫院；有些孩子還會抱住媽媽的大腿，甚至坐在地上大哭，就是不肯乖乖進去醫院。

到底醫院有什麼可怕之處，讓孩子抵死不從？長庚醫院兒童感染科教授級主治醫師邱政洵指出，孩子會害怕醫院、醫師的原因，大致可歸納以下幾點：

1. 寶寶生病時，最需要家長的呵護及提供足夠的安全感，來忘記身體的不舒服和焦慮情緒；但這時候帶他到一個陌生的醫院環境，及陌生的醫師，要對自己身體進行各式檢查和治療，很容易產生排斥的情緒。

2. 以前就醫時發生不愉快的經驗造成孩子揮之不去的惡夢，所以只要一想到要看醫生，就會很害怕。如：醫師檢查時，將硬硬的壓舌板，直接放入寶寶的嘴巴裡，因而造成喉嚨不舒服、嘔吐等情形；護理師阿姨很凶，打針時很用力，寶寶因此受到驚嚇。

3. 家長平常管教孩子時候，常會以「你再不乖，媽媽就帶你到醫院，請

醫師叔叔幫你打針。」；父母經常用「醫師打針」來恐嚇威脅小孩，日積月累下，就造成孩子害怕就醫的情結。寶寶如果每次去醫院幾乎都得打一針，如生病、預防接種等，當然寶寶會對去醫院感到恐懼。

由以上可知，孩子對醫院產生恐懼的原因，不外乎是當生病的時候，所產生的不安情緒反應；或上醫院就診時，對陌生環境和醫師檢查過程不舒服；或打針時感到恐懼與害怕。邱政洵醫師說，孩子們都難免要到醫院看病，又幾乎很多的孩子一到醫院後，就會感到害怕和緊張，面對寶寶的情緒反應，常讓父母頭痛不已，因為既要擔心寶寶病情，而看到小寶貝哭鬧不止時，又心疼不已。那麼，如何消除孩子對到醫院看病就醫感到恐懼害怕呢？

如何讓孩子不害怕去醫院

由熟悉的人帶去醫院

一般來說，剛出生的寶寶對於去醫院並不會感到恐懼，會感到恐懼害怕的，多半是九個月大寶寶，因為這階段的寶寶開始會認人，對於陌生的環境及人會產生恐懼感，如果又剛好碰到寶寶生病時，更是缺乏安全感。所以這個時候，帶寶寶去醫院的責任，最好由熟悉的人來做，讓孩子感覺熟悉及有安全感，自然能減低不少害怕的感覺。

不以醫院嚇孩子

要降低孩子對醫院的恐懼感，最重要的是，不要隨便拿醫院的名字來嚇唬孩子。例如：平時孩子調皮搗蛋或犯錯時就恐嚇他說：「如果你再不聽媽媽的話將飯吃完，等下就帶你去醫院請護理師阿姨幫你打聽話的針。」或「如果你再調皮搗蛋，我就帶你到醫院找醫師叔叔打針。」此外，

在醫院等候醫師看病時，家長不斷地提醒孩子：「等下醫師檢查要乖乖的，打針的時候不要亂動，知道嗎？」這類恐嚇的話，都會讓孩子懼怕去醫院及看醫師。

用遊戲減輕焦慮

透過遊戲或角色扮演，讓孩子能得知即將面對的醫療處置，以及在醫療過程中會遇到的各種人物與治療，減少就醫時產生的恐懼。例如寶寶是小兒科醫師、小兔子是護理師、小熊是小 Baby。小熊生病了，所以寶寶現在要幫小熊量體溫、檢查身體，然後還要請小兔子護理師幫小熊打針。

透過故事引導

平時父母不妨以說故事的方式，讓孩子對身體健康有所認知，例如：生病了為什麼要看醫師？為什麼要吃藥？除此之外，也可以買些介紹醫院及醫療工具的故事書，讓孩子先了解醫院有哪些人事物，降低去醫院時的恐懼。例如：醫院裡有醫師叔叔、護理師阿姨，醫師叔叔會拿像手電筒的東西，將燈照在寶寶的喉嚨，看看有沒有壞東西在裡面，然後把細菌殺死，寶寶就可以恢復健康，不再痛痛了！

事先溝通

父母可以在去醫院前與孩子先溝通解釋，例如：「等下去醫院不一定會打針，不要緊張。寶寶可以跟醫師說哪裡不舒服，然後請醫師叔叔幫寶寶找出細菌。」或是請有經驗的哥哥姐姐做經驗分享，都司以減少小朋友不肯去醫院及哭鬧的可能。

▎ 孩子害怕去學校怎麼辦

　　小寶是一年級的小學生。每天到了上學的時間他總是躺在被窩裡不願起來上學，或者乾脆謊稱身體不適來逃避上學。

　　造成這種對學校負面態度的原因是多方面的。首先，可能是現實中的學校與孩子的想像有差距而引起的。其次，與家人的分離而產生的焦慮，可能是引起兒童對學校負面態度的另一個原因。第三，入學後不能立刻適應學校生活，在學習活動中遭受挫折，過量體驗失敗感，這樣使孩子往往不願去學校。怎樣幫助孩子克服害怕去學校的心理呢？

指導孩子正確了解學校

　　孩子如果對學校有錯誤的認知，必然發展為害怕去學校。以各種方式如：帶孩子參觀學校、認識老師等，告訴孩子學校是學習的地方，老師可以教給我們很多的知識，可以結識很多朋友等等，潛移默化地轉變孩子對學校的偏見。當孩子害怕去學校時，不要打罵、恐嚇、體罰。應該細心詢問原因，然後「對症下藥」，解開孩子心中的「結」。

幫助孩子導正學習態度

　　初入學兒童對學習的態度是各式各樣的，易受學校外表形象的吸引。為了使孩子對學習有嚴肅認真的負責態度，可採取積極的方法有系統地進行教育工作，用生動的事例鼓勵孩子學習、啟發他們的學習興趣。比如，在家庭布置些名人畫像、名人名言，唸科學家們努力學習、勇攀科學巔峰的故事等，充分利用周圍環境，使孩子在耳濡目染中糾正學習態度。

幫助孩子樹立自信心

孩子如果成績不好，害怕家長的責罵，自然對學習失去自信心，導致害怕去學校。假如家長和教師互相配合，使孩子重新拾回失去的自信心，孩子的成績肯定能提高。因此，當孩子有了一點的進步，也要抓住時機表揚了，或者有意設計一些預設孩子可以完成的任務交給他獨立完成，使孩子體會到成功的喜悅，樹立起自信心。

培養孩子的獨立自主

參加團體活動可促使孩子的身心健康發展，促進孩子們的友誼，加強他們的交流。在同伴的影響和幫助下，使害怕去學校的孩子願意加入學校這個大家庭。還有些孩子在家裡過分的依賴父母，什麼事都是父母代勞，在學校因與家人分離而無人依賴產生害怕去學校的心理。對此，有必要用多種方式培養孩子的獨立自主。如試著讓孩子自己準備學習用具，在家裡和學校多參加力所能及的事務等。

對孩子進行耐心的解釋教育

使孩子知道上學不是「苦差事」，去學校可以學到很多有趣而且有用的知識，並教孩子掌握正確的學習方法，使他可以輕鬆地學習而達到事半功倍的效果。同時，引導孩子正確對待分數，增強孩子受挫折的承受能力。

▎孩子害怕洗澡，該怎麼辦

洗澡一般都是父母和孩子一起洗，大人先洗，讓孩子玩水，家長洗好了再給孩子洗，那天如果你正在洗澡，所以沒能及時避免孩子滑倒。在接

下來的兩天，孩子一進洗手間就開始哭、尖叫，不願意洗澡，怎麼說都沒用。之後幾次都是在孩子的哭叫中強行洗的。

如果以前孩子是很喜歡進去玩水的（也許只是不願意洗臉洗頭），那現在怎麼辦呢？你會覺得是因為，你家裡空間小，也沒有其他合適孩子的地方洗澡，才導致孩子害怕洗澡呢？

關鍵是，換個地方肯定可行嗎？

人類的成長有一個有趣的現象，就是 0～6 歲兒童的發展，將人類文明的發展整個重複了一遍，從水生到爬行然後到直立行走，從單音節和表情以及動作表達到用固定的單詞，然後發展出簡單的句子，一直發展到有深刻內涵的語言系統的表達都是這樣。

大自然讓人在年齡越小的時候力量也越小，個子也越矮，走路速度也很慢，容易摔倒和碰撞，這時，由於個子矮，體重輕，摔倒了也不會摔得很痛，由於速度慢，力量小，就是碰撞到什麼地方，也不會危及生命，所以人在這個年齡是一輩子摔跤和碰撞最多的時候，大自然讓人在傷害程度最小時，獲得了最多關於傷害的心理承受力，為一生要經歷的傷害打下了基礎。

人一輩子必須生活在各種物體和人之間，不可避免地會與各種物體發生衝撞，跟各種人發生衝撞，如果在童年，沒有經歷足夠的肢體衝撞和人與人之間的互相衝撞，人的內心承受力就特別脆弱，略有衝撞就顯得無法承受，受到一次碰撞，就恐懼到要遠離碰撞的地點和事物，那一輩子下來人就沒有地方可去了。所以在孩子童年時要放手讓孩子在一個沒有大的傷害的環境中自由活動，只要不受傷，如盆子邊、牆邊、已經磨圓了的桌子角等地方，碰一下，只是碰痛了是沒有關係的。

還有，孩子是否由老人和保姆帶大，他們帶孩子容易為了孩子安全而限制孩子自由，使孩子失去了發展的機會，他們以為不讓孩子撞到碰著是

養育者最大的責任，根本不知道人的成長需要經歷和體驗這一事實。孩子在過分的照顧之下，過少地經歷碰撞，於是碰撞一次孩子就顯得特別緊張。如果在碰撞時，大人表現得也特別緊張的話，孩子就會非常害怕。

溫馨提醒：一般碰撞後，大人不要大聲地呼叫，不要馬上離開碰撞的場所，等孩子不哭了再離開；下次再進浴缸時，成人應該非常放鬆，先不要急於把孩子放進去，哄孩子在旁邊玩一會。如果孩子每次都只是玩，不願意進去洗澡，就可以採取在旁邊用溼毛巾擦一擦的方法，待孩子對浴缸不那麼恐懼了，再和孩子一起進去，不要讓孩子離開成人的身體，盡快地給孩子洗完抱出來，給別人看著，成人自己再洗。

浴缸是一個危險的地方，因為浴缸非常滑，而所有的浴缸又特別堅硬，如果浴缸裡放上水，孩子滑倒後，後腦勺著地將是很危險的。再者，雖然水放得很少，孩子摔倒後水忽然地被濺到臉上或嗆入鼻子都會給孩子帶來真正的驚嚇。所以五歲之前的孩子洗澡，成人一定要專門幫孩子洗。成人最好不要跟孩子一起洗澡，更不要讓孩子在成人的浴缸裡自己走動玩耍，應該先給孩子洗完，處理好孩子後成人再洗。

家長還可以試一試給孩子換一個其他顏色和其他質地的浴缸，也許孩子就會接受。

如果嬰兒十分害怕洗澡，那就停幾天不洗澡，然後再試，態度要溫和，浴缸裡只放一點水。在嬰兒有了到浴缸裡去的心理準備之前，先幫他用海綿擦拭身體或者只清洗頭部和下身。

如果過了一段時間後，他還是不喜歡洗澡，仍然怕水，那麼請試試以玩耍的形式洗澡，幫他戰勝這種恐懼心理。

在溫暖的屋子裡（但不是浴室）鋪上一條毛巾，旁邊放一個裝滿了水的大塑膠盆，在盆裡放幾個能漂浮的玩具和塑膠酒杯，幫嬰兒脫掉衣服，鼓勵他玩那些玩具。慢慢地他會喜歡洗澡的。

當他看起來很快樂而且很自信的時候，幫助孩子踩水玩：如果你家的廚房很暖和，那麼可以在瀝水架上鋪一塊毛巾，在水槽裡裝滿溫水，讓嬰兒坐在毛巾上搖晃著雙腿。你一隻手拿著玩具和大酒杯陪孩子玩，與此同時一定要用一隻手抓牢他，而且所有的水龍頭都要用布包起來。

這樣做幾次之後就可以輪流用大盆或者廚房的水槽做澡盆，讓嬰兒像以前一樣在裡面玩耍。當他掙扎著進到水裡去玩玩具的時候，你就知道他已經不再害怕了。

讓孩子這麼玩幾次，然後可以偶爾給這段時間裡的遊戲內容，再加上洗澡這一項。

想知道孩子害怕什麼，測試一下

研究發現，正常兒童中，90％以上的幼兒會有不同程度的害怕心理；40％的 2～4 歲的兒童至少有一種害怕；43％的 6～12 歲兒童有七種以上的害怕。

不同年齡階段的兒童有不同的害怕對象，如：

⊙ 0～6 個月高分貝的噪音，突然而來的聲響，身體陡然失去支撐。

⊙ 6 個月至 1 歲一般意義上的陌生人和生疏的環境，浴盆和浴缸排水。

⊙ 1～2 歲一般意義上的睡眠，和父母健康、受傷、排便。

⊙ 2～5 歲害怕黑暗、孤獨，想像中的怪獸、強盜、醫生等。

測試一下，孩子的害怕正常嗎？

懼怕與兒童身體發育的狀況和應對能力有關，會隨著兒童體力，智力和經驗的發展而不斷消失和變換。一般來說，正常發育過程中出現的害怕和恐懼，為時短暫，一種懼怕很少持續一年以上，多數在三個月內消失，很少會對兒童的行為產生嚴重的影響。

孩子的害怕屬於正常還是病態，可以根據下列問題進行測定：

1. 孩子的膽怯不安是否只是針對某個事物或現象，與這個事物或現象相關的其他因素不會引起他的恐懼？
2. 離開了受驚物或現象後，孩子的懼怕反應是否隨之消失？
3. 在看圖片、電視或一般談話中，如孩子看到或聽到他所懼怕的事物或現象，他是否表現出無所謂的樣子？
4. 經歷了後，孩子的日常生活是否不受影響？

如果對以上問題的回答都是「是」，表示孩子屬於正常發育過程中的膽小害怕；否則，孩子可能存在心理疾病，尤其是孩子害怕到了如下程度就是不正常的了，比如懼怕的持續時間超過三、四個星期，以致於喪失某種能力，伴隨明顯的症狀：心跳過快，頭暈眼花，噁心和尿失禁等，這需要到兒童醫院就診。

▋如何幫孩子克服恐懼感

恐懼和焦慮是孩子身心發展過程中普遍具有的一種體驗，是情緒調節不良的表現。恐懼是動物們遇到危險時產生的情緒。父母的行為和教育方式直接影響著孩子的情緒，家長若引導不當，使孩子經常處於恐懼焦慮中，會有損於孩子的心理健康。

因此父母應幫助孩子克服各種恐懼和焦慮行為。

愛自己的孩子，了解自己的孩子

每個孩子都渴望得到父母的讚許。特別是在孩子情緒低落時，給孩子安慰和鼓勵，使孩子受到父母的愛心，不要強迫孩子做不願做的事情。和孩子共同遊戲時，應仔細觀察孩子，真誠、具體地表揚孩子好的行為，避

免敷衍、誇大其辭、隨意下命令，使孩子隨時都能感到父母的存在。

家長的正確期望是孩子成長的外在動力之一。家長在充分了解和全面分析孩子的特質、能力、興趣的基礎上，提出適當的期望。不要對孩子期望過高，這樣會給孩子帶來心理上的壓力，從而喪失信心。孩子有進步，哪怕是微小的，家長都應鼓勵表揚，使孩子有信心挑戰困難。

引導孩子勇於嘗試、提高挫折能力

家長可有意識、有目的地委託孩子承擔有一定難度的任務，事先將可能發生的事告訴孩子，並了解他心中的憂慮。對於新事物，孩子需要較多的嘗試和時間來適應，家長應對他表示關懷並陪伴他尋找方法接受考驗。

幫助孩子樹立自信心

如果孩子獲得成功的體驗，自信心就會增強很多，家長應去發掘孩子的獨特天賦，使孩子了解自己的特長和優勢，並為之自豪，以形成積極的自我意識，讓孩子明白每個人都有優點和不足，不足之處，只要加以訓練，就可以克服，以此幫助孩子樹立自信心，培養其自立、自信的態度。

此外，家長應創造愉快、溫馨的家庭生活環境，多和孩子交流，豐富孩子社交方面的經驗。注意調整孩子的情緒，您的孩子一定會更加聰明健康。

第六章　好習慣是一生的資本

▎幫 1 ～ 3 歲幼兒洗澡注意什麼

　　隨著孩子漸漸長大，他也許會把洗澡看成是玩耍的時間。大多數孩子喜歡玩水，而洗澡時是他們玩水最方便的時候，所以要給他們準備好塑膠杯子、量杯、玩具船和黃色小鴨，讓他們多玩一會，充分放鬆，讓洗澡成為一種遊戲。孩子自己洗澡，準備好他可以使用的特別的海綿。在他能夠充分地協調動作以前，他是無法洗好澡的，所以要做好再用另一條毛巾重新洗一遍的準備。讓孩子兩隻手拿著肥皂，教他怎樣用肥皂抹身體和手臂。

每日例行公事

　　大多數孩子早晨需要洗一下，但是最好等到早餐後再幫他洗。孩子常常在醒來後感到非常餓，所以你可能只有幫他換溼尿布的時間，然後就得立刻給他吃的了。吃過東西後，孩子會更願意站著不動，讓人幫他洗臉、洗手、刷牙和梳頭。到 1 歲半的時候，他會自己用水洗兩隻手，而且隨著協調性變得更好，他將學會用肥皂洗手。然而一定要記住，他不可能總是記住洗手的步驟；可能會忘記把袖子卷起來。把衣服弄溼了，肥皂也從手裡滑掉了。所以你一定要待在一旁，隨時準備在他需要的時候幫他一把。

衛生

　　講衛生要從小做起，而且如果可能的話要以身作則。比如，從孩子開

始會爬、有可能把手弄髒的時候起，就應該讓他自動自發地養成飯前洗手的習慣。如果開始時你和孩子（我的意思是讓他參與進來）一起先洗手，把你們兩個人的雙手都抹上肥皂，然後再互相給對方洗手，洗手就能成為一件趣事。在教孩子該怎樣洗的時候，你可以讓洗手的過程變成一場遊戲：把食指和大拇指做成一個圓圈，用中間形成的肥皂沫吹泡泡。然後讓孩子檢查你的手，你再去檢查孩子的手。

如果你這樣開始，那麼在其他的時間裡要求孩子要講究衛生就容易了。比如，上廁所後一定要洗手。但是你應該在孩子坐便盆的時候就開始做此要求，而且要每次都這麼要求。

為了幫助孩子變得更加獨立，你可以在廁所裡準備好一個穩當而且不滑的站立位置，這樣他就能很容易而且安全地自己能碰到洗臉盆和馬桶了。

日常衛生習慣

鼓勵孩子從很小的時候起就洗手。如果用沾有肥皂的擦臉毛巾擦手，他會覺得很容易。

如果孩子不願意洗臉，那就建議他用海綿洗。用海綿更有意思，而且海綿與皮膚接觸的時候感覺也更柔軟。

給孩子準備一支軟毛牙刷，鼓勵他在飯後刷牙，尤其是長出臼齒以後。

寵物和衛生

蹣跚學步的幼兒養個寵物很有好處，但是你或許會擔心因此對健康造成危害。然而，如果你遵守幾個養寵物的簡單原則，你就沒有什麼好擔心的了。

鼓勵孩子在跟寵物玩耍後洗手，尤其在接觸食物和吃東西前。還有，你應該禁止孩子親吻寵物，尤其是不要親吻鼻子和嘴巴附近的地方。

寵物所引起的最常見的問題是寄生的跳蚤和蟲子。這兩樣東西都可以很容易地透過定期採用適當的預防措施來加以避免。如果真的出現了寄生蟲，要馬上採取治療措施，同時禁止孩子在治療措施發生作用前再與寵物玩耍。

▍解謎寶寶偏食的六大現象

現在越來越多的小孩挑食或偏食，這樣就造成了許多過度肥胖或營養不良的孩子。家長們應該對寶寶的飲食加強注意，從而讓寶寶健康的成長。

許多兒童有偏食和拒絕吃某些食物的習慣，因而容易導致身體缺乏一些必需營養素，成為現代「營養不良兒童」，因而免疫力普遍下降。其實這些現象是緣於於媽咪在餵養上走入迷津，現一一針對這些現象來解謎。

1. **讓寶寶錯過了味覺最佳發育機會**：每種沒有吃過的食物，對於寶寶來說都是新鮮的、好奇的，他們並不會天生就有什麼成見，通常需要媽咪培養出良好的味覺及嗅覺感受。寶寶的味覺、嗅覺在 6 個月到 1 歲這一階段最靈敏，因此是添加副食品的最佳時機，因為，寶寶透過品嘗各種食物，可促進對很多食物味覺、嗅覺及口感的形成和發育，也是寶寶從流質 —— 半流質 —— 固體食物的適應過程。在 1 歲左右時，已經能夠接受多種口味及口感的食物，來滿足身體生長發育的需求，順利斷奶。然而，在給寶寶添加副食品的過程中，如果媽咪一看到寶寶不願吃或稍有不適，就馬上心疼地讓寶寶停下來，不再嘗試，這樣，便使寶寶錯過了味覺、嗅覺及口感的最佳形成和發育機會，不僅造成斷奶困難，而且導致日後典型的厭食症。

2. **強硬對待寶寶最初表現的「偏食」**：寶寶在 8 個月時，對於食物已經能表示出喜好，這就是最初的「偏食」現象。然而，這種偏食是很天真的，不能和大一點的孩子的偏食相提並論。因為寶寶在這個月不喜歡吃的東西，很有可能到了下個月就又愛吃了。而媽咪並不了解這一點，生怕寶寶缺了營養，對寶寶不吃的行為非常在意，十分「認真」，以致採取強硬的態度，結果給寶寶的腦海中留下十分不良的印象，以後很難再接受這種食物，從而導致真正的偏食習慣。

3. **對於寶寶的營養攝取過於關注和擔心**：媽咪總是按照自己對於營養知識的了解，幫寶寶安排膳食，從來不允許寶寶按照自己的欲望去喜好某種食物，認為這樣才能保證營養的攝取。然而，兒科醫學專家表明，只要寶寶的味覺、嗅覺及對食物的口感發育正常，正常的寶寶是完全可以從愛吃的各種搭配得當的食物中，選擇出有益健康的飲食組合。雖然寶寶的食慾可能會經常變化，只要不過分受到人為偏見的影響，從長遠看他們的飲食一般是能夠達到平衡的。因此，媽咪應該允許寶寶按照自己的想法去喜惡某種食物，不必大驚小怪的，過分的關注和擔心反而會起反效果。如果媽咪對於米飯、牛奶、肉類、蛋類等食品的營養價值不太了解，就不能為寶寶提供能夠滿足身體生長發育需要的均衡營養。

4. **在飲食上總是嬌縱寶寶**：通常寶寶都是碰到喜歡吃的食物，就沒完沒了地吃個不停，而媽咪卻對此不以為然，一味地嬌縱寶寶。然而，小孩子的消化器官還很未發育完全，如果一味地嬌縱，就會使寶寶傷了脾胃，結果造成消化不良，以後一碰到這種食物，就感到十分厭惡，從此再也不吃了，由此導致營養攝取不均衡，發生「營養不良」。

5. **糾正寶寶偏食、厭食習慣過於心急**：當寶寶不愛吃某種東西時，媽咪一著急，就常常採取強迫、誘惑、收買或威脅等做法，硬要寶寶往肚

子裡吃，結果造成不良的心理影響。時間一長，就會使寶寶對這種不愛吃的食物形成條件反射，即一見到便感到噁心。長此以往，也會影響營養的均衡攝取。

6. **媽咪自己有不良飲食習慣**：寶寶偏食、厭食，往往受媽咪的影響，如媽咪對自己本身不愛吃的飯菜，懶於很好地去做，也不注重口感和色澤；常常在言語之中流露出對這些食物的偏見。這樣，就會使寶寶先入為主，對某些食物沒等進口就感到厭惡了。或是一種飯菜只要自己認為有營養，便讓寶寶上餐吃完下餐又吃，最終使寶寶對這種飯菜倒了胃口，以後再也不吃了。

面對如上的問題，得有好的方法來解決，主要有以下三種方法。

方法 1. 合理餵養，以防養成偏食、厭食習慣：及時適時添加副食品，促進寶寶對多種食物的口感及味覺、嗅覺的形成和發育；正確對待寶寶最初出現的「偏食」表現，切不可態度生硬，也不可嬌縱寶寶的不良飲食習慣，如碰到愛吃的食物，就不加以節制地過量飲食，最終導致消化不良，而不喜歡吃的東西一點也不吃；媽咪要以身作則，不要在寶寶面前表現出對食物的喜或惡，也不要對於食物妄加評論。

方法 2. 飲食安排注意各種營養素的均衡：為寶寶安排飲食，即食物要多樣化，主食粗糧與細糧及副食葷與素搭配要合理；讓寶寶每天喝奶，經常吃魚、蛋、瘦肉、禽類、豆類及豆製品；多吃各種蔬菜、水果及根莖類，保證膳食纖維的攝取。

方法 3. 注意培養寶寶良好的飲食習慣：包括不偏食、挑食、暴食、過量飲食，不過度吃零食。然而，這並非是件一朝一夕就能改變的，需要媽咪每時每刻都要注意培養，也取決於媽咪對寶寶進食的態度是否重視。

首先媽咪要尊重寶寶的個性，讓他覺得吃飯是自己的願望，是一件愉快的事情；既要注意營養素的均衡，也要考慮到寶寶的口味，同時還要講

究食物的色、香、味及食物的花樣，不可因為只講究營養而忽視寶寶對食物的感官需求。

寶寶不喜歡刷牙的 4 個原因

　　想讓寶寶喜歡刷牙，牙膏的選擇很重要。建議給寶寶買牙膏時，挑一些有寶寶熟悉的卡通圖案或水果口味的牙膏。回到家還可以在寶寶該刷牙時做一些遊戲：讓寶寶選擇一種圖案或一種口味的牙膏，告訴她認真刷牙後讓爸爸和媽媽聞一聞，猜猜寶寶用的是哪種口味的牙膏，爸爸媽媽可以故意猜錯，這樣寶寶就會有種勝利的感覺，以後慢慢就喜歡刷牙了。

　　但是，為什麼寶寶會不喜歡刷牙呢？每個孩子都有自己的原因，可區別對待，但大致可總結成以下 4 點：

1. 對刷牙有恐懼心理。可以在刷牙時加點娛樂，比如唱刷牙兒歌；我兒子每次刷牙的時候，我就在旁邊唱，「刷刷刷，上刷刷，下刷刷，刷出一口小白牙」。

2. 對刷牙的重要性了解不夠。孩子都是天生愛美的，如果孩子不想刷牙了，我就會提醒他，「牙齒黃黃的，照相的時候就會很醜，笑都不能笑。」他很快就明白刷牙很重要。如果他刷得很好，就要經常表揚他，「哇！好白的牙齒！」

3. 沒養成刷牙的習慣。孩子小的時候，就要養成良好的漱口習慣。尤其是睡前，一定要漱口。雖然有時候寶寶刷牙只是做做樣子，但也要持之以恆，讓孩子知道牙齒是一定要刷的。到真正刷牙的時候，最好養成早晚二次刷牙的習慣。

4. 家長過於緊張。有些家長自己把刷牙看的很緊張，一看到孩子姿勢不對，不按時刷牙，就要生氣，這樣反而給孩子造成緊張、害怕。還不如，順其自然，讓孩子知道，刷牙洗臉是每個人每天都要做的事情，

就像吃飯一樣簡單自然。孩子到了一定的年齡，精細動作發展良好，自然就心領神會。

培養孩子開朗的性格

不可否認，人的性格有先天的因素，例如有天生的急性子，也有天生的慢性子，有天生的外向性格，也有天生的內向性格，一般來說不開朗的人多是內向的，但這並不是絕對的，內向的人不是一定不開朗，有很多內向性格的人也是開朗的，這說明先天的因素有作用，但不是開朗與不開朗的決定因素，最重要的因素是環境對孩子的影響。

有一位母親，發現兒子比別的孩子畏縮，不合群，不開朗，這位明智的母親首先反省自己，找到了問題的癥結主要在自己，一是望子成龍心切，對孩子要求過高、過嚴；二是急於求成，方法過於簡單粗暴；三是對孩子約束太多，說教太多。

於是，這位母親開始了改善孩子性格的努力，主要的做法是：

1. 堅持送孩子上幼兒園，和老師配合教育，讓團體生活鍛鍊孩子，影響孩子的性格。
2. 促使孩子交朋友，特別是和性格開朗、活潑的孩子交朋友，利用同伴相互作用的效應感染孩子。
3. 放開手讓孩子自由、自主地活動，多走出家門，融入外面精彩世界。
4. 常和孩子一起感受快樂，以大人樂天的情緒優化孩子的心態。
5. 切合實際地要求孩子，對孩子耐心不急躁。
6. 經常給予孩子正面的心理暗示，讓孩子常有良好的自我感覺。
7. 加強父親對孩子的影響，促使孩子更加男性化。

這位家長持續了三年的努力，果然皇天不負有心人，逐步改善了孩子

的性格，熟悉孩子的人都說，這孩子好像變了個人，可見良好的環境與教育，有利於培養孩子開朗的性格。

有研究表明，孩子的個性與家長的性格，有密切關係，因為家長的性格會潛移默化地作用於於孩子，家長的性格也會決定家庭的氛圍，而氛圍會像空氣一樣地吸入孩子體內，不由自主地影響其性格，例如，一些非常內向的孩子，其家長往往就是內向的。

為此，家長要注意自身具有良好的性格，以家長的開朗影響孩子，是最自然，最有效的。

研究還表明，這與親子關係也有緊密相關，民主型親子關係，易於培養開朗的個性，而專制型的的家庭，則易於培養畏縮的孩子。

因此，要注意形成良好的家庭氛圍，事實說明，快樂的孩子，其家庭氛圍多是和諧的，愉快的，而消沉的孩子，其家庭氛圍多是不協調的，沉悶的。可見，培養開朗的孩子，就要創造良好的家庭環境。

▍小寶貝壞習慣全攻略

寶寶成長的過程中，由於爸爸媽媽的教養不當，常會養成的一些壞習慣：

撿髒東西吃

幾乎所有的寶寶都曾經有過撿東西吃的行為，但不是所有的孩子都因此形成了壞習慣。

在寶寶還很小的時候，父母就應當在日常生活中給他灌輸東西掉在地上就髒了，不能再撿起來吃的正確觀念。日常生活中難免會有食物掉到地上的情況，這時父母應該對孩子說：「東西髒了，我們需要洗一下。」並立即去清洗；或者告訴孩子食物已經髒了，不能吃了，並立即將地上的髒

東西打掃到垃圾桶裡。而千萬不要因為害怕浪費食物而將其撿起直接放入自己嘴中。

有統計顯示，有撿髒東西吃壞習慣的寶寶，其父母大多有那些食物掉在地上覺得丟掉浪費，撿起來塞自己嘴裡的做法。記住：當你告訴寶寶「掉地上太髒了，媽媽吃了，給你新的。」的時候，寶寶根本懂不了這麼多，他只明白的是，既然媽媽可以撿起東西吃，那麼我也可以。另外，因為小寶寶辨別事物和是非的能力還比較差，所以在他看來，東西掉在床上、桌上和掉在地上是一樣的。

因此爸爸媽媽對於掉到床上、桌上的東西也要遵照上面的原則處理，不要以為乾淨就撿起來吃掉，這樣會在無形中誤導了您們的小寶寶。

當然，這裡說的不僅是要在家中這樣，在戶外更是應當如此。

因此爸爸媽媽要注意：

1. 細菌在潮溼的地方繁殖得比較快，因此要避免寶寶在這樣的地方撿拾東西吃。

2. 在戶外，任何東西掉到地上都不要撿起來吃，因為此處有可能曾留有貓、狗等動物的糞便。

3. 餐桌有小東西，一定要立即拿走，以免寶寶當成食物誤食造成嚴重後果。

4. 當孩子在地上撿東西吃時，父母一定不要怒斥孩子，也不要用手打掉他手裡的東西，這樣會驚嚇到年幼的孩子。

丟東西

孩子一般到了 6 ～ 8 個月，就開始有丟東西的行為了。

當孩子在無意中丟東西的時候，他會異常興奮，會認為自己又多了一項大本領，因此會非常高興地進行多次重複，同時也希望引起爸爸媽媽的

注意，能夠給予他讚揚。在重複的同時，寶寶實際上也是在學習。

比如：他會觀察物體的墜落軌道、方式，並注意不同物體落地時的聲音；他會逐漸發覺丟東西和發出聲音之間是存在著必然關係的，從而學習了邏輯知識；從丟出東西到等待聲音，從而學會心理期待等等。所以，丟東西對寶寶而言，是必經的一個成長階段，對於寶寶的智力和心理成長都有很大好處。但是，父母在這件事情上的不同態度會導致孩子往不同的方向發展。正確的態度應該是，在寶寶開始掌握這項技能的時候，提供給孩子一些適當的玩具（比如毛線球、皮球等等），並創造一個安全、寬敞的環境，讓寶寶丟個夠。

在寶寶剛開始丟東西的時候，父母應當給予大量的表揚，這樣可以增強小寶寶的自信心和快樂情緒，讓他能快樂愉快地玩、輕鬆地接受知識。但當他慢慢長大後，應注意逐漸淡化他的丟東西行為，以免養成不良的習慣。

需要注意的是，寶寶因為年紀小，手、腦綜合協調能力不夠完善，所以在丟東西的時候，可能會不慎損壞物品（比如落下的球砸倒了桌上的花瓶），對此父母一定不要大呼小叫，也不要過於批評孩子，因為父母的反應會讓孩子感覺很特別、很誇張，這將無形中強化了他用丟東西的方式引起父母注意的意識，以後一旦他想引起別人注意或想表現自己，都會想到用丟東西的方式來實現，這樣最終會讓他形成丟東西的壞習慣。如果孩子已經形成了丟東西的壞習慣，那麼媽媽可以採取以下措施：

1. 設計各種丟東西的遊戲，讓他丟個夠，把壞習慣變成一種技能。如丟球、丟沙包等，並可教給他各種投擲技能。

2. 寶寶兩歲以後已經有一定的辨別能力了，爸爸媽媽要耐心地告訴他什麼東西可以丟，什麼東西不能丟。

3. 如果孩子丟東西影響了其他人休息、工作等，要對孩子提出正面批評，讓他意識到自己的錯誤。

4. 如果孩子是因為生氣、發洩而丟東西，那麼爸爸媽媽應先和孩子進行
   溝通，了解孩子生氣的原因。如果理由是正當的，要對寶寶加以同
   情，並給予他安慰；如果是因為無理要求沒有得到滿足，則可以採取
   轉移目標的方法進行處理。

5. 有時寶寶丟東西只是為了引起爸爸媽媽等成人的注意，所以只要稍微
   加強對寶寶的關注程度，讓寶寶感覺到父母在注意他，就可以避免孩
   子亂丟東西的壞習慣。

6. 告訴孩子丟出的東西要自己撿回來，這樣可以有效地減少孩子亂丟東
   西的習慣。

破壞行為

孩子隨著能力的提高，將越來越多地表現出一些破壞的行為。一般分
為兩種情況

一種情況是：寶寶長到快 2 歲的時候，好奇心開始逐漸增強，對所有
的物品都很感興趣，喜歡東摸摸、西看看。但是由於他們的動手能力和
手、眼協調能力都還比較差，對各種物品的性能也不是很了解，所以難免
會破壞一些東西（有時甚至可能是父母十分喜歡的東西），這應該得到父
母的諒解。

另一種情況是：當孩子手中的工作遠遠超過了他的實際能力，多次嘗
試失敗後的挫折感往往會激怒年幼的孩子，為了發洩自身的沮喪感，孩子
就會做出一些破壞的行為。如果屬於這種情況，父母千萬不要訓斥孩子，
因為這樣會使孩子感到委屈和被誤解，感覺自己孤立無援，從而產生憤怒
的情緒，甚至有意採取更大的破壞行動來表現出他的憤慨，或者故意繼續
破壞來挑釁父母，看父母生氣的樣子，從中獲得滿足抵消失敗的感覺。

對於孩子的破壞行為，父母要注意採用以下幾種策略來幫助他改正：

1. 對於他所破壞的東西，凡是能恢復原狀的，父母要求孩子和自己一起將它加以恢復和修補。

2. 告訴孩子不管是因為什麼，破壞東西是一種不好的行為，應盡量避免和改正。

3. 搞清孩子破壞的原因，不要過分批評，應採取措施安撫他的異常情緒。

4. 多陪寶寶做遊戲，提高他的動手技能，幫助他取得小小的成功，培養他的成功感。

5. 對於孩子的各種情緒，成人要多用心加以體會，並適時地替孩子表達出來。當孩子明白爸爸媽媽理解他的意思後，他的憤怒就會大大地降低，從而放棄過激的破壞行為。同時，這對親子關係也大有好處。

6. 在日常生活中，爸爸媽媽首先自己要平靜，要冷靜地處理各種問題，給孩子做出好的表率。

7. 要積極鼓勵孩子的好奇心，並盡可能地提供給孩子一些可以滿足好奇心的玩具，如拼拆玩具。

8. 成人要仔細觀察是否有其他人惡意或無意地慫恿、縱容孩子的破壞行為，如果有，一定要立刻加以制止。

任性與發脾氣

隨著孩子自我意識的成長，大多數的孩子會出現一些任性的行為，尤其是在 2～4 歲最為常見。

一些爸爸媽媽對孩子過於溺愛、嬌慣，凡事都順著孩子的心意。一旦某件事不能按照孩子的想法去做，孩子就會任性地大哭、大鬧。如果爸爸媽媽為此而心疼做了第一次讓步，這就讓孩子意識到了他的這種做法十分有效，以後就會不斷使用這種手段來達到自己的目的，這就滋養了孩子任

性妄為的壞習慣。

　　此外，孩子因為自己的能力有限，在多次嘗試、努力做某件事情後仍舊失敗，這種挫折感也會讓孩子大發脾氣。

　　對於這些情況，爸爸媽媽可以參考以下的一些方法：

1. 平日不要過於嬌慣孩子，要給予孩子正確的引導，讓他知道爸爸媽媽不是萬能的，不是他的每一個要求都能夠實現。

2. 年幼的孩子在情緒上比較多變，因此爸爸媽媽在處理事情時要先思考過，在考慮好可能發生的情況及處理的辦法之後再行動，以免到時不能應付孩子的任性撒嬌。

3. 對待孩子任性和發脾氣，雖然心裡很著急，但臉上不要過於表露，可以採取不理睬的方式淡化法處理，孩子在自覺沒趣後會自己停止。

4. 用孩子感興趣的事物轉移孩子的注意力，讓他將精力投入新的事物中。孩子是健忘的，自然就會忽略剛才發生的事情。

5. 盡量不要讓孩子第一次發脾氣就得逞，勝利感會激勵他以後次次都使用這種方法。

6. 當著孩子的面多誇獎別的聽話的孩子，讓他多接受正面暗示，意識到任性的孩子爸爸媽媽不喜歡。為了博得爸爸媽媽的表揚，他也會學得很乖。

7. 不要當著孩子的面表現出自己沒辦法，也不要說諸如「再不聽話我揍你」等話語。

8. 不要輕易對孩子承諾，特別是做不到的事情，而答應了的一定要做到，這樣你說的每一句話，孩子才可能信任、明白它的分量。

9. 適當懲罰，告訴孩子因為他發脾氣而錯過了他盼望已久的活動，這足以令他在下次發脾氣前慎重考慮。

10. 家人態度要一致，不能一人一個態度，讓發脾氣的孩子鑽漏洞。

11. 讓孩子在多種選擇中自己做出決定，因為是他自己的選擇，他不太好意思發脾氣。

12. 要堅定，不要因為孩子的大哭而改變主意。

攻擊性行為

絕大多數的孩子都會經歷咬人、打人的階段，這是一種很正常的成長階段。一般情況下採用淡化的方法很快就會過渡過去。但是也有不少寶寶會進而養成具有攻擊性行為的習慣，需要大人加以糾正。

造成攻擊性行為的原因很多。打人可能是一種自我保護方式；可能是他發洩不快的一種方法；也可能是模仿別的小朋友、父母或電視的行為等等。咬人可能是 1 歲半前口腔期寶寶的探索性行為；可能是模仿小動物的動作；也可能是親吻的表現，不過是力度掌握不佳而已。

對於這些攻擊性行為，父母要注意：

1. 父母要以身作則，平日不要有打孩子等攻擊性行為。

2. 不要讓孩子看暴力電視。

3. 平時要教育寶寶講禮貌，在孩子在和其他小朋友一起玩時要友好，不要打人罵人，如果欺負了別的小朋友要道歉。

4. 要培養孩子的各種技能，特別是社交能力和語言能力。

5. 教孩子講出憤怒的情緒，父母加以適當的疏導。

6. 如果自己的孩子被打了，父母要勇於批評別人的孩子。否則，我們的寶寶會失去安全感，覺得只有打別人才能保護自己。

7. 不能雙重標準，自己孩子被攻擊就沒完沒了地大吵大鬧；自己孩子攻擊了別人就無所謂，甚至洋洋得意，這只能給孩子非常壞的影響。

以上列舉了一些寶寶常見的不良習慣，希望對各位媽媽爸爸有所提醒，您們的正確指導將影響孩子今後的行為規範。

家長不要粗暴干涉「不良行為」

幼兒發育有敏感期，家長不要粗暴干涉「不良行為」！

生活中，我們經常會遇到這樣的情形：幾個月大的嬰兒啃自己的大拇指時，被父母以「不乾淨為由」粗暴干涉；一歲多的孩子蹣跚學步，不走平路，遭到父母訓斥。

幼兒教育專家解析說，其實孩子的這些看似「不良」的行為，都是孩子在發育敏感期的正常表現，只是家長不了解罷了。

孩子的發育敏感期有許多表現，比如嘴的敏感期，手的敏感期，腿的敏感期等。所謂發育敏感期，是自然賦予幼兒的生命助力，指在 0 ～ 6 歲的成長過程中，兒童受內在生命力的驅使，在某個時間段內，會對外在環境的某些刺激產生特別敏銳的好惡感受，並不斷重複實踐的過程。

有關兒童專家研究發現，順利透過一個發育敏感期後，兒童的心智水準便從一個階段上升到另一個階段。敏感期得到充分發展的孩子，頭腦清楚、思緒開闊、安全感強，能深入理解事物的特性和根本。

當孩子進入發育敏感期時，其內心會產生一股無法遏止的動力，驅使他們對感興趣的特定事物產生嘗試或學習的衝動，這一時期同時被教育家們稱之為學習關鍵期。如果發育敏感期的內在需求受到妨礙，就會喪失學習的最佳時機，日後若想再學習這項事物，不僅要付出更大的心力和時間，學習的成效也不會理想。

發育敏感期也是影響孩子心靈、人格發展的關鍵期，因此，成人應尊重自然賦予兒童的行為與動作，並提供必要的幫助和引導，而不能以成人的好惡判斷去阻止幼兒發育敏感期的行為表現。

家長如果不了解孩子發育敏感期的心理、成長機制以及精神世界，就不能夠從內心真正地順應孩子的天性，這就造成教育與被教育之間脫節，至使許多孩子厭煩學習、心理不健康，嚴重者會出現生理缺陷。

怎樣了解孩子的發育敏感期？家長除必須閱讀一些關於孩子心理成長機制的書刊外，關鍵要根據孩子的個性特質，經常性觀察其表現，這是一項艱巨而有意思的工作，沒有什麼技巧，只需要耐心和恆心。如果真正了解並順應了孩子的發育敏感期，有時甚至不用辛辛苦苦地專門去學習教育方法，就能有效地塑造教育孩子。

孩子的自信加油站

明明又哭了，媽媽走到明明身邊，輕聲地問明明：「明明，怎麼了，為什麼哭呢？」

「媽媽，我畫不好太陽，別的小朋友都畫得好好，就是我畫不好，媽媽，我是不是特別沒用啊？為什麼什麼都做不好。」

媽媽看了明明的畫，其實明明已經畫得不錯了，但這孩子什麼都追求完美，稍微有點不如意的地方就覺得自己這也不好，那也不好，總是喜歡否定自己，這麼沒自信的孩子，以後可該怎麼辦呢？

在現實生活中，類似明明的孩子並不在少數，這些孩子其實也都很聰明，但總是缺乏自信。自信一種重要特質，自信的孩子更快樂、更獨立，也更容易成功。怎樣才能讓我們的孩子在人生道路上滿懷信心，讓我們一起看看「自信加油站」吧！

舊規則 1：提供大量的表揚。

過去專家常常過多強調表揚對孩子自信心發展的作用。如果一個三歲的孩子展示他的繪畫作品給你，我們往往要告訴他畫得很好，並給予表揚；即使畫得不好，也要找出亮點給予適當表揚。

新規則：少表揚，但是表揚要更加真實。

其實即使對於年幼的孩子，持續不變的稱讚聽起來也是空洞。如果孩子正在努力做一件事情，可以給他表揚。注意我們表揚的是他的努力，而

不是結果。讓他知道努力才能贏得表揚和稱讚。

舊規則 2：批評扼殺自信。

人們常常認為批評會損壞兒童自我意識的發展。家長於是就認為，如果不能表揚孩子的話，就最好什麼也不要說。

新規則：用善意提供真實的回饋。

當你的孩子給你一個他自己手寫的便箋時，你注意到便箋上的字寫得很潦草。當然可以說：「太糟糕了，重新寫一遍。」但更好的表達方式是「我想這應該不是你最好的作品，你應該能寫出更好的便箋，為什麼不再努力一下呢？」透過給孩子誠實的評價，讓他知道你的表揚及評價都是可信的，用善意和愛表達的真實回饋更能鼓勵你的孩子更努力的去做得更好。

舊規則 3：自我表現的機會越多，孩子越自信。

兒童應該被鼓勵說出他們的想法。孩子甚至被允許說諸如「你是個笨蛋。」或者「這真愚蠢」之類的不友善的怨言。讓孩子適當表達自己的真實感受是應該的，但是如果沒有節制的被允許說任何事情，讓他們覺得社會或他人對自己沒有什麼控制，這樣反而會加深他們的不安全感。

新規則：有些自我表現，無論是對別人還是你的孩子都是有害的。

如果你聽到你的孩子說了些不友善的話，甚至是髒話，即使他生氣傷心也應該立即要求他停止。不要給他找藉口，如：他這麼做是因為他真的受到了傷害；或者是他太累太餓了所以控制不了自己。接著父母應該給他的行為貼上「標籤」，如：這樣做很無禮。最後，告訴孩子你不希望聽到他以那樣的方式說話來結束討論。這樣做不但不會傷害到孩子的自尊，孩子反而會覺得自己是被控制的，從而有效增加他們的安全感。

舊規則 4：給他們選擇的機會能增強孩子自我意識的發展。

這種規則蘊含的邏輯是：當您讓孩子對他的生活有發言權時，他能透

過做決定而獲得自信。這種觀點可能部分是正確的，但往往讓父母對孩子失去控制。長期下去，父母會感覺到在幾乎所有事情的選擇上都被孩子的要求限制著。

新規則：有限制的選擇能為孩子進入社會做準備。

生活中有很多種可能，任何人都不可能讓所有的事情按照自己的選擇和要求進行，即使這些讓自己很沮喪。家長應該引導孩子發展有彈性的適應力，不是任何事情都聽孩子自己的選擇。如果你一切都讓孩子說了算，如什麼時候去學校、看什麼電視節目、什麼時候吃東西，那麼你幫助孩子發展的不是自尊，而是權力。

舊規則5：解釋一切有關要求的原因。

當要求孩子做一些事情時，父母往往要向孩子解釋理由。並且認為給孩子解釋要求的原因與簡單的指派相比，能有利於孩子自我的發展，所以很多父母很看重解釋的重要性。但是有時候過多的解釋和理由，會讓孩子對誰來控制事情感到疑惑，帶給孩子的是更多的焦慮，而不是自信。

新規則：有些時候，父母需要自己掌控。

你也許會遇到來自孩子的「為什麼我必須」之類的問題，你可以回答「因為我是你的父母 —— 我這麼說了，這個問題我們等一下再討論。」這就告訴你的孩子有些時候他必須做一些他不知道理由的事情。之後，他會明白你讓他做的理由。比如：當你讓他安靜的到房間去，他會發現少了些疲勞和焦躁。這樣的教訓讓他知道他能從依靠愛他的父母那裡知道什麼對自己來說是最好的。

舊規則6：孩子會的事情越多，越自信。

一些理論認為孩子越早接觸各種活動，他們的發展就越好。所以，很多瘋狂的父母在孩子沒出生前就給他們聽莫札特的音樂，當孩子還在嬰兒床上的時候就給他們看各式各樣的教育節目。這樣做的結果是造就了一群

忙著參加各種學習活動的孩子，對他們自我的發展沒有什麼好處。

　　新規則：孩子應該少做事，多溝通。

　　請停止支配孩子的生活吧，不要在孩子的日程表上排滿他需要學習的英語、繪畫、鋼琴……等，不停的操縱孩子的生活不會使孩子獲得自尊，反而會剝奪孩子和你真實的、自然的接觸。父母應該多安排些時間讓孩子和家人在一起。輕鬆愉悅的家庭氛圍是孩子自信快樂的基礎。

第七章　尊重孩子的原則

▎父母最好不要強迫孩子睡午覺

　　孩子的睡眠通常不太規律，如果再受到家長不良作息習慣的影響，很可能會在別的時間把「午覺」給睡了，這是一種很常見的現象。

　　午休對於許多成人來說，是每天生活不可或缺的一個環節，於是，許多家長也習慣性地要把這個習慣「傳」給孩子。但是，總有那麼一部分孩子不願「領情」，這讓不少家長費盡了心思，煩心午間不安分的孩子，擔心不午睡會影響孩子的身體。可孩子一定要睡午覺嗎？

　　儘管現在許多幼兒園每天都安排了午睡時間，但這並不表明孩子一定要午睡，因為這種要求更多的是順從了一種社會習慣。對於一部分孩子來講，不睡午覺，對他們的生長發育根本不會有影響。

　　一般來說，生長激素主要是在睡著時分泌，深睡的時候效果更好。而學齡前的孩子正處於生長發育的關鍵期，如果能在中午有一、兩個小時的睡眠，對促進生長激素的分泌是有好處的。

　　但孩子的睡眠通常不太規律，如果再受到家長不良作息習慣的影響，很可能會在別的時間把「午覺」給睡了，這是一種很常見的現象。但只要睡眠品質好，而且加總的睡眠時間夠了（0 至半歲 16 小時，半歲至 2 歲是 14 小時，2 ～ 4 歲是 11 ～ 12 小時，5 ～ 9 歲是 10 小時左右），對於生長激素的分泌就不會造成太大的影響，因而家長也不必再要求孩子午睡。

　　如果睡不好，才需要適當調整一下。當然，也有很少一部分孩子是屬於睡眠需求比較少的一類，從嬰兒時期可能就只睡八、九個小時，這種情況也沒有必要逼他午睡。

　　總之，家長不要強求孩子午睡，只要保持充足而有規律的睡眠就可以了。

▍自尊、自信讓孩子獲得快樂

　　孩子表現出不愛說話或膽怯時，家長和教師習慣說「這個孩子很內向」。其實，孩子正處於一生中性格萌芽的時期，充其量只能算作有內向傾向性。但是，對於孩子是否真正內向，我們也不能過早下結論，因為，孩子所謂「內向」的表現可能與下列因素有關。

　　原因一：環境的改變。一個有著正常心智的幼兒對環境的變化會很敏感，他們需要對自己做出調整，以適應新的環境。一些幼兒會很快適應新的環境，在新環境中表現得自由自在。而另外一些幼兒對新環境適應得會慢一些，他們往往表現出膽怯、活動性差等等，這種幼兒往往被當成是內向的幼兒。實際上這些幼兒只不過是需要適應的時間更長一些而已。老師和家長無論在幼兒園還是家庭中，都要努力為孩子創造輕鬆的環境，尋找良好的教育時機。

　　原因二：每個孩子有著自己發展的特定的「時間表」。像人的身高一樣，有些孩子在小的時候長得很快，到了一定年齡卻開始緩慢增高；而有些孩子在小的時候「不太長高」，到了一定年齡卻「突飛猛長」。人的心理發展也是如此，家長和教師會驚訝地發現，忽然有一天孩子變得愛說話了，甚至滔滔不絕；還有一些孩子變得膽子大了，跟以前判若兩人，可這些孩子剛好是以前被人們認為是性格內向的孩子。其實，這些孩子也不是真正內向的孩子。

　　性格是表現一貫的、較穩定的心理特徵。對於處於成長期的幼兒，我們不宜給孩子過早下定論。這對這樣的孩子來說，留發展的餘地和空間，順利健康、和諧地發展是非常有利的。

原因三：不自信。一個不自信的孩子往往表現為活動性差，即行為、語言退縮，具體表現為不敢與人交流、不敢發表自己的觀點、從眾心理強等等，這些孩子也往往被當成是性格內向的孩子。實際上，性格的內向與外向是一種「天生」的傾向性，與是否自信沒有關係。實際的情況是，一些內向的人也相當有自信。

眾所周知，性格的內向與外向，並沒有好壞之分，它也與人是否快樂沒有相對應的關係。但是，從我們對它與其他因素的相關探討中，可以得到以下啟示。

1. 增強孩子的環境適應能力。環境適應能力對人的發展很重要，它有時甚至被定義為智力的實質和核心。在幼兒身上，環境適應能力差常與家長的教養方式有很大關係。過度的保護、幼兒累積的與環境相互作用的經驗較少，是目前存在的主要盲點。

   家長應該從幼兒的長遠利益出發，放開手腳，讓幼兒與其他人去交流，讓幼兒在不同的環境中去體驗。幼兒在此過程中獲得的所有經驗（包括教訓，比如被欺負的經歷和感受）都是有益的，也只有這樣，幼兒才能獲得發展，環境適應能力才能逐漸增強。

2. 培養孩子自尊自信的特質是培養健康個性的關鍵。心理學研究表明，自尊自信的人往往情緒正面、樂觀，反之，則負面、悲觀。自尊自信往往被列為心理健康的首要標準。要想使孩子獲得快樂，就要在培養孩子的自尊自信上下功夫。當幼兒感到自己有能力做好事情、有成就感又為其他人所接納時，他一定會很快樂，這種快樂才是源自內在、發自內心的。

▎父母不要輕易揭孩子的弱點

英國教育家洛克（John Locke）說過：「父母不宣揚子女的過錯，則子

女對自己的名譽就愈看重，他們覺得自己是有名望的人，因而更會小心地去維持別人對自己的好評；若是你當眾宣布他們的過失，使其無地自容，他們便會失望，而制裁他們的工具也就沒有了，他們愈覺得自己的名譽已經受了打擊，則他們設法維持別人的好評的心思也就愈加淡薄。」實際情況正如洛克所述，孩子如若被父母當眾揭短，甚至被揭開心靈上的「傷疤」，那麼孩子自尊、自愛的心理防線就會被擊潰，甚至會產生以醜為美的變態心理。

每個孩子都是活生生的生命個體，他們不僅僅滿足於被愛，被保護，他們更渴求得到尊重和理解。

孩子也都是有自尊心的，孩子越長大自尊心就越強，國中生比小學生自尊心強。父母當眾批評孩子容易使孩子自尊心受挫，父母經常當著外人責罵孩子，有可能使孩子產生敵對心理。

孩子有缺點，父母要在沒有外人的情況下，對孩子進行善意的批評，並指出改進的措施，父母這樣的責罵，一般來說孩子都能容易接受。

一個星期天，一位國中生邀請他的同學來家聚會，他們玩得正開心，媽媽回來了，看到家裡亂七八糟，便火冒三丈，當著同學的面把他臭罵了一頓。兒子覺得自尊心嚴重受挫，同學們也感覺下不了臺階。這孩子一氣之下就到外婆家去住，每天都從外婆家直接上學，母子倆僵持了兩個星期，最後還是媽媽主動認錯，化解了問題，孩子才肯回家。

尊重孩子，保護他的面子，這對孩子的成長來說是極為重要的。站在孩子的立場尊重孩子，會有益於孩子產生和形成一種自重、自愛、自尊，並要求受到別人尊重的情感。具有這種情感的孩子，在人際關係上，既能尊重自我又能尊重他人，所以他們也能得到別人的尊重，在生活中就會自信心高，責任感強，有進取精神。

其實，孩子的面子比大人的面子更重要。因此，父母們不要當眾罵孩

子,因為孩子每一個行為都是有原因的。這是由孩子的心理、生理、年齡特質所決定的。也許這些原因在成人看來是微不足道的,但在孩子的眼裡那是很嚴重的事情,不了解原因當眾責罵孩子,非但不能解決問題反而會使問題變得更糟,使孩子產生叛逆、牴觸情緒,導致對孩子的教育很難繼續下去。父母對孩子進行責罵是為了抑制孩子不良行為、不良品德與不良學習態度。其實,父母要做到正確的批評,還真有些訣竅,因為批評不僅應該有益於家庭教育,也應該是保持良好親子關係的關鍵所在。

批評孩子要注意時間和場合:父母盡量不要在早上、吃飯時、睡覺前罵孩子。在早上起床時罵孩子,可能會破壞孩子一天的好心情;吃飯時罵孩子,會影響孩子的食慾,長此以往會對孩子的身體健康不利;睡覺前罵孩子,會影響孩子的睡眠,不利於孩子的身體發育。最關鍵的是,父母責罵孩子最不應該在公開場合,比如:公共場所、當著孩子同學、朋友的面、當著眾多親戚朋友的面。孩子也是有自尊心的,甚至有的孩子自尊心會很強。如果父母在公開場合罵孩子,會讓孩子感覺很沒面子,還可能會對父母心懷不滿甚至心生怨恨,會影響父母與孩子之間的感情。

▌千萬不要揭穿孩子的祕密

良好的親子關係對兒童早期智慧的開發非常有益。然而,親子之間的交流往往並不像父母想的那樣簡單,其中無法和諧相處的原因之一,可能是父母對孩子做了越過「道德」的行為,比如偷看了孩子藏在抽屜裡的日記等,一旦被孩子發現,對父母的不信任感就會增加。

孩子在處理現實面臨的困境時,總會尋找一個他人不知道的「祕密」,來保持內心的平衡。這個祕密包括與異性朋友交往、寫日記等,一旦這些祕密被成人公開,孩子穩定的心理就會變得紊亂,會對父母產生激烈抵抗感,造成親子關係的疏遠。

　　現在擁有祕密行為的人，並不限於年輕人。在當前競爭環境裡，人們接觸到行業內外的各種壓力，而有些外表看來頗有成就、權威的人士，在其背後，可能隱藏著外人不知曉的祕密。筆者就知道一位房地產名人，他閒暇時最喜愛的活動，是收集兒童音樂唱片。

　　也許有人認為，他的這一嗜好，與能幹的企業家形象相差甚遠。在驚訝的同時，也嘲笑他的「兒童」行為。其實，對這種人來說，他的祕密行為很可能是在人際交往中遇到很大壓力後，為了緩解緊張、達到平靜而採取的注意力轉移方法。

　　由此可知，採用祕密行為可以尋求穩定心理，這可以看作每個人都有的防衛本能之一。一旦祕密被揭露，就好像自己的寶物被奪走，當然會對搶寶物的人憎恨，以達到心理平衡。

　　我們再回到親子關係的主題，父母對孩子的愛心是毫無疑問的，但作為家長，一定要留心孩子心理上的穩定。家長要用較適當的方法表達對孩子錯誤的糾正，對孩子的表現感到反感時，不要以揭穿孩子的祕密當作消除自身反感的手段，這對孩子的穩定心理是無益的。

▌父母一定要尊重孩子自尊心

　　俗話說，好孩子是誇出來的，而不是打罵出來的。曾聽過這樣一則故事：一天下午，一個不足十歲的小學生放學後獨自到一片樹林裡玩耍。天黑了，這個膽小的孩子還沒有走出樹林，他怕遭到野獸襲擊，就爬到一棵大樹上躲了起來。父親見孩子很晚還沒回家，就沿著孩子放學回家的路去尋找，在一片樹林裡，借著天空那微弱的星光，父親隱約看見兒子正躲在一棵大樹的樹杈上。父親沒有馬上喊兒子下來，而是假裝沒有看見，吹著口哨在離兒子藏身的大樹不遠處蹓躂。兒子聽到父親的口哨聲好像遇到了救星，馬上從大樹上爬下來，吃驚地問：「爸爸，你怎麼知道我在這片樹

林裡呢？」「我是獨自散步，沒想正碰上你在樹上玩耍呢。」據說這個孩子長大後進入軍官學校深造，畢業後成了一名作戰勇敢的將領。

　　人們常說，樹怕傷根，人怕傷心。自尊心、自信心是孩子成長的精神支柱，是孩子向善的基石，也是自我發展的內在動力。凡是人都有自尊心，不要認為孩子小，就可以不尊重他們。孩子的自尊心、自信心需要家長和老師去保護去尊重。如果教育者有意或者無意間傷害了孩子的自尊心、自信心，那麼孩子的心靈就會受到打擊和摧殘，就會失去向善發展的動力和精神支柱。不管什麼情況下傷害或者詆毀孩子的自尊心、自信心，都是違背教育規範的愚蠢行為。

　　現實生活中，不注意保護孩子自尊心、自信心，不尊重孩子隱私的事已司空見慣。有的孩子一件事沒有做好，就說你怎麼這麼笨；孩子平時有些膽小，就說你真是個膽小鬼；孩子一次考試成績不佳，就說你怎麼這麼沒用；孩子偶爾一次小小的失誤，就指責你怎麼這麼不爭氣。有些家長、老師看孩子不順眼，總是指責、埋怨，有的甚至打罵體罰。這樣下去，久而久之，一個本來不錯的孩子，會在一片指責埋怨聲中，失去應有的上進心和自尊心，最終難以成才。

　　那麼，家長應該怎麼做？

　　第一，孩子越小，心靈越不設防，越容易受傷害。

　　父母需要給予小心呵護。例如：多關心孩子內心的冷暖；多給他一些微笑和關懷的眼神；多給他一些理解和支持；常擁抱他，並說：「孩子，媽媽愛你。」

　　第二，正確對待孩子的學習成績，或者說成敗體驗。

　　要時刻讓孩子感到父母「無條件的愛」。父母對他的任何努力都要給予鼓勵，甚至允許孩子犯錯誤。家長不要只在孩子取得成績的時候笑顏逐開，「好孩子、乖孩子」這樣叫著，而在他成績退步的時候，臉一下拉好

長，讓孩子感覺你愛的不是他，而是他的成績。

　　第三，多給孩子留面子，不要當著別人訓斥、指責孩子；不要當著別人的面嘮叨孩子曾經說過的話或做過的事，使他感到難堪。

　　兒童是有自尊心的，如果我們在教育兒童時忽視他們自尊心的存在，常常對他們批評指責、甚至打罵，不注意給孩子留「面子」，常在孩子同伴面前或外人面前數落孩子的不是，責罵懲罰孩子，使孩子在同伴中抬不起頭，沒有地位，這樣不僅達不到教育目的，反而大大刺傷了孩子的自尊心，激起孩子的憎恨，敵對和緊張情緒，促使孩子養成報復，自卑的不健康心理。

　　所以說，簡單粗暴，不講方式、方法，只會傷害孩子的自尊心。一個合格的家長、教師應該用愛心去保護孩子的自尊心、自信心，教育孩子要有愛心、耐心和恆心，堅持多表揚鼓勵，少指責埋怨，只有這樣才能促進和激發孩子成才發展的自覺性、積極性，進而使他們不斷克服缺點，逐漸完善自我，成為一個對社會有用的高品質的人才。

▌尊重孩子的所有權

　　尊重孩子的所有權，是個極易被人忽視而又對孩子健康成長很有正面意義的問題。孩子年齡雖小，但也擁有許多屬於他們自己的東西，如玩具、圖書、學習用品、衣帽鞋襪、小碗筷、小桌椅、小被子、毛巾、枕頭，有的還有自己的小房間，有鋼琴、電子琴、小運動器具等等。

　　這些物品無疑是成人給孩子提供的，但是既已提供給孩子，就應明確肯定孩子的所有權，並放手讓孩子安排和使用這些物品。尊重孩子擁有的所有權，將會促進孩子在各方面的有益發展。

1. 在明確和尊重孩子所有權的過程中，能使孩子不斷感受到父母長輩對自己的厚愛，不斷增強對父母、對家庭的感激、熱愛之情，成人給的

小物品，很可能被孩子作為濃情之物留至終生。如讓孩子保管自己嬰兒時所戴的母親親手製作的小帽子，可以常常使孩子受到母子情深的教育（當然要給孩子提供存放這些物品的小箱子）。

2. 尊重孩子的所有權，能不斷使孩子感到自己是這些物品的真正主人，自豪感、責任感、小主人精神、自主意識、自信心會隨之增強，這對減少孩子的依賴性，逐步改變孩子的依附地位是很有好處的。

3. 尊重孩子的所有權，能鍛鍊孩子的獨立生活能力。孩子在整理、擺放、使用、保管物品的過程中，也是一種管理能力、動手能力、工作態度、勞動習慣、愛護勞動成果的優良品德的培養過程，孩子在這個過程中接受的教育是主動、自然而全面的。

4. 尊重孩子的所有權，會使家庭生活更加愉悅、充實、有趣，更加井井有條。家裡添了小幫手，小主人會把自己的物品歸類整理收拾，大大減少亂丟亂扔現象。

如何尊重孩子的所有權

1. 做尊重孩子所有權的有心人，每給孩子添置一件物品時，就要向孩子說明：「這是送給你的」，然後，一定要介紹這件物品的名稱、其主要用途、使用方法、使用時應注意什麼，幫助孩子給新物品找個合適的位置擺放好。

2. 幫助和指導孩子對物品進行登記。如圖畫登記法，畫一支表示有一支槍，並寫上年月日。成人要為孩子準備合適的物品登記簿，向孩子講解如何進行物品登記可以管理好自己的物品。家長和孩子可以共同協商，創造出許多的、有趣的、行之有效的登記方法。

3. 幫助和指導孩子定期清點和整理自己的物品，進行分類存放和取用。成人再忙，也要抽時間帶領孩子定期做這件事，孩子年幼，成人不幫

助不指導是達不到目的的。成人包辦代替也不行，一定要有耐心、有恆心幫助孩子樹立自己的所有權意識，在活動中管理好自己的物品，一旦形成良好習慣，孩子能獨立完成，成人也就可放手了。

4. 成人要為孩子創造屬於孩子自己的小角落（如有小臥室或小遊戲室更好），孩子在這裡放下他的小櫃子，擺放玩具書籍等物品。孩子是這個角落或這小屋的主人，可按自己的想法來支配、布置這些地方。

5. 成人要幫助孩子建立物品取放規則，並嚴格遵守，絕不任意拋棄和挪動孩子已存放好的物品。有的家長不經孩子允許丟掉和收藏孩子的東西，常常會使孩子傷心。成人認為不重要的東西，有時在孩子眼裡是極其重要的，成人隨意丟棄，很可能傷害孩子收藏物品的積極性，造成其行為的紊亂，一旦形成亂丟亂扔的壞習慣後，成人再去批評指責往往會無濟於事，很難糾正，有的孩子長大成人，還改不了東西亂放的缺點。

6. 成人或來做客的小朋友要取用孩子的物品，一定要經物品的主人—— 孩子的允許，並做到有借有還。還要教育孩子把自己心愛的玩具或物品給同伴玩和使用，或帶到幼兒園給更多的朋友享用，讓小朋友分享自己的快樂。

　　尊重孩子所有權的方法很多，經常教育孩子屬於自己的東西要珍惜，屬於別人的東西要尊重，逐步培養孩子的責任心和自主意識。

▌像尊重科學家一樣尊重孩子

　　很多研究專家把混沌未開的寶寶與學富五車的大科學家們相提並論，曾讓人感到不可思議。其實，還真是這麼回事，探索欲望促使我「發現」和獲得知識的過程，確實與科學家是一樣的。

　　每次洗完澡後，媽媽都用一條雪白的浴巾包裹軒軒。有一天換了乾淨

衣服，媽媽沒來得及把浴巾晾起來。軒軒在屋裡走動，不小心踩在浴巾上，發現浴巾上留下了黑印。這是什麼？她又踩了一腳，又一個黑印。乾脆兩隻腳都試試，果然兩個黑印。哇！太奇妙了！她接著踩、踩、踩……一會兒，媽媽過來了很生氣：「誰把雪白的浴巾變成了大花臉？」軒軒聽了媽媽的話卻高興地「咯咯」笑個不停。

研究發現，嬰幼兒的知識並不是父母耳提面命傳授的直接結果，而是自己積極主動建構的成果。這就是說，任何外來的知識寶寶都不「認可」，只有透過自己的研究和探索，與自己的觀察和體驗「配對」了才會「認可」外界教給他的知識。

所以，孩子天生都有探索事物、研究問題的傾向。例如，媽媽剛剛警告寶寶：「不要往地上灑水，要不然地上就溼了。」果真是這樣嗎？那得試試看！於是，他「故意」往地上灑水，然後還在地上踩一踩，檢查地上是不是確實溼了。他可能要反覆「實驗」很多次，最後發現是同一結果，他才會真正把這個「研究成果」定位為一個可靠的知識。可見，寶寶最初獲得知識是一個「研究」過程，就像科學家一樣工作。

把寶寶看成科學家而不是學生

也許你很難把混沌未開的寶寶與學富五車的大科學家相提並論，但寶寶的「發現」和獲得知識的過程是與科學家一樣的。

首先，他像科學家一樣對事物有強烈的好奇心和求知欲，凡事愛探討明白，而不像普通成人懶於質疑和思考；

其次，他不接受現成的知識，非得透過自己的親身體驗、反覆嘗試才會真正認可，就像科學家依賴實驗、尊重事實、求得真知一樣；

最後，他像科學家一樣善於「超越自己」，如果發現下次實驗結果與以前不同，他很可能就會推翻以前的結論。可見，父母好心灌輸的知識他

基本上「不領情」，除非自己驗證出來可靠的成果。

所以，父母不要過度「教」寶寶，要尊重他像科學家一樣獲得知識的過程。

著重關注探索過程而不是結果

寶寶與生俱來的這種研究熱情和能力，會隨著年齡的增大而逐漸減弱。雖然後來知識累積的速度和深度可能呈等比級數增長，但「研究意識」卻越來越淡薄，「研究成果」也越來越少了。為什麼會這樣？因為，我們在觀念上把寶寶當成了接受知識的容器，在做法上鼓勵他被動聽講、背誦和練習，在評價上聚焦寶寶獲得知識的結果，而不在乎他是否是透過優良方式獲得了這些知識。也就是說，不太關注寶寶的學習方式和過程。

尊重寶寶玩耍即學習的方式

沒有童心的父母總會認為寶寶在故意搗蛋，然後沒有一點回應地收起浴巾放進洗衣機裡，或冷淡地看一眼說：「以後不許亂踩！」其實，寶寶的最初動機並不是搗蛋和破壞，而是探索。如果一個人漸漸成熟了，並也漸漸丟掉了童心，那他就是一個標準的成年人；如果一個人心智成熟了，並還保留住了童心，那他可能是一個富有天分的成年人。

例如畢卡索，他雖然諳熟繪畫技能，但是未泯的童心成就了他的輝煌事業；例如愛因斯坦，他雖然精通現代物理學的奧祕，但是孩童般的想像力讓他走到物理科學的巔峰，他還深有感觸地留下一句曠世名言：「想像力比知識更重要，嚴格地說，想像力是科學研究的實在因素。」可見，如果父母幫助孩子留住他與生俱來的研究熱情，實際上是幫他留住了人生最寶貴的財富。

多提供非結構性的遊戲材料

像水、沙、泥都屬於非結構性的遊戲材料，它們富於變化，沒有固定的形狀，是寶寶的最愛，最適合寶寶的好奇心和探究欲。愛乾淨的媽媽可以為寶寶準備一身「工作服」，讓他盡情地感知事物的特徵，培養探究意識和想像能力。

▌尊重孩子行之有度

育人如同育樹：「能順木之天，以至其性焉爾。」這是指教育要尊重孩子的天性，讓孩子自由發展。但是在家庭教育實踐中，尊重孩子卻有一個「度」的問題：只有講究好分寸，掌握好尺度，才能使家長的有意引導和孩子的自主發展達到和諧的統一。而要解決這個問題，就要注意處理好以下幾種關係：

平等地位與主導作用

平等地對待孩子是尊重孩子的首要條件。家長努力營造一種民主、和諧，在日常生活中，我們要允許孩子根據自己的意願進行選擇，鼓勵孩子自己作一些決策。比如問問孩子：「你想吃蘋果還是香蕉？」和孩子一起協商：「星期天你想怎麼安排？」等等。其次，要學會做孩子的朋友，多參與孩子的活動，多和孩子一起嬉戲玩耍，成為孩子開心的夥伴。另外，還要注意自己的言談舉止給孩子的感受，經常與孩子保持同一視線談話，從一個簡單的動作表情到教育方式的運用上都要體現與孩子的平等。

但強調平等，並不意味著可以忽視家長的主導作用。孩子年齡小，是非辨別能力差，時時處處都需要家長的悉心引導才能進一步獲得有價值的經驗和知識，才能養成良好的行為習慣。但家長的這種主導作用不是透過

強制性的手段來體現的。

　　針對孩子的特性，採用遊戲的方式，往往更能體現平等與主導的結合。比如，想讓孩子聽故事，常常不是直接提出這一要求，而是說：「你看布娃娃太孤單了，他想聽故事，你陪它好嗎？」想讓孩子玩黏土，就說：「小熊肚子餓了，你做一些麵條給它吃吧！」孩子不肯洗手，就一邊唱兒歌一邊和孩子做洗手的遊戲。在輕鬆愉快的遊戲氣氛中，孩子不知不覺地接受了家長的要求，養成了良好的習慣。

自由發展與遵守規範

　　每一個孩子都有其自身成長規律，只有尊重這一規律，給孩子充分的自由發展空間，才能調動孩子內在的發展積極性，發揮其主動性，更好地促進孩子的身心健康發展。在家庭中，只要無礙孩子的健康、安全和他人利益的活動，都可以讓孩子盡情探索、自主選擇、自由創造。

　　比如，可以規定星期六晚上是孩子自由活動的時間，只要孩子不做超出底線的事情，我們從不干預。我們家的電器設備，除了電源總開關及插座規定不允許孩子動外，其他都鼓勵孩子動手操作。這既增加了孩子探索的樂趣，又使孩子學到了必要的生活知識，可謂一舉兩得。

　　當然，尊重孩子的自由需求並不等於放任孩子。俗話說：「沒有規矩，不成方圓。」只有自由與規範相結合的教育才真正有利於孩子的身心健康發展。因此，在給孩子自由時一定要有相應的規則約束。比如，在家裡，要讓孩子知道各種用品、玩具都有固定的位置，使用後應物歸原處；每日飲食起居也要有一定的規律，按時就寢，按時起床。在外面，要告訴孩子有關公共秩序和道德規範，並在家長的帶領和示範下自覺遵守。

　　家規的內容涉及家庭生活的各個方面，有一些是需要家庭成員共同遵守的，而有一些家規在家庭生活中卻要因人而異。有個朋友，曾為看電視

鬧過一場「糾紛」，孩子每天要跟著父母看完電視才肯睡覺，後來父母沒有辦法，只好每天晚上不看電視。

孩子也曾向你提出這樣的要求嗎？你對他說：「你年紀小，正是長身體的時候，要有比大人更多時間的睡眠，才能長得更快。」孩子聽後會口服心服的。由此可見，在規範孩子行為時，要給孩子說清道理，使孩子自動自發地接受規範。

孩子的興趣與家長的要求

興趣是孩子探索事物的原動力。孩子一旦對某個事物產生了興趣，就會傾向它、注意它，並且積極主動地去探求它。因此，家長只有尊重孩子的興趣，善於啟發引導，才能最大限度地發揮孩子的潛能，才能得到更好的教育效果。記得孩子在五歲時，曾經按照我們的意願開始學習書法，在我們的督促下，他每天都要進行一小時的書法練習。

有一天，一個孩子竟哀求說：「媽媽，我實在不喜歡寫毛筆字了，一點意思也沒有。每天你們都逼著我寫，其實我是為你們寫的。別人誇我，你們就高興。」這一番話，使媽媽震驚，也會使媽媽傷心，就問他：「那你喜歡什麼？」孩子說：「我喜歡鋼琴，想學鋼琴。」媽媽思考再三，覺得還是應該尊重孩子的意願，滿足他的要求。由於有了興趣，現在孩子學習鋼琴非常自覺，在完成作業之後，他把豐富的想像融匯在對樂曲的理解和彈奏過程中，充實了心靈，陶冶了情操，取得了事半功倍的效果。他把付出的努力作為一種滿足和享受。

尊重孩子的興趣，並不是說家長不能對孩子提出要求。尤其是處於學齡前期的孩子，他們的興趣往往帶有很大的情境性，受偶然因素影響較大，穩定性較差，興趣來得快，去得也快。為此，家長在尊重孩子選擇的同時，要幫助孩子形成較為穩定的興趣。

　　另外，由於孩子判斷能力差，有時也會產生一些不利他們身心健康發展的興趣，這時就需要家長及時提出要求，及時引導。為此，家長應及時發現孩子的負面興趣，並在說理的基礎上進行嚴格的教育，從而使孩子防患於未然，走上健康成長的道路。

　　尊重孩子是家庭教育的首要原則，而愛而不嬌，嚴而有格，寬鬆而不放任，自由而不放縱，則是家教的成功之道。

如何尊重孩子的 18 條參考

　　內心智慧的特徵之一是自尊自愛，因為內心智慧強勢的人明白自己的長處和特徵，有明顯的個人色彩，他們願意別人尊重他們，同時也尊重別人。

　　在我們的周圍，有自尊心強的人，也有缺乏自尊的人，探究原因，多與從小以來的經歷有關，而且環境與教育是其中很重要的影響因素。自尊心是成才的要素之一，事業有成者，無一例外都是自尊自強的。然後，自尊心又是容易在兒時被忽略的，因為嬰幼兒是弱小的、依附的，大人往往不注意尊重他們，無視他們自尊的需求，甚至壓抑他們的自主、自立、往往傷害了孩子的自尊，自己卻全然不覺。

　　美國心理學家羅達·鄧尼說過：「父母錯了，或違背自己許下的諾言時，如果能向孩子說一聲對不起，可以幫助孩子建立自尊，同時能培養孩子尊重認錯的習慣。」但是，很多大人在這種情況下，很難這樣做，或不屑於這樣做，他們明知自己錯了，卻對孩子文過飾非，甚至不當一回事。大人的想法往往是：父道尊嚴，怎能認錯；小孩子知道什麼？沒必要認錯。在他們的眼裡，孩子是弱小的，是不能和大人平等的。如此培養出來的孩子，能自尊嗎？能尊重人嗎？

　　自尊源於受到尊重。兒童受到尊重時，會產生良好的自我感覺，產生

積極、主動的心態，總是有良好的自我感覺，自尊就會萌發起來，這對孩子很重要，只有自尊，才能增加自強、自立的精神。

在我們的周圍，往往有一些不懂得尊重別人的人，他們的人際關係多是不好的，並由此給生活、工作和他人造成負面影響。究其根源，多是因為在兒時缺乏被尊重的感受，缺乏尊重人的教養。

可見，培養孩子尊重人，要從尊重孩子入手。尊重孩子不是表面文章，是正確兒童觀的自然反映，也就是說，正確看待孩子，才會真正地尊重孩子。現代教育認為，孩子再小，也是一個獨立的人，孩子和大人在人格上是平等的，所以孩子和大人的關係應該是相互尊重的。

尊重孩子應該怎樣做呢？

1. 認真回答孩子提出的問題，如果不知道，就說：「對不起，我也不知道，我們一起來研究吧，」這完全不會影響大人在孩子心目中的形象，只會讓孩子感受到真誠。

2. 對孩子許下的諾言，要認真對待，不能兌現時，也要對孩子有交代，不能不當一回事。這不僅是讓孩子體驗「言而有信」，更能從中體會出大人對自己的重視。

3. 孩子為大人做了事情，大人要說謝謝，不僅是因為禮貌，更是讓孩子感受人與人之間的尊重，不能認為孩子為大人做事是理所當然的。

4. 和孩子說話時，要看著孩子的眼睛，孩子就會覺得你尊重他，你是認真對待他的，此時不要忙於做別的事，更不要心不在焉；

5. 傾聽孩子的話語，不要隨意打斷或制止孩子，要讓孩子把話說完，像和大人交談一樣對待孩子。

6. 多徵求孩子的意見，鼓勵孩子有自己的看法和見解，在發表意見時，大人和孩子是平等的，可以保留意見。但是，誰也不應該強加於誰。

7. 尊重孩子的不同意見和反對意見，不能大人「才有理」，也不要簡單

地否定，盡量用商量的辦法解決問題，讓孩子感到自己是家中平等一員。

8. 重視和愛護孩子的作品，尊重孩子對他作品的態度，不得到孩子的同意，不隨意處置孩子的作品。

9. 尊重孩子的隱私，不強迫孩子公開自己的小祕密，不得到孩子的允許，不隨意翻動孩子的東西，不強硬翻孩子的口袋，讓孩子有獨立感。

10. 不隨意代替孩子回答，不當著其他孩子的面議論自己的孩子，在公共場所或客人面前，要給孩子留面子，使孩子自己看重自己。

11. 如果家長錯了，要主動向孩子認錯，並誠懇地表示歉意，不要遮遮掩掩，不要羞於啟齒，更不要欺騙孩子。

12. 批評孩子時，要給孩子解釋的機會，允許孩子申辯，切不可對孩子說損傷其自尊心的話語，讓孩子正視錯誤但不自卑。

13. 不要隨意給孩子下負面的標籤，如「你真笨」，不要經常將孩子和別人相比較，特別不要以他人之長比孩子之短，不要讓孩子相形見絀。

14. 放手讓孩子自己去解決同伴間的爭端，一般情況下，大人不要插手，尊重孩子的獨立自主，孩子會從解決爭端中受益良多。

15. 不要戲耍孩子，不要用孩子來取樂，不給孩子起「外號」、「綽號」，更不能在自己心情不好時，把孩子當出氣筒。

16. 寬容孩子的意願，尊重孩子對朋友和活動的選擇，大人可以向孩子提供意見，但不要強迫孩子接受，讓孩子意識到自己是獨立的個體。

17. 尊重孩子的特質特性，尊重孩子的興趣愛好，不將自己的興趣強加於孩子，可以引導，但不能主觀替孩子做決定。

18. 要順其天性，不逼著孩子去做他力所不能及的事情，不將自己過高的期望強加給孩子，讓孩子總是自我感覺良好。

第八章　育兒經裡的理財經

▎可「二手」重複使用的育兒用品

　　不少家長都會接受朋友們給的二手育兒用品，但並非全部的用品都適合重複使用的，例如寶寶的鞋子，那麼，哪些用品是適合二手重複使用的呢？

⊙ **嬰兒床**：市面上推出的嬰兒床，越來越以人為本，小小的嬰兒床往往配有蚊帳、搖籃，做工仔細，價格不菲，但使用時間短，有的孩子才睡沒幾天，就不用了。丟掉，還很新，捨不得；用不到，又占著地方。因此，能夠「重複」利用，才能更好地體現其價值。

⊙ **嬰兒推車**：嬰兒推車可謂是寶寶用品裡花大錢的物品之一。一般的新手爸媽總是會在寶寶剛出身的時候不惜血本的為寶寶配備優質「座駕」，以便出行之用。可是，寶寶從一歲左右開始蹣跚學步起，就不再鍾情於這部給他帶來約束的代步工具了。怎麼辦呢，這麼昂貴的東東總不能用沒多久就進「寶寶用品博物館」作以留念了吧。

⊙ **漂亮衣物**：時尚潮流引領著大家的穿衣風格，童裝市場或多或少也受到了不同程度的影響。各位時尚的媽媽們總是希望把自己的寶寶打扮得漂漂亮亮出門，因此，有足夠的服飾搭配很重要。但是，不可忽視的是，寶寶的成長速度很快，一些還很流行的服飾，轉眼就不適宜了。寶寶的服飾也需要不斷地增加新元素。

⊙ **大型玩具**：喜新厭舊是人的本性，寶寶也不例外。新買的玩具才玩沒幾天就已經棄置不理了。凡是家有寶貝的，總會騰出一個角落來收納

這些五成新的玩具。遇到一些大型的玩具，如什麼玩具汽車、大頭娃娃之類的，更是頭痛。打入冷宮不說，還占用家裡的空間。

⦿ **嬰幼兒讀本**：圖書裝訂不是首要的，關鍵是內容是否對孩子有益，孩子在不同年齡階段所接受的知識也是不一樣的。在合適的時期，為孩子選擇適宜的讀本，對於孩子的早期開發很重要。與其自己一個人去購買，不如大家資源分享，重要的是孩子最終的受益。

所以，家長在挑選朋友送的二手育兒用品時要更小心，不僅要確保用品的實用性，更重要的是要確保乾淨和安全。

時尚媽媽育兒省錢有妙招

寶寶用品「交易」觀

寶寶的消費品具有「短暫性」的特性，雖然疼愛孩子的父母什麼都想給寶寶最好的、最新的，其實有些物品並不一定要如此。「對於一些外用嬰兒用品，如推車、嬰兒床、大件玩具等，我喜歡透過二手交易的方式獲得。一般是先詢問親朋好友，看看是否有不使用的嬰兒用品，可以低價購買或由親友贈送，這樣可以減少購買的費用，也避免了資源浪費。」

2 歲孩子的媽媽，林女士說：「另外，寶寶出生時一定會收到不少禮物，其中會有很多重複的或用不到的，這些新物品就可以拿到商店去換自己需要的東西，但其中也會有一些禮物是沒有收據的，就放到育兒社群上賣掉，或和網友進行交易，也可以找附近童裝店寄賣，以免浪費。」

線上購物更便宜

線上購物是現代人購物的一大途徑，購買嬰兒用品也不例外，在線上購買要比到實體商店裡買便宜很多。即使是衣服、褲子也不用擔心，因為

孩子的尺寸大小都差不多，不像成人會存在高、矮、胖、瘦等較大的差別，而且寶寶大都穿什麼都可愛。因此，有選擇性地在線上購物也是一個不錯的省錢方法。

「我家的推車、學步車、傘推車、健力架等都是線上買來的二手貨，這些東西雖然是二手的，但是不影響使用，也沒有健康隱憂，價錢比全新的便宜很多啊。」3 歲寶寶的媽媽應女士提醒大家，「購買這類二手用品時，特別要注意了解其保固期，同時到貨時也要仔細檢查其安全性和穩定性。」

用品買多買少有選擇

很多年輕的父母都有這種感覺，商店裡漂亮可愛的兒童用具、衣服實在太吸引人，不知不覺買了很多。其實在為寶寶買日常用品時，建議分散消費，只買目前需要的。

「好看的衣服是買不完的，買了很多衣服穿不下了，放在家裡還占地方，一般寶寶出生前只需準備四、五套衣服就足夠了，其他的可以等到要穿時再去買。」應女士告訴記者，「因為孩子的生長速度，初為人母的你並不清楚，而且孩子出生後，陸續會有朋友送來禮物，其中有不少可能就是孩子穿的衣服、鞋帽等。」

對於一些像奶粉、紙尿褲等消耗品，則最好在打折促銷時多買一些。孩子第一年紙尿褲的用量很大，一次性買足，可以獲得相應的優惠價格和贈品，而且紙尿褲的保存期限通常有二、三年，不用擔心過期。

DIY 安全又經濟

當然，對於手巧又有興趣的媽媽，不妨選擇 DIY 寶寶的衣物、尿布、用品等。「我喜歡自己動手 DIY 嬰兒衣服，還有尿布，不僅能節省不少開

支，而且主要是製作過程，讓初為人母的我很享受，幸福感倍增。」林女士說。

若是不會做衣服、尿布的媽媽也可以嘗試另外類型的 DIY。一位媽媽說：「我對針線不感興趣，但我有自己的 DIY 妙招。就說奶瓶吧，我會選擇一個普通產品，再配一個品質好的奶嘴，效果和高級奶瓶是一樣的。」

金融危機下的育兒省錢祕訣

打從寶寶一出生，家庭基本開銷勢必有所增加，為了因應日後的經濟重擔，新手爸媽可得盡快展開省錢大作戰；其實，日常生活中處處都有省錢玄機，只要懂得掌握撇步，輕輕鬆鬆就能省小錢換大錢。

現代人生得少，對孩子都是萬般呵護，總希望給他最好的，無形中花錢就像流水。不過您知道嗎？如果善用下列妙招，既可以讓孩子獲得一樣好的照顧，更能省下不少開銷喔！

樂於接收二手用品

從得知懷孕開始，準爸媽不妨開始列出新生兒所需用品的清單，主動打聽是否有親友在這幾年剛生下寶寶，並詢問是不是有可以接收的用品，尤其是嬰兒服、嬰兒床、玩具這類消耗品，只要有人樂意贊助，就應該樂於接手，等募集一段時間後，再檢視清單上還有哪些用品需要自行準備。當然，如果朋友預計要送禮，新手爸媽也可以主動告知，還缺哪些新生兒用品，這樣非但送禮者不用費心，收禮者更是受用。

建議：接收別人的新生兒用品是最方便、直接的省錢方法，但楊賢英作家特別提醒，收到這些用品時還是應該稍做檢查並適度清潔，畢竟這都是要給寶寶使用的，衛生及安全問題絕對不能忽略。

蒐集特價情報

　　所謂「貨比三家不吃虧」，新手爸媽平時應該養成蒐集特價情報的習慣，一旦需要添購寶寶的用品時，立刻就能找出最優惠的店家；至於一些常備的消耗品，像是尿布、奶粉，也可以趁店家推出折扣時先購買，值得提醒的是，即使價格誘人仍不宜貪多，買齊一次所需的數量即可，才不會無形中又造成浪費。

　　此外，許多與懷孕育兒相關的雜誌或網站，常會不定期推出試用品或贈品的索取活動，新手爸媽不妨積極參加，一一收集這些免費的用品，就可以省下不少購物開銷。

　　建議：新手爸媽外出時，不妨多注意各式各樣的店家，支藝樺主持人表示，像她自己就曾經在倒店大拍賣的店家中，幫寶寶買到物超所值的衣服；還有一些不起眼的小店隱身在菜市場中，其實是老闆自己到國外批貨來賣，也就是俗稱的跑單幫，其產品品質好且價格優惠，也是相當不錯的選擇。

網購、團購都能撿便宜

　　網購是現今非常流行的購物方式，由於少了實體店面的成本支出，賣家大多會將產品價格壓低以回饋消費者，建議新手爸媽可多利用網路為寶寶添購各類用品，不僅產品本身比較便宜，又能省下外出購物的交通費，一舉兩得！至於團購也是撿便宜的好方法，新手爸媽可以集結有相同購物需求的夥伴，或是加入網路上的團購募集行列，透過以量制價的方式，享受最優惠的價格。

　　建議：0～1歲的寶寶長得很快，許多用品過了一段時間就不適用，省錢達人張偉明建議，新手爸媽可以找幾位家中有不同年齡層寶寶的爸媽，共同組成「省錢團」，也就是大家各出一筆錢，集資去購買各自所需

的寶寶用品，再一一傳承或輪流使用，最後再將用品上網販賣，賺取下一次的購物基金。

哺餵母乳營養又經濟

各項民生物資喊漲聲不斷，就連嬰幼兒奶粉也跟著漲價，讓家中有小寶貝的爸媽負擔愈來愈沉重。其實，母乳是上天賜給寶寶最營養的天然食物，哺餵母乳不僅有益寶寶健康、能讓親子關係變得緊密，更可以省下每個月好幾千元的奶粉錢，可說是好處多多！

當然，若媽咪真的有不可抗力的因素而無法哺餵母乳，建議可採用以量制價的方式去選購奶粉，像是團購、一次購買一箱；或事前多比價，到販賣價格比較便宜的店家或賣場購買，甚至加入店家的會員招募，即可享有更優惠的會員價。

建議：當寶寶開始進入吃副食品的階段，新手爸媽不妨盡量自己動手製作副食品，既能省下荷包，又能兼顧營養及衛生。楊賢英表示，由於寶寶每次吃的分量少，經常會讓新手爸媽不知道該如何準備，其實只要善用正確的保存方法，新手爸媽就可以一次製作較多分量，省時又省工。

▍育兒省錢計畫

前提：當然是不能讓自己的孩子受到任何的委屈。

- ◉ **慎重購買玩具**：有了孩子的人都知道，孩子最喜歡的玩具是所有不是玩具的東西—鍋碗瓢盆、鞋襪菸盒等等。

- ◉ **消耗品盡量多買**：比如紙尿褲。雖然成箱購買紙尿褲的一次性投入金額會很大，但是你應該面對這樣一個現實：你的孩子在第一年當中可能需要將近 2,000 片的紙尿褲。所以選擇合適的數量，獲得相應的優

惠價格和贈品還是很划算的,而且紙尿褲的保存期限通常有兩到三年之久。

- **應用成人物品來代替**:有些實際使用時間並不長或頻率並不多的物品,如奶瓶消毒器、嬰兒用體溫計、嬰兒體重計、嬰兒專用溼紙巾等,完全可以使用微波爐、成人體溫計、一般體重計(抱著孩子的重量減去自己的重量)、棉花或紗布等來代替。

- **孕婦裝的誘惑**:孕婦裝對我們有很大的誘惑,是對自己的嘉獎、向外界的宣言,以及購物欲嘎然而止後的變相釋放。但是,這是非常沒有必要的投入,特別是當你穿上老公的衣服後,發現鏡子裡的自己還不錯的時候。另外,購買孕婦裝的時候最好不要跨季,因為你不知道到了下一個季節,你的肚子會有多麼壯觀。

- **生孩子之前不要買太多東西**:在你生完孩子以後,一定會有很多人會送禮物,而且現在習慣通常是人們會事先詢問你需要什麼再去購買。所以不要自己事先買光光,留下一些給別人買的份,還是有必要的。當然,對於關係比較親近的人,還是建議他們送紙尿褲、奶粉更實用一些。

- **耐用品可以選擇兩用甚至多用的**:孩子 0 ~ 6 個月的汽車座椅是可以拆卸的搖籃式座椅,它幫了我很大忙。比如帶孩子去醫院、餐廳等環境條件不理想的場所時,它就充當了一個行宮,確實省了不少麻煩。另外,類似於可以拆下圍欄以後變成兒童床的嬰兒床,可以在去掉圍兜之後變成幼兒車的嬰兒推車都是很好的 2in1 多功能選擇。

- **妥善處置收到的禮物**:別人送的禮物並不如意的話,如果有收據,就不妨拿到商店裡面去退換,人家送給你,因為是希望對你有用,而不是放在那樣浪費。但是一定要注意消費日期,不要逾期。如果沒有收據,可以放到育兒社群上賣掉,不是為了自己賺錢,而是在避免浪費

的同時給其他媽媽一個低價購買的機會。

⦿ **不建議購買嬰兒枕頭和床圍**：有些東西看上去非常有用，但其實只是概念新穎或者形式大於用途。比如嬰兒枕和床圍，其實在孩子很小的時候其實用不上，等孩子稍大一些，又有可能導致孩子窒息。

⦿ **一般用品不宜大量採購**：孩子的喜好很奇特而且隨時改變，所以如果你一個牌子或者型號的東西買太多的話，一旦孩子根本不喜歡或者很快就喪失興趣，就浪費了。我曾經按照別的媽媽的建議買了一打橡膠勺子，但是我的孩子根本就不適應，一放進嘴裡就吐出來，最後被我放在廚房舀調味料用了。

以上所有的購買計畫都要記帳！把所有的花費都記錄下來，包括日常的柴米油鹽醬醋茶，可以隨時指導自己家庭的日常開支，做到日常截流，把日常所有的花費都記錄下來了，每月最後匯總統計，這樣理財才清楚啊！還有，大家也可以學學這樣，建立一個線上帳簿，可以試用一些免費的網路線上帳簿，有些甚至還有交流功能，可以和其他媽媽交換經驗，互相學習。總之，你不理財，財不理你，希望大家都成為育兒理財高手哦！

第九章　你是什麼樣的父母

▊ 東方家長應該向西方家長學習些什麼

　　由於歷史傳統、社會文化背景的不同，東西方家庭教育觀念存在著巨大的差異，從這些差異中，我們可以找出許多值得家長學習的觀念和做法。

看重日常生活行為和習慣

　　西方家長：從小教起、從日常教起。

　　西方家長重視從日常行為與情感中對孩子進行「做人的教育」，注重從內心情感去尊重別人，看重的是日常生活的行為與習慣的培養。

　　東方家長：忽視了「做人的教育」。

　　而東方家長和幼兒教師往往脫離孩子心理發展的實際狀況，例如幼兒園時就提出愛國主義的超齡教育，忽視基礎的行為習慣、良好的人際交往等，與孩子發展階段相對應的「做人的教育」。

　　我們一直談教育要循序漸進，這不僅適用於於智力教育、知識教育，同樣適合於做人做事的道德教育。現在我們的孩子道德觀念淡漠，社會性發展差，這與家長忽視對孩子最基礎的「做人教育」不無關係。

讓孩子學會獨立

　　西方家長：讓孩子自己動手，學會獨立。

　　西方家長一般都相信孩子具有自我反省和教育的能力，孩子要自己動

手做，自己生活，從實做中得到快樂，從動手中獲得各種知識，學習各種技能。孩子能做到的，就讓他自己做，這是對孩子的尊重。

比如在西方有很多這樣的情形：父親或母親在前面走，剛剛學會走路的孩子跟在後面走。他們認為這對孩子獨立性的培養十分重要。

東方家長：層層保護種種溺愛。

東方的家長生怕孩子撞到碰到，往往要抱著或牽著孩子走。

讓孩子自然發展

西方家長：讓孩子自由發展。

西方人寄望孩子成名成家的觀念相對比較淡薄，他們並不煞費苦心地設計孩子的未來，而是注重孩子的自由發展，努力把孩子培養成為能夠適應各種環境，具備獨立生存能力的社會人。他們的家庭教育是以培養孩子富有開拓精神、能夠成為一個自食其力的人為出發點的。

基於這種觀念，西方國家的很多家庭都十分重視孩子從小的自身鍛鍊。他們普遍認為，孩子的成長必須靠自身的力量，因此從小就培養和鍛鍊孩子的自立意識和獨立生活能力。

例如從孩子小時候就讓他們了解勞動力的價值，讓孩子自己動手修理摩托車，分擔家裡的割草工作、粉刷房屋、簡單木工修理等家裡的工作。此外，還要外出打工，如夏天替人推割草機、冬天鏟雪、秋天掃落葉等。西方孩子從小就從事的送報等勞力工作，本身就是一種吃苦精神的磨練。在寒冷的冬天，當東方國家的同齡孩子還在溫暖被窩裡熟睡時，西方孩子早已起來挨家挨戶去送報了。

這在嬌慣子女的東方家長看來可能有些「殘忍」，而正是這看似「殘忍」的教育，造就了西方孩子獨立自強的生活本領。在這種潛移默化的過程中，孩子逐漸成長為具有獨立生存能力和社會責任感的公民。

東方家長：期望過高，只重學習。

許多家長望子成龍心切，因而超越孩子實際水準的高要求、揠苗助長的教育方式、恨鐵不成鋼的態度在家庭裡到處彌漫。

在孩子的成長過程中，除生活上加倍關心外，家長最關心的是孩子的學習。為使孩子學習成績好，將來「光宗耀祖」，學習之外的事情，家長都不讓孩子做，似乎學習好就是萬能的，而對孩子的獨立生活能力、社會適應能力、心理健康程度、道德情操以及公民意識等則關心甚少，有的甚至完全不顧。從孩子出生到成年，家長幾乎把孩子的一切都承擔了下來，做飯、洗衣服、打掃、賺錢供孩子讀大學、出國、結婚、養兒育女等。

儘管我們的家長都希望孩子成才、幸福，而這樣的家庭教育既不可能令孩子成才，也難以讓孩子得到幸福，因為社會的競爭，絕不僅僅是知識和智慧的較量，更多的是意志力、心理狀態和做人的比較。

重視和孩子的心靈溝通

西方家長：經常溝通重視心理健康。

西方的家長更加重視孩子心理健康的培養，因而很注意與孩子的情感交流，關心孩子的心理需求。家長把快樂教育作為一項重要的教育內容來實施。他們經常和孩子一起討論問題，孩子遇到不順心的事也願意跟家長商量。

心理學的研究表明，健康的心理對於孩子成才和健康人格的塑造非常重要。

東方家長：更關心生理需求而忽視心理需求。

然而，現實生活中不少家長的做法卻正好相反，他們日常生活中對子女的關心基本上集中在孩子的生理需求方面，很少關心甚至根本無視孩子的心理需求，忽視孩子健康心理的培養和性格、意志的磨練。

這樣教育方式的結果與導致了孩子心理承受能力過低的原因，有很大的關係，以至經不起生活中的壓力和挫折，即使是一件小事也能使他沮喪、頹廢、自暴自棄，動輒離家出走，甚至輕生厭世。此類事件，近幾年各媒體多有報導，這些大部分都是家庭教育水準低下的結果，更確切地說是家長忽視對孩子健康心理的培養而造成的悲劇。

孩子需要尊重和理解

西方家長：尊重和理解孩子的心理和選擇。

西方家長普遍認為孩子從出生那天起就是一個獨立的個體，有自己獨立的意願和個性。

無論是家長、老師還是親友，都沒有權利去支配和限制他的行為，在大多數情況下都不能替孩子做選擇，而是要使孩子感到他是自己的主人，甚至在什麼情況下說什麼話，家長都要仔細考慮，尊重和理解孩子的心理。

東方家長：支配欲強，要求孩子順從自己的意願。

而東方家長則大都要求孩子順從、聽話。

鼓勵孩子創新和探索

西方家長：鼓勵創新、鼓勵探索。

西方家長「鼓勵創新」，而東方家長往往「滿足於複製」，前者鼓勵孩子去超越前人，後者教導孩子在前人面前止步。

西方家長相信孩子具有同成人一樣的獨立研究、獨立動手的能力，能以寬容的心態去營造一個利於培養孩子創造力的環境和氛圍。他們對孩子所做的種種探索行為往往抱持正面、肯定的態度，鼓勵孩子在生活中提出不同的見解，並對其中的疑問進行積極的探索。

即使家長認為孩子的某一行為並不具有正向的效果，他們也不會過多地干涉，而是讓孩子在自己進行的探索中，逐漸意識到自己的問題，並予以糾正。

東方家長：往往滿足於「複製」。

東方家長對孩子的探索活動大部分是持否定態度的。他們往往把孩子自己進行的「探索活動」視作「胡鬧」而加以制止。

例如美國孩子拆了家裡的鬧鐘，若能裝回，多數家長會稱讚孩子，若是裝不回，許多家長會與孩子一起把鬧鐘裝上，甚至鼓勵孩子再拆、重裝一次。但東方孩子若拆了家裡的鬧鐘，就算自己能裝回，恐怕也沒幾個敢告訴家長的。

所以，孩子往往在家長的嚴格管教下被熄滅了創造力火花。

好父母的 12 個成功之道

哪對父母養育出一個好孩子，周圍的人都會羨慕不已，多麼希望自己也能有這樣的好孩子。其實，這件事說難也不難，說不難也難。只要你找到成功之道，你也會成為好父母。

不斷補充育兒知識

初為人父人母，面對新生的寶貝，很多爸爸媽媽一臉茫然，甚至有些手足無措。隨著寶貝一天天長大，各式各樣新的問題接踵而至，可以透過向過來人請教，閱讀各種育兒書刊或參加各種父母培訓班、研討會來提高自己的育兒能力和技巧，這是成功養育聰慧寶貝的必經途徑之一。值得提醒的是，補充育兒知識不僅僅是媽媽的責任，也是爸爸的責任。因此，爸爸也要利用各種機會提高自己的育兒技能。

學會傾聽

　　寶貝為什麼會做出一些令人費解的事情呢？他們究竟在想些什麼呢？很多父母常常因不了解寶貝的想法，不能與他們進行有效溝通而苦惱。掌握寶貝的脾氣個性，增進與他們溝通的技巧，最簡單易行的方法莫過於傾聽。比如，當寶貝向你表達強烈的感受，如生氣和沮喪時，認真地傾聽他們的真實想法會幫助他們盡快擺脫所面臨的困境。

充分表露自己的情感

　　許多父母認為，寶貝小的時候對周圍的事物沒有什麼感受，即使講給他們聽，他們也聽不懂或不明白。因此，向寶貝表達自己的感受和想法，是件類似對牛彈琴的事情。研究表明，在寶貝面前表露父母的真實感受，可以給予寶貝更多的情感體驗，同時也可鼓勵他談論更多自己的想法，增進親子之間的溝通與理解。建議父母每天花一定的時間與寶貝交流，談談彼此在這一天的感受。無論快樂、悲傷還是沮喪，所有情感的表露都會對寶貝的心理發育產生正面的影響。

盡可能抽出時間陪伴寶貝

　　兒童教育專家曾經做了一項調查，調查對象是一些學齡前的寶貝。當調查者問道：「你最喜歡爸爸媽媽做什麼」時，很多寶貝做出了如下的回答：「媽媽講故事給我聽。」、「爸爸跟我玩皮球。」、「媽媽和爸爸帶我和小狗一起散步。」、「媽媽和我一起畫畫。」、「放暑假時帶我出去玩。」這充分說明了寶貝非常願意跟父母在一起，跟父母在一起是寶貝一種正常而迫切的心理需求。研究表明，父母花盡可能多的時間陪伴寶貝，可以幫助寶貝建立起自信心，給予他足夠的安全感。

永遠關心寶貝

　　無論寶貝年齡大小，乖巧與否，始終給予關心會讓他們充分地感受到父母的愛，將來更加成熟地走向社會。在跟寶貝相處時，父母一定要避免跟寶貝說：「我不喜歡你。」、「再這樣，我就不要你了，把你交給警察叔叔。」雖然父母是開玩笑或是嚇唬寶貝，但寶貝不可能理解父母的真實心理，他們會把父母說的這一切都當真，並因此遭遇前所未有的心理壓力。

熱情而溫柔地擁抱寶貝

　　每天上班離家時，送寶貝到幼兒園時，回家見到寶貝時，和寶貝玩得十分開心時，當寶貝因為遇到困難而沮喪時等，都要記得給寶貝一個熱情而溫柔的擁抱。這會傳遞給寶貝一個訊息：爸爸媽媽多麼愛我！對寶貝來說，沒有比爸爸媽媽的愛更能增加安全感與自信心的了。

做好寶貝的第一任老師

　　寶貝天生具有模仿的能力，他們需要透過觀察父母怎麼處理事情，來決定自己以什麼樣的方式處理事情。因此，與其在寶貝犯錯誤時採取打罵等懲罰措施來改變他，不如在平時注重自己的言傳身教，給寶貝樹立一個良好的榜樣來引導他朝著正確的方向發展。打罵寶貝只能教他透過暴力來表達自己憤怒的情緒，並且會傳遞給寶貝這樣一種訊息，打比他自己弱小的人是一件天經地義的事情。

給寶貝足夠的自主權

　　從早上吃什麼到出門穿什麼，父母應允許寶貝更多地表達自己的想法，並按照自己的意願行事。給寶貝一些選擇的自由，能鼓勵他們培養自

主觀念，教他們如何做出更明智的選擇和希望得到的結果。另外，透過給
寶貝選擇的自由，父母也能避免一些麻煩，如強迫寶貝做一些他們不願意
做的事，引起他們發脾氣。當然，父母也應該向寶貝說明，訂定一些必要
的合理限制，僅僅是為了關心他們的安全，讓他們過得更加愉快。

給予寶貝盡可能多的鼓勵

明智的父母更傾向於於忽略寶貝的缺點，尋找寶貝盡可能多的優點來
鼓勵他。因為，如果父母注意捕捉寶貝做得好的事情，然後加以表揚和鼓
勵，這比寶貝做錯事時，為他們提建議更能促使他朝著父母期望的方向
發展。

勇於向寶貝承認自己的錯誤

父母有時候在處理寶貝的事情上也會犯錯誤，比如，當寶貝做了不應
該做的事情惹得父母一肚子氣的時候，父母對寶貝的懲罰就可能過度，甚
至根本就不合適。事後，父母可能也意識到自己的問題，但又不想自食其
言，把自己說過的話收回。其實，真正的好父母會及時糾正自己的錯誤，
並且告訴寶貝這麼做的理由：「我當時太生氣了，沒有冷靜地想清楚該怎
麼做。現在我知道我這麼做是不對的。好吧，我會想出一個更好的辦法
來處理這個事情。」父母這樣的做法不僅不會降低父母在寶貝心目中的威
望，相反會給寶貝樹立一個良好的知錯能改的好榜樣。

給寶貝經歷失敗的機會

寶貝的成長歸根到底是他自己的事，只有寶貝自己才是成長的主體。
給寶貝從實踐中學習的機會，他才能真正長大。從實踐中學習包括從成功
的經驗中學習，更多地是從失敗的教訓中學習。因此，成功的父母不會希

望自己的孩子一輩子不「跌倒」，更不會為了讓寶貝盡可能少經歷失敗而越俎代庖，凡事包辦代替。成功的父母會給予寶貝足夠的幫助、支持、鼓勵，也給予他必要的保護，但絕不會給予寶貝一個風調雨順的溫室。經歷失敗，才能培養寶貝頑強的毅力，經歷失敗，才能激起寶貝戰勝困難的雄心，經歷失敗，寶貝才能在失敗中找到成功的捷徑。因此，只有讓寶貝在失敗的過程中得到更多的磨練，他才能最終成為不怕失敗，勇敢的小勇士。

多與朋友交流育兒經驗

　　許多實際的育兒問題，即便是育兒專家，他們也往往措手無策。但是一些父母的經驗之談，往往能出奇制勝，十分有效地解決問題。正式或非正式的聚會場合，是父母相互交流並分享育兒經驗的好所在。有了寶貝以後，堅持定期參加一些已經為人父母的朋友間的聚會，是解決育兒問題，提高寶貝社交能力非常行之有效的方法。每個人在養育寶貝的過程中都會有很多的育兒經驗，解決問題的方法，彼此交流往往能帶給父母許多意想不到的驚喜。

▍好媽媽的 6 種禁區

　　美國兒童教育專家透過一項調查，結論出父母在教育子女時，最容易踏入以下七個不益孩子成長的禁區：

居高臨下

　　禁忌語言：「你這麼做就得挨揍」、「我在你這個年齡時早就……」、「你不聽也得聽」等等。

　　要害分析：如果父母老是「高高在上」，孩子在接受批評時心理就不

能平衡，這樣即便你批評得百分之百的正確，孩子也會出現「口服心不服」的反應，最後事倍功半。

冷嘲熱諷

禁忌語言：「你以為自己很能幹嗎？」、「你可是我家的天才」等。

要害分析：兒童心理治療專家指出，孩子，尤其是幼童，最怕的是出自父母之口的冷嘲熱諷。他們很難理解，和自己最親近的父母怎會說出這種表面是表揚而實質是貶損的「雙關語」，即使你說這些話時還帶有些許幽默感。

絕對否定

禁忌語言：「你從來沒有好好吃過一頓飯」、「你總是撒謊」等等。

要害分析：批評孩子是對的，但如果把話說「絕」，反過來可能引發孩子的一種叛逆心理，從而導致最後拒絕接受批評教育。

禁忌語言：「這是我見過最好玩的玩具」、「你是全世界最美的女孩」等等。

要害分析：隨著孩子年齡的增長，他們會漸漸分辨出你說的假話，於是長大成人後，對他人的評語或稱讚也會半信半疑。此外，聽慣父母誇大其詞的讚揚的孩子，在步入社會後往往只能聽好話而聽不進負面意見，由此人生易遭挫折。

人身攻擊

禁忌語言：「你胖得像頭豬」、「你蠢得像頭驢」等等。

要害分析：智力再愚鈍的孩子也能體會出這類話包含的「惡意」，心

靈會受到莫大的傷害。此外，尚年幼的孩子還可能信以為真而自暴自棄，最後喪失自尊自信。

威脅恐嚇

禁忌語言：「若不好好做作業我就關你禁閉」、「你不乖就讓你去餵狼」等。

要害分析：這類虛張聲勢的威嚇和言過其實的表揚一樣，同樣會讓孩子喪失對父母的親熱和信任。

冷若冰霜

禁忌語言：「你沒看到我正忙著嗎」、「待會兒再說」等等。

要害分析：孩子從這些話中聽到的「潛臺詞」是：大人們對我做的事毫無興趣，他們並不把我當作他們的心肝寶貝。

▌細訴父母的 30 個壞習慣

爸媽的良好習慣能幫助寶寶成長的更健康，而不良習慣不僅可能影響到寶寶的健康，還會讓寶寶有樣學樣，也染上一些不好的習慣。作為寶寶榜樣的家長，哪些行為是應該避免的呢？

經常親吻寶寶的嘴巴

害處：我們能理解父母喜愛寶寶的心情，但是寶貝們的免疫系統和抵抗力都還有待完善，這樣的「親密接觸」很容易將大人身上的細菌傳染給寶寶（如口腔中的微生菌就會透過這樣的途徑被傳染到寶寶身上），導致寶寶生病。

改變方法：情感交流的方式可以多種多樣，比如給寶寶一個溫暖的擁抱，或者用親吻額頭、小手代替親吻嘴巴，更要避免讓其他來探視的人，隨意親吻寶寶的嘴巴和臉頰。

用嘴巴吸奶嘴嘗試牛奶的溫度

害處：用奶瓶餵奶時，有的父母因為無法確認溫度，就直接吸一口來判定，實際上這樣做會讓大人口腔中的細菌依附到奶嘴上，然後再進入寶寶的身體。如有的家長有蛀牙，而寶寶也有蛀牙，就是這種不良習慣導致的。

改變方法：如果對牛奶的溫度不確定，可以將奶瓶倒過來，將牛奶滴幾滴在手臂的內側，如果感覺不燙也不涼，表示溫度合適，可以給寶寶喝。

細小物品到處放

害處：有的家長本身喜歡隨手亂丟東西，總忘記將物品歸回原位，如硬幣等比較小的物品隨手亂放，一個不注意不是被好奇的寶寶給吞了下去，就是讓丟在地上的物品絆倒了還走不穩的寶寶。

改變方法：盡量做到將物品回歸原處，硬幣、藥丸等容易讓寶寶誤吞誤食的物品，一定要放在寶寶看不見的地方，地板、床上等寶寶經常活動的地方也要收拾乾淨。

家中亂拉線

害處：現在家中的電器很多，有電器就少不了電線、插座各類物品，家中風扇的電線、網路線、洗衣機的電線橫七豎八到處散落，對已經會走的寶寶是很大的威脅，一不小心就會絆倒，而且一旦什麼都不懂的寶寶去

觸摸電線、插座，就十分危險。

改變方法：插座裝在寶寶摸不到的高度或者採取保護措施，各種線材可以買一些集線盒將電線集中起來固定住，既節省空間，讓家中看起來清爽，也不會危害到寶寶。

寶寶的內衣常常換新

害處：有些家長對此很不理解：「我愛寶寶才從裡到外都給他買了許多新衣服，怎麼也不對了？」寶寶的皮膚很嬌嫩，而安全性再高的貼身衣物，也含有一定的化學成分，且柔軟度不夠，既可能摩擦寶寶的皮膚，所含的化學成分也會危害寶寶的健康。

改變方法：貼身衣物選擇時材質很重要，而且不要常常換新的，如果有親友小孩穿過的也可以拿來用，因為裡面所含的甲醛等化學成分，經過長期的洗滌大致上已經消失了，而且更柔軟舒適，雖然不是新的，可是對寶寶的成長更有利。

圖方便只用一次性紙尿褲

害處：紙尿褲用完就扔，方便又省事。但紙尿褲主要由纖維素、聚丙烯酯高性能吸附劑、聚乙烯、聚丙烯、聚酯、少量的彈性物質和黏膠組成，透氣性並沒有那麼好，如果紙尿褲溼了又沒有更換，會傷害到皮膚，讓寶寶的小屁屁變得紅紅的，而摩擦時也會損傷寶寶的皮膚，嚴重的時候甚至會出疹子，也就是俗稱的尿布疹。

改變方法：夜間可以給寶寶用紙尿褲，但白天最好還是給寶寶準備一些布尿褲，雖然麻煩點，但對寶寶好。如果用紙尿褲，也要隨時注意更換。

大肆給孩子進補

害處：孩子還不會吃飯的時候，給孩子補鈣、補鐵、補鋅……等，孩子會吃飯了，又開始大魚大肉的伺候，實際上，給孩子「多」的，不一定對孩子好。如過量補鈣，孩子吸收、消化不了，反而會造成鈣沉積，導致孩子小小年紀就出現腎結石、膽道或者泌尿系統結石，而大魚大肉的結果是導致肥胖兒。可見，大量進補的副作用反而會害了孩子。

改變方法：對嬰兒來說，母乳是最好的選擇，而對會吃副食品的孩子來說，營養均衡、葷素搭配才有利孩子成長。如果真的擔心孩子缺少某些元素，也一定要經過檢查，在醫生的指導下使用。

將孩子扔在床上不看管

害處：有些父母將不會走的孩子放在床上就走開了，以為寬大的床很安全，但實際上，卻常常發生嬰幼兒跌傷的事件。

改變方法：如果必須要離開一陣子，也盡量將孩子放在有欄杆的嬰兒床或者手推車上，並且盡快回來，不要讓孩子離開你的視線太久。

生活沒有規律

害處：有的父母習慣了當夜貓子，讓孩子也和自己一樣當夜貓子，如很晚餵奶、半夜還發出聲響干擾寶寶休息……等，寶寶體內的生長激素大多在夜間 10 點～凌晨 2 點之間發揮最大的功效，晚睡或者睡眠品質不好會影響寶寶體質發育，如導致身材矮小；同時晚睡還會影響到寶寶大腦的結構和功能，不利於寶寶情緒和行為的發展。

改變方法：家長自己最好養成規律的作息時間，如果真的沒辦法調整，也要幫寶寶養成規律的作息，並給寶寶一個安靜的睡眠環境。

經常帶寶寶逛街

害處：有些媽媽喜歡逛街，於是常帶著寶寶一起逛街，但是人多的公共場所，病菌等各種危險存在的機率也更多，而且這些場合還往往有大量的有害氣體排放，如汽車廢氣等，對抵抗力尚不成熟的寶寶來說，完全就是危險地帶，很容易讓寶寶患上呼吸道感染等疾病。

改變方法：經常帶寶寶出去走走、接受陽光的沐浴是好的，但是選擇的地方不應該是商店等地，而是空氣清新的公園等地。

飲食無節制、無禁忌

害處：有的家長認為孩子能吃是好事，所以對孩子吃多少都不節制，或者長期帶著孩子吃垃圾食品。無節制的飲食容易吃出肥胖寶寶，而長期吃外食不僅容易造成寶寶腸胃負擔，營養也難以保證。高膽固醇、高血壓等症狀出現了年輕化，這就是飲食放縱的結果。

改變方法：適合的、適量的才是對寶寶好的，寶寶的飲食一定要合理化，因為這是他們發展最快也最重要的時期，就算不能做到天天給孩子製作食物，也一定要搭配合理。

家中電視、音響聲音很大

害處：有些家長為了製造「氣氛」和尋找「感覺」，常常將家中的電視、音響調到很高的分貝，過度的刺激會傷害孩子的耳膜，影響孩子聽力的發展。

改變方法：和孩子相處的時候，電視、音響等的聲音都不可過大，對孩子聽力有影響的界限是 80 分貝，因此家中應盡量給孩子營造一個相對「安靜」的環境。

長期給孩子坐手推車、學步車

害處：有的父母比較喜歡偷懶，因此總是讓孩子坐在學步車或者手推車裡面，但是這會讓孩子失去許多練習運動能力的機會，也不利於孩子的全面發展。學步車不僅限制孩子的自由，而且對孩子腿型的發展也不利，同時會傷害男寶寶的生殖器。而且學步車並不是百分百安全的，很容易出事故。

改變方法：讓孩子有爬行、學走路的機會。雖然這樣可能會花費你更多的時間和精力，但卻能讓寶寶的人生之路更加完整。

忽視家中安全隱患

害處：家長總是從成人的觀點出發，覺得家中一切安好，實際上，沒有關好的浴室門、廚房門、陽臺門，沒有放好的藥品，到處散落的物品，對眼明手快的大人是沒什麼影響，可對懵懂無知的孩子來說，這些都會威脅他們的安全。

改變方法：做到隨手關門，收拾好家中的物品。家中不穩的傢俱禁止孩子攀爬，尖銳的物品遠離孩子，告訴孩子家中哪些物品有危險不能碰。

抱著孩子入睡

害處：有些家長很愛孩子，或者冬天怕孩子會冷，睡覺的時候也緊緊摟著孩子，這樣會造成孩子呼吸不順，嚴重的甚至會導致嬰兒猝死。大人熟睡的時候也會因為翻身等動作壓到孩子，給孩子帶來身體上的傷害，而且這樣的睡法會同時干擾家長和孩子的睡眠。

改變方法：尤其是冬天，嬰兒猝死的很大原因就是不佳的睡眠方式造成的，因此家長可以在大床邊放一張嬰兒床，既方便照顧孩子，也不易出現意外。

危險物品隨處擺放

害處：家長用完剪刀、水果刀不收起來放好，熱湯、開水等放在寶寶能碰到的地方，發生寶寶燙傷、劃傷等意外都是因為這些因素。家長隨手擺放這些危險物品，自然會給寶寶帶來意想不到的傷害。

改變方法：危險物品一定要遠離寶寶，同時也要告訴寶寶，哪些物品是不能碰、不能摸的。

沒有良好的衛生習慣

害處：有的家長平時不太注意衛生，不良的衛生習慣一方面會影響孩子的健康，另一方面也會讓孩子染上不良的衛生習慣。

改變方法：家長平時除了自身要養成良好的衛生習慣，還要教孩子也學會，看見孩子出現不好的衛生習慣，也要及時制止和糾正。

帶著寶寶一起看成人劇

害處：有些家長喜歡帶著孩子一起看電視，因為這樣既能照顧孩子還能自己娛樂，兩不耽誤。但是很多電視節目並不適合孩子觀看，容易讓孩子產生錯誤的認知，而且長期看電視，對孩子的視力發育非常有害。

改變方法：給孩子看的電視節目一定是要適合孩子的發展階段的、內容健康的，而且小孩子看電視的時間也要嚴格規定。最好用玩遊戲等來取代看電視。

脾氣大，隨時爆發

害處：有的父母比較情緒化，不能控制自己的情緒，更可怕的總是在孩子的面前爆發。首先，這會給孩子造成很大的心理負擔，增加他的恐懼

情緒，也不利於孩子的心理建設。同時，父母這樣的行為很容易影響孩子，讓他也成為一個暴躁的人，不能很好地控制和管理自己的情緒。父母的爭吵會給孩子提供一個壞榜樣，讓他學會攻擊性行為，說髒話、粗話。

改變方法：學會管理自己的情緒，實在沒辦法控制的時候，也不要當著孩子的面隨時爆發，給孩子一個良好的家庭氛圍。

自己勤儉，對孩子卻大手大腳

害處：有的家長省吃儉用，對孩子卻出手大方，以為這樣是愛孩子，可除了讓孩子學會奢侈、不懂回報和付出、沒有良好的理財意識，反倒不能讓孩子明白一些他該學會的良好品格，如節約、有計畫的支出等。

改變方法：愛孩子不是給他昂貴的東西，而是給他合適的。從小教會孩子理財，懂得感恩和回報、明白節儉的道理，才是給孩子最好的。

沒禮貌

害處：家長平時「出口成髒」，或者總做些沒有禮貌的事情，孩子自然會有樣學樣，在長期的模仿中逐漸把這些舉止變成自身行為的一部分，成為一個沒有禮貌的人。以後無論是在人際關係上，還是在學業、事業上，沒有禮貌都將成為孩子的絆腳石。

改變方法：審視自身的行為，努力做一個遵守道德規範、有禮貌的人。在教育孩子上，言傳、身教是不可分割的兩個部分。

說謊

害處：有時候，家長根本沒有意識到自己在說謊，甚至為自己的謊言沾沾自喜。這一切，看在孩子的眼裡，會是什麼樣的？首先，孩子會覺得說謊不是錯，那麼他也可能擁有這種「品格」；其次，會讓他因不解，而

對父母的認知產生偏差。

改變方法：珍惜孩子的信任，不要敷衍孩子，承諾孩子的事情一定要做到。無論孩子在不在場，都盡力做一個有誠信的人。

做事拖拉，沒有時間觀

害處：有些家長做事總是拖拖拉拉的，一點時間觀念都沒有，這樣的做法延續到孩子身上，容易讓孩子也沒有時間觀念，對不守時、遲到之類的不良事件都沒有正確的認知，日後就很容易出現類似的問題。

改變方法：從小給孩子灌輸時間觀，讓他們了解守時的重要性。平時做事一定要按計畫進行，嚴格按規定的時間完成，不要總是「來日方長」。

不守交通規則

害處：看看左右無人、無車，就隨意亂闖紅綠燈，這樣不僅威脅自身及他人的安全，也讓孩子不重視交通規則，存在僥倖的心理。沒有安全意識和自我保護意識的孩子，無論出門在外或者在家都很容易遇到危險。

改變方法：不論是否帶孩子出門，都要遵守交通規則。平時也盡量告訴孩子遵守交通規則的重要性，告訴他，這樣做實際上是在保護自己。

喜歡拿自己的孩子和別人比較

害處：總喜歡拿別的小朋友和自家孩子比較，首先可能會讓自己出現心理落差，從而在教養上對孩子過於嚴苛，或者因為總是對孩子說「你看××怎麼樣」之類的話，讓孩子總是把注意力放在別人孩子身上，很容易受外界影響，沒有信心、自卑。

改變方法：不要總是用別的寶寶的標準衡量自己的孩子，讓孩子順著自然的方式自由發展，只要他沒有出現落後、遲緩的情形，就不必過於擔心。

過於愛護孩子

害處：你心疼孩子，所以什麼也不讓他做，但這樣實際上就是剝奪了孩子動手的機會，讓他沒有學習的機會，得不到鍛鍊，孩子就很難學會照顧自己的技能，同時出現依賴的思想，變成一個「懶惰」的小孩，將來也很難適應團體生活。

改變發方法：給孩子一些自主的機會，在他的能力範圍內，給他分配一些事情，讓孩子明白付出才有收穫的道理，也讓他學會該有的能力。孩子親自動手是學習最有效的途徑，過於愛護孩子實際上是害了孩子。

帶著寶寶一起玩電腦

害處：有的家長既想玩電腦又得照顧寶寶，於是「兩全其美」地帶著寶寶一起玩遊戲，但是電腦的輻射對孩子神經系統和大腦的發育很不利，強烈的視覺和聽覺刺激都會傷害寶寶，也容易造成頸椎等骨骼發育問題。

改變方法：孩子接觸電腦太早並不是一件好事，不僅能力達不到，也沒有好處，雖然很多家長想讓寶寶儘早接觸電腦，但也一定要適齡適量才好。

當著孩子宣洩你的各種不滿

害處：工作有壓力了、朋友間有誤會了、夫妻間出現爭執了，你都毫不隱瞞地向孩子傾訴，說這個不好、那個不對。這樣做不僅解決不了問題，也會造成孩子的負面情緒，同時也讓他慢慢學會找別人的毛病，而不能審視自身的錯誤，學會錯誤的處理事情的方式。

改變方法：你可以用公正的態度向孩子述說，告訴他生活中有不美好的事情，但是別指望孩子替你解決，你也要盡量試著給孩子更正面的印象。

當眾責備孩子

害處：有的家長為了挽回面子或其他的原因，總是在寶寶犯錯的時候當眾責罵他或者羞辱他，這樣會傷害孩子的自尊心，讓孩子覺得自卑。也會影響親子間的情感，同時這樣的做法並不能讓孩子意識到自己的錯誤。

改變之處：孩子犯了錯誤要及時指出來，但態度一定要溫和，告訴他為什麼錯了，你的目的是讓寶寶改正錯誤，並不是當眾打擊他。

不愛運動

害處：這大概是大多家長的通病，自己不愛運動，自然就不會帶著孩子一起運動，甚至忽略運動對孩子發展的重要性，讓孩子成為一個小胖墩，或者因為缺乏運動而導致某些技能發展滯後。

改變方法：多運動是利於自己也利於孩子的事情，所以平時盡量抽時間帶著孩子一起做些運動和遊戲，既鍛鍊了身體，也培養了親子感情。

▌做個好媽媽需有六個智慧

每個當媽的都希望自己能成為稱職的好媽媽，但是往往事與願違，繁忙的生活、工作的壓力……等，太多瑣事之下媽媽們越來越不明白，究竟怎樣能成為一個好媽媽？其實，成為寶寶喜歡的好媽媽，只需要擁有以下幾點智慧。

懂得孩子需要什麼

每個好媽媽都希望自己的孩子好，但是很少有人知道孩子怎樣才會「好」。如果說「好」意味著成功和幸福，那麼，孩子需要具備什麼特質才能爭取到自己的成功和幸福呢？許多家長把教育目標鎖定在「考大學」

上。事實上，並非只有上大學才會有機會，也並非上了大學就一定有機會。健康的人格、積極達觀的態度、適應環境和把握機會的能力才是人生幸福的最基本保障。

懂得言傳身教的作用

不必刻意觀察，孩子就感受到我們太多的東西，不必刻意模仿，孩子就模仿了我們太多的態度。我們想要怎樣並不重要，孩子從我們的行為中看到了什麼、學到了什麼才重要！在孩子面前，我們不應該不加思考地生活和做事，我們必須小心，必須考慮自己這樣做對孩子意味著什麼。

懂得做人就是做好媽媽

既然教育是為了讓孩子將來能夠更好地生活，那麼，生活就是教育的方向。我們在生活中需要的，就是孩子將來需要的；現在考驗我們的，將來也會考驗孩子，我們面臨的煩惱、挑戰和機遇，將來孩子統統會面臨。我們處理好自己的事情，做好自己，不僅為孩子提供了值得借鑑的經驗，更傳遞給孩子一個正面的態度，所以，我們做人的時候，就是在做好媽媽，我們生活的過程，無時無刻不是對孩子的教育。

懷有「成長意識」

從孩子誕生的那一刻起，我們的生活就開始因孩子而改變，有些人變得出乎意料地好，有些人變得意想不到地糟。孩子帶領著整個家庭一起成長，孩子成長的方向是長大，大人成長的方向是父母。我們期望孩子健康成長，我們自己也要有「成長」意識，好媽媽是「學」著做的，不可能一開始就會，不可能很快就會，做好媽媽的本領要慢慢練就。有了這樣的成長意識，才不會患得患失、自怨自艾。

懂得自我懷疑的必要

我們眼中的孩子和孩子的實際情況往往有很大的差別，我們對孩子的了解，來自於我們自己的經驗和理解方式，這並不總是靠得住。懂得自我懷疑，防止固執己見，抱著沒有調查就沒有發言權的態度，時時謹慎，用更為多元的方式感知孩子，會開闢全新的親子關係和教育境界。

懂得教育的界限

每個人都有自己的極限，所以，每個人對孩子的教育也必然有自己的局限。因此我們要給孩子保留他們吸收新的思想的空間。家庭教育的意義十分關鍵和深遠，但家庭教育不是孩子成長道路上的全部，除此之外還有同齡人和學校的影響，孩子真正的成熟還需要離開家庭後在獨立生活中探索。對於孩子，永遠有很多事我們無法左右。我們只需要懂得自己應該做什麼，並努力做到最好。放下多餘負擔會讓我們一身輕鬆、滿懷信心。

父母最忌犯的五大錯誤

著名的教育學家蒙特梭利（Maria Montessori）曾經說過：「父母的規矩應該盡量少立，但立了，就一定要遵守。」我們要讓寶寶自由成長，但自由的底線是規矩，沒有規矩不成方圓。

錯誤 1：說話不算數

案例：媽媽叫 3 歲的洋洋來吃飯，洋洋只顧著玩玩具頭也不抬。媽媽大聲說：「洋洋，再不來吃，你最喜歡的雞翅膀就沒有了！」可是叫了幾遍洋洋都沒反應，媽媽只好嘆口氣把雞翅膀夾出來放在一邊，等洋洋什麼時候想吃時再吃。

媽媽們經常抱怨寶寶不聽話，實際情況卻是媽媽們自己說話不算數。

　　這種現象其實隨處可見，比如媽媽們請寶寶收玩具，如果寶寶不聽，媽媽們發發牢騷後就只好自己收。再比如明明說好在小朋友家只玩半個小時，到時寶寶一鬧，媽媽們多半又會妥協，再多玩半小時。

　　在吃飯問題上，這一點表現得尤為明顯，因為媽媽們總是怕餓著寶寶。像「再不來就不給你吃」這樣的話通常只為嚇唬寶寶。既然什麼時候想吃都有的吃，既然媽媽從來都是「說到做不到」，寶寶當然會對媽媽的話充耳不聞。

　　規矩法則 1：說到做到。

　　像上文提到的，如果洋洋不肯立刻上桌，那麼等他想吃時，媽媽就應該很平靜地告訴他，雞翅膀沒有了。如果洋洋哭鬧，媽媽也應該堅持重複自己的決定：因為洋洋來晚了，雞翅膀已經讓大家吃完了。

　　媽媽們一定要讓寶寶明白，吃飯是件自己的事。每日三餐要定點定量，如果寶寶一頓不吃，就必須等到下一頓，切忌稍後用大量零食來補充。這不僅能讓寶寶體會一下「飢餓感」，更重要的是讓寶寶明白，如果不吃，就真的會餓肚子。

　　專家評點：「說到做到，不僅能樹立父母在寶寶心中的權威，也教育了寶寶：爸爸媽媽尊重你的選擇，但你要接受因此帶來的後果。」

　　友情提示：最好不要在寶寶玩得正高興時，突然要求他去吃飯。最好給寶寶一個緩衝期，比如說，餐前 10 分鐘就開始提醒寶寶，再玩一會兒就要吃飯了。餐前洗手不僅是出於衛生考量，更重要的是借此提醒寶寶，要吃飯了。如果能讓寶寶參與擺放餐具，或者盛飯，那就更能增加寶寶的用餐意識。

錯誤 2：媽媽控制不住情緒

案例：星星在飯桌上邊吃邊玩，一會兒用果汁泡飯，一會兒把盤子裡的菜挑了出來丟得滿桌都是，一會兒又把媽媽餵給她的排骨吐出來宣布：「我不要吃肉！」星星媽媽忍無可忍，大聲喝斥道：「你怎麼這麼煩啊，怪不得幼兒園老師都不喜歡你！」星星被罵後愣住，過了一會「哇」地一聲哭了出來。

經常看到媽媽們指責寶寶「你怎麼就不能安靜一會聽故事？像你這樣，長大肯定不會好好學習！」、「怎麼不叫人？你這孩子就是壞脾氣！」或是乾脆一巴掌下去，什麼話都沒有。這樣的舉動其實只發洩了媽媽們的情緒，寶寶往往委屈萬分地嚎啕大哭，完全不知道媽媽為什麼生氣。

規矩法則 2：有的放矢，就事論事。

星星媽媽應該就事論事，心平氣和地制止星星的胡鬧，並且解釋給星星聽，她違反了哪些用餐規矩，比如「不可以用果汁泡飯」、「不喜歡的菜可以不吃，但吃了就不能吐出來」等等。如果星星繼續胡鬧，媽媽就可以有針對性地採取相應懲罰措施，比如說，取消餐後星星喜歡的水果甜點等。

專家評點：父母越平靜，教育效果越好。讓寶寶服從的應該是父母講的道理，而不是說話聲音的大小。

友情提示：用餐應該是件快樂的事，所以最怕寶寶不想吃，卻逼著寶寶吃。如果寶寶幾頓都不好好吃，卻仍然沒有胃口，請帶寶寶去看醫生，寶寶可能「消化不良」，也可能有別的問題，最好按醫生的囑咐調整飲食。

錯誤 3：姑息縱容，不肯立規矩

案例：兩歲半的阿龍早上起來第一件事就是打開電腦玩遊戲，一玩就

至少 1 個小時。阿龍媽媽一邊苦惱阿龍的視力，一邊感嘆說：「現在的遊戲就是有趣，怪不得兒子這麼小就喜歡。」

現實生活中有很多這樣的情況。寶寶喜歡吃糖，媽媽雖然也覺得應該適當控制，寶寶一哭鬧，就一塊又一塊地給。寶寶喜歡看動畫，媽媽就一次次心軟，總是延長時間，直到一整部動畫一個半小時全部放完。很多時候，不是寶寶不遵守規定，而是父母心軟，不肯給寶寶立規矩。

規矩法則 3：沒有規矩不成方圓。

像阿龍這麼小的寶寶，腦部還處於發育期。只有透過雙向交流，比如和成人對話，和夥伴一起玩，才更有益於智力發展。而電視、電腦遊戲，更多是一種被動的單向刺激，如果寶寶習慣長時間沉溺於此，就容易對外界反應遲鈍，不擅長與他人交流、打交道。

所以，國外專家指出，不提倡 6 歲以前的寶寶玩電腦遊戲，也一定要控制看電視時間。3 歲左右的寶寶，每次看電視的時間不應超過 15 分鐘，一天不應超過 1 個小時。寶寶玩遊戲和看電視時，父母雙方應至少有一方陪伴在側。事先一定立好規矩，玩多長時間。如果寶寶不會看錶，最簡單的辦法就是買一個鬧鐘，告訴寶寶，鈴聲響時，就要停止。

如果寶寶不遵守約定，發出一次警告。如果還是不聽，那父母就應果斷關掉電源。這樣做也許稍嫌粗暴，卻是表現父母說到做到的最好辦法。

專家評點：越是喜歡的東西，越是要有節制。從小教寶寶懂得「自我控制」，長大才能「自己管住自己」，成為一個對自己行為負責的人。

友情提示：大多數寶寶需要一個緩衝階段。鬧鐘可以比約定時間定得稍微提前幾分鐘。鈴響後，請寶寶自己選擇，再玩多長時間，媽媽數到 10 還是 20？通常，寶寶都會愉快地合作。

錯誤 4：處理問題簡單粗暴

案例：小瑞媽媽帶兩歲半的女兒到公司玩，小瑞把一整包餅乾丟得到處都是，只挑出兩片完整的吃。同事不小心把小瑞挑好的餅乾碰碎一小塊，小瑞不依不饒地又哭又鬧。同事尷尬無比，小瑞媽媽又氣又恨，一巴掌打了下去，「不就一塊餅乾嗎？不許哭了！」

常聽媽媽們發出這樣的抱怨，不就一個小髒瓶子嗎？丟就丟了，至於哭成這樣嗎！或者是，這玩具不好玩，媽媽給你買那個！結果寶寶大鬧，大人抱怨。其實寶寶有自己的思維方式，媽媽們應該多從寶寶的角度考慮問題。

規矩法則 4：立規矩的同時充分考慮寶寶的感受。

在家時，媽媽可以把給小瑞吃的餅乾單獨放一個盒子裡，讓她自己在裡面挑。如果小瑞發現餅乾破了，哭可以，但不可以向別人發脾氣。媽媽要讓小瑞明白，每個人都有自己的情緒，你不喜歡破了的餅乾媽媽理解，你也可以哭，但不可以因此傷害到別人。

如果小瑞盒子裡的餅乾只剩下有破損的，媽媽最好不要再重新給小瑞買新的。應該告訴小瑞，媽媽知道你不喜歡破的，可是別人也不喜歡破的，所以你可以不吃，但不能把破的都推給別人吃。

如果到別人家玩，事先要跟小瑞講好，這不是自己家。阿姨拿出來的餅乾你可以不吃，但不可以自己在餅乾盒子裡亂翻，更不可以發脾氣要賴。當然啦，也可以適當跟主人打招呼，拿餅乾的時候，挑幾塊好的放到盤子裡。

專家點評：雖然只是幾塊小小的餅乾，聰明的媽媽卻能借此和寶寶一起學習如何控制自己的情緒，體諒和理解他人。

友情提示：媽媽帶寶寶外出時，最好多帶幾樣零食或者玩具。寶寶發脾氣時，與其勸寶寶不要生氣，不如想辦法轉移寶寶的注意力。

錯誤 5：沒有立刻對錯誤做出反應

案例：甜甜跟媽媽去購物，一進超市就開始亂翻貨架，到處亂跑。在結帳的時候，又非要把放進籃子裡的零食全買下來。看著在地上耍賴打滾的女兒，甜甜媽媽只好一邊付錢，一邊生氣地講：「下次再也不帶你來了。」

在餐廳裡或者電影院裡，經常能聽到父母們氣急敗壞地抱怨：「在家說得好好的，可一到外面就發瘋。下次再不帶你出來了！」可實際情況呢？下次還是會帶出來，而寶寶還是會繼續不守規矩。寶寶根本沒有時間概念，所以絕對不會因為顧慮「下次」，而在「這次」收斂一下。

規矩法則 5：賞罰分明。

從帶寶寶去超市的第一天起，父母就應該清清楚楚地告訴寶寶：超市是選購商品的地方，不是寶寶的遊樂場。要跟寶寶約法三章，不能隨意翻貨架，拿東西要經過爸爸媽媽同意。超市的商品，一定要等爸爸媽媽付過錢後，才能拆開包裝。

如果寶寶很守規矩，那麼作為獎勵，可以讓寶寶在超市自由挑選一份自己喜歡的商品。對大一些的寶寶，不一定非要用物質獎勵。請 3 ～ 4 歲的寶寶幫媽媽找出需要購買的商品，比如說在食品區找出麵粉，在水果區找出葡萄。5 歲以上的寶寶，請他自己拿著錢比如 10 元或者 5 元，去買回如牛奶、醬油、醋等簡單商品。這些都會令寶寶非常自豪和高興。

如果寶寶在超市裡發脾氣耍賴，父母一定要沉得住氣。最好的辦法就是把寶寶強行抱離現場，讓寶寶哭夠後，再慢慢跟寶寶講道理。同時，一定要立刻採取相應的懲罰措施，比如說，取消原本購物後去看電影的打算。

專家點評：獎罰分明是讓寶寶明白「種瓜得瓜，種豆得豆」的最好辦法，獎勵和懲罰都應該是寶寶最在乎的東西，比如說晚間睡覺前的故事、

每天的動畫等等。

　　友情提示：讓寶寶自由採購商品之前，一定要事先講好一個大致範圍。不然父母答應的是可以買一盒冰琪淋，寶寶拿來的卻是價值 750 元的哈根達斯，場面就比較尷尬了。

父母六大矛盾家教

　　曾經有一位教育工作者說，「如今孩子們在成長中承受著許多矛盾的人生觀、價值觀的教化。」看看我們身邊的家長和孩子，這樣的問題確實隨處可見：家長們在告訴孩子什麼是對的同時，自己卻總在做一些「錯事」。

「言教」與「身教」的矛盾

　　在做人上，現在的孩子處在「言教」與「身教」的矛盾中。

　　許多家長一邊給孩子講「粒粒皆辛苦」，一邊卻隨手扔掉不合口味的食品；一邊給孩子講「孔融讓梨」，一邊卻爭先恐後地擠車搶座位；一邊告誡孩子要好好聽老師的話，一邊卻又背後對老師評頭論足，諸如此類的矛盾行為，比比皆是。

「窮教」與「富教」的矛盾

　　在生活上，現在的孩子處在「窮教」與「富教」的矛盾中。

　　現在人們物質生活水準的明顯改善，使人們有能力為子女提供更好的生活條件。再加上現在大多是獨生子女，使人們從情感上願意為其奉獻一切。但在另一方面，家長卻又希望子女要多把心思放在學習上，大講艱苦樸素的大道理，這自然讓孩子無所適從。

「溺愛」與「叛逆」的矛盾

在親子關係上，現在的孩子處在「溺愛」與「叛逆」的矛盾中。

許多家長對子女的要求，幾乎有求必應，可換來的結果是，子女不尊重父母，不理解父母，甚至走入極端，對父母舉起了罪惡的屠刀。對此，家長應該認真檢討、反省自己的教育理念和方式，其實孩子的許多壞習慣都是我們自己教出來的。

「放縱」與「專制」的矛盾

在教育方式上，現在的孩子處在「放縱」與「專制」的矛盾中。

有的家長自以為是，總認為孩子很小，孩子身上的許多缺點都被看成了一種天真的表現，對其缺點錯誤放任放縱，不加任何管束。而在另一方面，50％的家長都會憑藉自己的家長「權威」，去過分干涉孩子的生活，在許多家長眼中，孩子永遠都只是自己的附屬品，他們不願意或不善於讓孩子取得和自己平等的地位，不懂得尊重孩子的權利和人格。

「重智」與「輕德」的矛盾

在教育內容上，現在的孩子處在「重智」與「輕德」的矛盾中。

由於考試制度的影響，人們都對考試成績特別關心，將目光一直盯在學生的考試分數上。只看重成績，卻很少甚至根本不提及學生的思想品德問題。因為在他們看來，品德問題似乎沒有什麼問題，或者不需要像學習那樣值得重視。

「發展」與「限制」的矛盾

在個性發展上，現在的孩子處在「發展」與「限制」的矛盾中。

家長渴望孩子成才，於是為子女制訂了「宏偉」的發展計畫，如果家長的這種選擇，符合孩子的志趣，那當然是好事。可事實卻是許多家長的「發展」計畫違背孩子志願，這種「發展」實際上是「限制」了孩子的發展。

矛盾的家教絕非僅僅上述幾種，還有許多。這種充滿矛盾的家庭教育。讓不明世事的小孩確實感到為難，他們無所適從。他們一面從學校接受文化知識教育，另一方面從家長身上仿效「說一套，做一套」的圓滑世故。因此，人們很形象地總結出「5 － 1 ＝ 0」，即學校苦口婆心的 5 天教育，被家庭、社會的一天教育所抵消。

問題還不僅如此，更可怕的是我們許多人還未真正意識到這種矛盾家教的嚴重後果。家庭教育作為教育雙翼中的一翼，其作用不可忽視。矛盾的家教會影響孩子的學校教育效果，更會影響孩子的人格成長，影響社會整體水準的提高。

當然，這絕對不是家庭教育本身的問題，更需要整個社會的重視，不過作為孩子的父母，家長朋友還是應該先從自己做起。

當心毀掉孩子一生的 11 種教育方法

1. 從孩子嬰兒時期開始，就對他有求必應，要什麼給什麼。這樣當他長大後，就會理所當然地認為：萬物皆歸於我。
2. 他口出汙言穢語時，儘管譏笑他。這讓他的詞彙會越來越不成體統，說出話來把人氣個半死。
3. 永遠不對他進行精神道德教育，讓他自己混到成年時再說，讓他自己去決定一切。
4. 避免對孩子說他犯了錯誤，免得孩子有時候會感到內疚。這樣他將來出去偷東西，或者因為其他原因犯罪而被逮捕的時候，會感到全世界

都在與他作對，他反倒成了受害者。

5. 把他隨手亂丟的一切東西都替他收拾好，千萬不能讓孩子自己動手，免得他太累。這樣他會養成習慣，遇事把一切責任都推給別人。

6. 不論好壞書刊，任其自看，不聞不問，更不予干涉。而家裡倒是收拾得乾乾淨淨，餐具也做了徹底的清毒，但就是不管孩子的腦袋裡裝了多少垃圾。

7. 父母經常吵架，惡言相向，根本不顧慮孩子在場。這樣，將來父母感情破裂，離婚時，孩子也不至於感到意外。

8. 孩子要用多少零用錢都照給不誤，不讓他自己工作賺錢，也別叫他節省，如何能讓他和父母當年一樣吃苦受累呢？

9. 對他在飲食、起居方面的無理要求，總是姑息遷就，否則萬一他生氣了，那可不得了。

10. 當他和鄰居，老師或警察發生衝突時，家長堅定不移地站在孩子一邊，讓孩子知道：那些人都是對你不公平的。

11. 當孩子闖了大禍以後，慎重地聲明說：「這點雞毛蒜皮的小事，未免小題大做了吧？」

第十章　想說愛你不容易

▌父母如何對待孩子的任性行為

有的父母常抱怨自己的孩子脾氣差,很倔強,不讓他做的事偏要做,要不就哭啊、鬧啊,這些是否孩子任性呢?

孩子生下來猶如一張白紙,孩子任性的確很常見,但並非天生,主要是由於教育不當引起的。

順從與反抗

孩子在 3 歲之前,一般都比較順從,父母說什麼,就聽什麼;父母說這些東西不准碰,他就不碰。

這樣的孩子常會得到父母、親友的讚揚:「這孩子真聽話」。接近 3 歲時,父母直覺感到孩子開始變了,變得不那麼「聽話」了。這時,正是孩子形成獨立性和任性的開始,父母要善於發現孩子的變化,並注意教育引導。

信任自己,信任別人,對事有獨立性,這是性格中很重要的特質,這種特質在很小的年齡階段就已開始萌芽,而且跟以後的性格形成密切相關。心理學家曾分別挑選了 100 名 3 ～ 5 歲反抗性強和 100 名幾乎看不出反抗的兒童,並對這些兒童進行追蹤性研究。研究發現,這批兒童到青年時,原來反抗性強的一組對象,有 84 人意志堅強,有主見,能獨立地分析和判斷事物並作出決定;而原來「無反抗性」的一組人,只有 26 人成為意志堅強的人,其餘的人相對顯得碌碌無為。

任性的行為界限

　　孩子有天生的好奇心、模仿性，生活上常有這樣的實事：2歲左右的幼兒自己拿著湯匙吃東西，吃得一片狼藉，還把瓷湯匙敲碎；人沒有掃把那麼高，卻拿著掃把掃地，父母剛把垃圾掃起，寶寶卻把垃圾掃開。像以上行為，可能遭到父母責罵，其實，這正是孩子表達主動性、獨立性的行為，並不是任性，父母不但不應該責罵，還應該給予鼓勵、表揚和引導。

　　有的孩子被嬌養過甚，吃東西挑東挑西，父母給他吃茶葉蛋，他非要吃攤販賣的滷蛋；父母特地再給他燒了滷蛋，他又非要吃茶葉蛋。有的孩子在吃飯時邊吃邊玩，當父母收起玩具時，就賴在地上打滾。像這種行為，就屬於任性了。

糾正任性行為

　　第一，家長應要求孩子有一定的行為界限，引導孩子養成良好的習慣。要讓孩子明白，什麼事該做，什麼事不該做，並鼓勵他堅持執行。不能總跟孩子說：「就今天這一次啦」、「下不為例啦」。

　　對孩子超越行為界限的事，絕不能遷就，否則，只會嬌慣孩子，助長孩子的任性行為，以後難以改正。還須注意的是：父母必須一致。

　　第二，在孩子任性時，父母要善於引起孩子的興趣，以轉移他的任性。例如，孩子進入超市，吵著要買糖果，看見氣球，又鬧著要氣球，此時，父母可設法讓孩子去觀察某一事物，使他忘掉剛才哭喊著要的糖果、氣球。

　　第三，父母要注意教育方法，要有耐心。當孩子哭鬧時，父母可採取漫不經心的態度，讓孩子感到，他的哭鬧嚇唬不了誰，讓他漸漸安靜下來。有的孩子自尊心太強，父母可適當給他一個「臺階」，幫他「收場」，然後再透過「擁抱 —— 對視 —— 談話」的方式進行教育。

擁抱，可使孩子感受到，雖然他做了錯事，父母還是愛他的，使孩子對父母不產生牴觸情緒。

對視，可讓孩子從父母的眼神中，感受到父母對他的愛，和對他任性的不喜歡。

談話，要簡短明瞭，使孩子在保持自尊心的前提下，明白自己錯在哪裡，今後該怎麼做。

▎處理孩子「磨蹭」有法子

玲玲上幼兒園以後，每天早晨起床是最讓媽媽傷腦筋的了。老師說：「孩子都快四歲了，家長應該讓她親自穿衣服、洗臉。」可是媽媽要趕車，還得送她去幼兒園。這一天，玲玲張開眼就抱起娃娃玩開了，催她也無濟於事。你急她不急，磨磨蹭蹭的真是沒辦法。

三、四歲的孩子注意力很容易分散，周圍有什麼好玩的就會讓他忘記了初衷。邊做邊玩的情況是形成孩子磨蹭的一個主要原因。不過媽媽正能夠利用這個年齡特徵，如果用遊戲口吻對玲玲說：「娃娃說了，她和玲玲一樣能幹，衣服穿得快極了，不信我們比賽看看。一、二，開始！」媽媽抱過娃娃，手中暗暗地玩弄著，口中說著：「娃娃手臂穿上袖子了，真快，鞋子也穿好啦！」玲玲一心要贏過娃娃，穿得也真認真，高高興興迅速地完成了任務。盥洗時，玲玲又對那嘩嘩流水大感興趣，當然磨蹭又不在話下，假如媽媽也用擬人化的方法告訴她：「水是來給你洗手洗臉的，你不快快洗，讓它白白地流走，它就不高興了，不願意為你做事啦。」或者，孩子就能做幹得快一點。

不過有時孩子磨蹭也並不一定是出於邊做邊玩，而是缺少操作的技巧和動作不熟練。所以，及時教會孩子和鍛鍊他活動時動作的準確度也很重要。如扣扣子，有人實驗由下而上扣要比由上向下省時，而且不容易扣

錯。一般孩子夏天就不像冬天穿衣那樣磨蹭，因為衣服多了，一件又是一種穿著方法，的確有困難。

所以，為了防止磨蹭。家長在幫孩子選擇服裝樣式時就須先考慮好，什麼樣式孩子操作起來更方便。冬季，最好在孩子起床前先把衣服套好，孩子穿著就容易多啦！

吃飯磨蹭是另一件使家長傷腦筋的事。孩子沒有胃口就會「含飯」。要養成優良的飲食習慣，除定時、定量進餐外，食物的營養安排也很重要。如今很多幼兒不喝白開水，每天喝的都是含糖量很高的飲料，使得吃飯時不餓，這則是「含飯」的一個重要原因。

不妨試試停止供給這些飲料，改為多喝白開水，並且把正餐的主副食做得更美味，孩子感到飯菜香了，吃飯自然不會再磨蹭。還有，孩子進餐時也常有動畫的電視節目播放，所以也得控管好，邊吃邊看電視很影響食慾，也影響進餐的速度。

孩子覺得不好玩、無聊的事，做起來也常常要磨蹭，小勇在屋裡玩膩了，要到戶外跑跑，可媽媽非讓他把弄得亂七八糟的屋子和玩具收拾整齊，他不願意，又非做不可，自然也就手腳不俐落了。這種現象必須引起家長們的注意，代表孩子還沒有樹立起按時完成任務的積極性和責任感。尤其是四、五歲以後，要讓他懂得，很多雖然並不好玩的事，還是應該按時完成。這對他入學後具有優良的進修習慣和態度影響非常大。

除了及時向他簡單說明按時完成這些任務的必要性外，還應和孩子一起制訂一個每天必須完成的活動計畫和時間表，協助、鼓勵他盡力地執行。例如告訴他為什麼睡前要認真盥洗、到時間就得提示他去執行，並且鼓勵說，如果做得快又好，上床後就能夠給他講個長些的有趣故事。如果慢了，就沒有時間了。

現代生活要求人們珍惜時間，講效率，快節奏，做事俐落認真。而對

幼兒來說，他們的思維還很粗淺，經驗不足，對看不見、摸不著的時間觀念就很差，他做事的主要動力除感到活動過程有趣外，往往只是盲目的服從大人的要求，討得家長和老師的歡心，並不懂得浪費時間的危害。

所以有意識地對孩子進行一些加強時間感和責任心的鍛鍊很重要，這是防止和糾正孩子磨蹭的根本道路。

寶寶喜歡「吃手指」利弊分析

寶寶認識這個世界，首先是透過嘴巴開始的，吃手指也就成了每個寶寶生長發育的必然過程之一。雖然寶寶們吃得很開心，但是媽媽們就免不了擔心了。

可是吃手指真的有那麼壞嗎？到底要不要糾正寶寶吃手指的習慣？讓我們一起看看吃手指的利與弊吧。

利

寶寶認識這個世界，首先是透過嘴巴開始的。在嬰兒期，吮指是作為吃奶反射的一種表現。在寶寶飢餓時，90％的嬰兒會將自己的手指放在口中吸吮。媽媽們不要擔心，小小的他們正在享受這個過程呢。

1. **感覺舒適，心理滿足**：對於剛出生的小寶寶而言，吸手指一方面能給寶寶帶來舒服的感覺；另一方面，寶寶出生後，本來就有吸吮的反射和需求。吸手指所帶來的滿足感和吃母乳帶來的感覺是不一樣的，是兩種不同的現象和需求，所以即使是吃飽了，寶寶還是會有吸手指的行為。

2. **促進神經功能發展**：寶寶「吃手」的時候能加強觸覺、嗅覺和味覺刺激，促進神經功能發展，還能提高吸吮水準。媽媽會感到，寶寶吸起

乳頭來一天比一天有力，這對小兒生長發育有好處。

3. **智力發展的信號**：當寶寶真正能把手放在嘴巴裡啃的時候，則說明寶寶的運動肌群與肌肉控制能力已經相互配合、相互協調了。這是寶寶智力發展的一種信號，爸爸媽媽應當為寶寶的這個舉動自豪才對。

4. **鍛鍊手眼協調性**：很小的嬰兒不能準確地把手放到嘴裡，而吃手指的過程能夠鍛鍊寶寶手的靈活性和手眼的協調性。當他能用手把東西往嘴裡放時，就代表他的進步，意味著他已經為日後獨自進食打下良好基礎。

5. **消除煩躁，帶來快感**：著名心理學家佛洛伊德和艾瑞克森認為，在寶寶吃手的活動中還包含了人類性快感需要的自然反映。這裡的性快感只是一種近似於成人快感的情緒，吃手可以消除寶寶的不安、煩躁、緊張，具有鎮靜作用。

弊

吃手指不乾淨，有些媽媽特地給寶寶買了手套，以為這樣就可以放心地讓寶寶吃了。但是吃手指的危害可絕不僅僅是不乾淨。

1. **細菌入侵**：寶寶的手指上存在細菌，吃手指時免不了把這些「壞東西」一併吃了進去。如果這個時候剛好遇上寶寶的免疫力不足，就有可能發生腸胃感染或者其他病症。

2. **影響生長，顏面變形**：寶寶吃手指時，手指在口腔內會產生向上、向下、向前、向後的外力。吮吸拇指時間久了，嬰兒在生長發育過程中，上下頜的正常生長就會收到干擾，逐漸形成上頜前突、下頜後縮、嘓嘴畸形等。導致上下前牙不能接觸，影響切咬食物。更重要的是影響寶寶外表的美觀。

3. **手指受傷**：如果寶寶長期吃手指，也會影響到他們手指骨骼的正常發

育，有可能出現手指彎曲畸形。長了牙的寶寶如果還繼續常吃手指，容易造成手指脫皮、腫脹等外傷，嚴重時甚至感染。

4. **影響牙齒生長**：在吸手指的過程中，如果剛好遇到牙齒生長，因為吸手指時所用力的方向，會讓牙齒照著不正確的方向生長，進而影響牙齒的排列、咬合，也容易引發口腔問題。

5. **不利於寶寶個性發展**：寶寶一旦吃上手指，就滿足於吃手指的樂趣，不願參加其他活動，對智力和心理也有影響。而且有關調查顯示，缺少親人關愛和心靈上慰藉不夠的寶寶易養成吃手、吮手習慣，若長期得不到正確引導，則會影響寶寶將來個性的發展。

專家點評

咬手指是小兒生長發育過程中一個不可或缺的小細節。我們應該分階段的來了解這個小細節。

小兒未長牙以前：

尤其是新生兒。此時的寶寶是在享受吸吮的樂趣，重點並非是手指，手指只不過是寶寶們最有權力支配。最容易放到嘴裡的物體罷了。

此時媽媽們大可不必對吸吮手指過度擔心，只要保持寶寶手指清潔就行了。當然，寶寶飢餓了、寂寞了、煩惱了也會吸吮手指，所以前提是寶寶吃飽了嗎？你給寶寶足夠的關愛了嗎？如果寶寶經常遭受冷漠與飢餓，而只能透過吸吮手指得到滿足，那麼此時的吸吮手指就有可能發展成以後的慣性咬手指。

乳牙長出後：

小兒乳牙約在 6 至 10 個月長出。隨著寶寶乳牙的出現，咬手指的弊端逐漸表現出來。不僅僅是對手指本身的傷害，更是寶寶拒絕與更美妙世界接觸的表現。

　　此時媽媽們應該鼓勵寶寶多參加遊戲活動，與小朋友接觸，努力營造一個溫暖、舒適、穩定、輕鬆的成長氛圍，咬手指也就會逐漸被寶寶淡忘。對於慣性難以糾正的咬手指，應該尋求專業醫生的幫助。

正確應對孩子叛逆心理

　　所謂叛逆心理，是指與常態相反的心理，是一種逆向的、對立的心理作用，是外界要求不符合人的主觀願望或需求時，產生的強烈牴觸情緒，其實質是企圖擺脫羈絆，不遵從甚至抗拒他人，突出自我需求與尊嚴，突出自己的獨立性、自主性或存在價值。

　　學生的叛逆心理是一把雙面刃，如果能利用好其正向的一面，可以使學生擺脫權威迷信和盲目崇拜，幫助學生培養獨立意識和自主精神，形成開拓創新的良好品格，從而不斷改變現實超越自我走向成功。問題是更多的同學卻被其負面的一面纏身。

　　叛逆心理具有自發性、盲目性、感應性、社會性和可變性等特性。它可以使學生妄自尊大、目空一切、自以為是、我行我素，形成狹隘、偏執、孤傲、自負等不良個性特質，造成變態心理和行為。長此以往，會引起家庭矛盾或師生關係危機，甚至會泛化為對整個社會的不滿和反對。這不僅不利於學生的學習和身心健康，還有害於家庭、校園、社會的和諧穩定，會給學生今後的發展帶來極大的負面影響。

正視問題，學會自知

　　中學生叛逆心理是在身體、心理的快速發展與知識經驗、生活累積的相對落後的強烈反差中產生的。有同學認為自己已是「大人」，因而對長輩的態度來了個一百八十度大轉彎，由「順從」突變為「批判」，根本不把他們放在眼裡，將其善意的和關愛的行為誤解為跟自己作對。而自己由

於心態、知識和能力的限制，遇事往往缺乏冷靜思考，主觀莽撞意氣用事，結果經常事與願違。

只有理智地評判自己，不斷強化學習提高水準，才能盡快走向成熟和成功。若無自知之明，對自己過度評價，拒絕接受家長和老師的教導，一味逞能，則無異於作繭自縛、自設陷阱。

謹言慎行，學會自重

一張白紙，易畫最新最美的圖畫。沒有包袱、敢想敢做是中學生的優勢所在，但這並不意味著可以驕傲自大盲目排他。要明白任何新的發現、新的成果都是人類文明的延續和發展。俗話說得好，「團結力量大」，無論是政治家、科學巨人、藝壇菁英還是凡夫俗子，每一個成功者的背後其實都有許多「幫手」在作支撐。離開他人和社會，任何人都將無法生存。

一個中學生，更應虛心向他人討教，向社會學習。家長的關愛和教誨，老師的引導和提點，朋友的提醒和幫助是能使人受用一生的寶貴財富。如果任由叛逆心理蒙住雙眼，堅持與關心、教育、幫助和支持自己的人對立，難道不是太愚蠢、太無知的行為嗎？

善解人意，學會自制

家長和老師是學生成長道路上的階梯、拐杖和路燈。他們不但為學生提供了學習生活條件，傳授著知識與經驗，還擔負著作為學生人生導航的重任。他們不是聖人，也會存在不足或失誤，諸如教育觀念較陳舊、教育形式不夠開放、教育內容缺乏指向性、教育方法沒有創新、對學生不夠民主等。

作為學生，對此不滿意是可以理解的，但完全可以透過交流和溝通的方式，向家長和老師提出改進的意見和建議，而不必採取嗤之以鼻甚至背

道而馳的牴觸方式。「良藥苦口利於病，忠言逆耳利於行」，長輩的教育可能不合自己口味，但其用心良苦，因此需以寬容的心態去理解、接受。對他們的批評要採取「言者無罪，聞者足戒；有則改之，無則加勉。」的態度去對待。

要學會換位思考，設身處地地為他們著想，要用理性控制自己的不良情緒，學會保持冷靜和克制。「牢騷太盛防腸斷」，不可斤斤計較於於家長和老師的隻言片語，不要因雞毛蒜皮之事橫眉豎眼、抱怨指責，更不能以尋釁滋事、以怨報德為樂，把「快樂」（其實是以假象掩蓋著的痛苦）建立在使他人痛苦的基礎上。

總之，理解和尊重是抑制和逆轉負面叛逆心理的前提。以心換心傾聽長輩心靈之聲，將心比心理解長輩教育指向，心心相印做長輩知心朋友，必能增進與長輩的融洽與交流，從而為自己營造健康愉悅的心靈家園和風調雨順的成長空間。

孩子叛逆都是父母的錯

如果孩子偶爾調皮，不聽大人的話，父母往往不以為然；如果孩子常常不聽話，管不住，父母就會深感頭痛。「不幸」的是，許多父母發現，隨著孩子年齡的不斷的增加，孩子不聽話的行為愈來愈嚴重，而且在父母不斷嘮叨下，孩子甚至產生了叛逆的心理，不管父母說什麼，也不管對自己有多大好處，一律是先否定再說。

奇怪的是，每當父母把孩子如何頑固執拗的表現告訴幼兒園的老師，老師卻很可能不認同；父母告訴其他和孩子接觸過的熟人時，他們往往也會表示驚訝：「你的孩子挺好的呀！沒有你說的那麼搗亂啊！」當父母聽到別人這樣說時，真是既欣慰又困惑。

已經上幼兒園大班的姍姍就是這樣，在老師和小朋友面前，姍姍熱

情、愛學習、容易相處、樂意照老師的要求做,經常受到老師的表揚。可是在家裡,姍姍總是鬧彆扭,特別是對爸爸說的話,她一般都要反對一下,讓爸爸心情不痛快。同一個孩子,因不同的人而有不同的評價,是孩子在父母和別人面前的表現真的有那麼大的不同,還是另有原因呢?

孩子為什麼說「不」?幾年前,曾有一所小學做了一項「對爸爸媽媽哪些地方不夠滿意」的調查,調查結果發表在《少年兒童研究》雜誌上。統計顯示,孩子對爸媽不夠滿意的地方有 58 項之多,比如:動不動就發脾氣;不了解我的心;要求太嚴格,標準太高;不接受我的意見;說話不算數;當我想做自己的事時,他們總是不允許;總在罵我的時候誇獎別人等等。

看了小學生們對自己爸媽的不滿意,你有什麼想法?

第一、這是對小學生做的調查,與我這個幼兒家長沒什麼關係;

第二、就算有被說中的地方,恐怕你也不願意把這樣地父母形象和自己連結在一起。但是,靜下來想一想,我們做父母的都不是完人。

上述孩子的不滿意,在我們身上多少會有體現。別以為孩子還小,什麼也不懂,其實,孩子雖然嘴上沒說,但這些不滿意已經在他的心裡了,並且已反應在行為上。的確,孩子的這些不滿意都可能成為向父母說「不」的理由。

成人沒有以身作則

當孩子出現一些問題時,以往我們總是要問上一句「這孩子是怎麼了?」習慣從孩子身上找原因。其實,有許多問題的產生根源是父母。孩子的某些叛逆心理和行為,可能恰恰是家庭教育弊端所致。

對孩子要求嚴格,卻對自己要求很鬆的父母,孩子能心甘情願聽他們的話嗎?即使爸媽說的條條是理,孩子依然不肯服從,孩子愈大,這種現

象愈明顯。比如，姍姍的爸爸就有這個問題，他不讓姍姍在看電視時吃東西，可是自己卻經常如此。姍姍有好幾次忍不住給爸爸提意見，如果他看的高興時，他就說下一次一定改；遇到他看的不高興時，他不但不聽，還發脾氣，擺出家長的架子壓人。起初，姍姍只是在這個問題上不服，漸漸地，這種不滿就擴散開來，爸爸說的話都不願意聽，姍姍的叛逆心理愈來愈嚴重。

把孩子當小小孩對待

再有一些父母無視孩子地成長，總是把孩子當小小孩子對待，這也不能做，那也不能做，這是造成孩子產生叛逆心理的另外一個重要原因。比如，在幼兒園裡老師經常教育小朋友「自己的事情自己做」，姍姍聽了以後特別想做點自己沒有做過的事情。一天，姍姍提出晚飯後自己洗自己的碗。可是媽媽左思右想一番，還是以「萬一碗摔碎了怎麼辦？」、「碎片割到手怎麼辦？」等理由拒絕了她。沒有做成事情，姍姍可不高興了，睡覺時故意不肯上自己的床，很晚了還賴在爸媽的床上，惹的爸爸想要處罰她。

第二天晚上，姍姍一家到小姨家做客，晚飯後姍姍又提起洗碗的事，媽媽再次重複昨天的理由，沒想到小姨卻爽快的說：「想自己洗碗是好事啊！開不到水龍頭，我幫你墊個小凳子，萬一碗摔壞了也沒關係，小姨再買新的。」小姨話剛說完，姍姍就興奮的大叫起來：「謝謝小姨。」接著，馬上就去洗碗，而且洗得非常認真、仔細。

孩子都是好孩子

可見，父母確實要反過來想一想：自己總是抱怨孩子不聽話，難道孩子天生就是一個不聽話、愛搗亂的孩子嗎？孩子真的想做一個處處和爸媽

作對的人嗎？其實應該說，孩子都是好孩子，而父母未必都是好家長。

換個角度來說，父母喜歡乖孩子的真實理由是什麼？我們不喜歡孩子和自己作對的目的何在？其實說穿了，還不是為了自己省心、省力吧！以這樣的心態對待自我意識新生，獨立性、自主性正蓬勃發展的孩子，是否有點太自私、也太短視了呢？

孩子為什麼要說謊

說謊是什麼意思呢？說謊是在言語方面作弊與欺騙的表現。這種欺騙與作弊是最要不得的，大而言之，直接的或間接的有害於國家民族，拿那些貪官汙吏來說吧，就是一種慣於說謊的典型人物。小而言之，亦足以使個人信用破產。

第一是損失自尊心，一個人是不能沒有自尊心的，人失去自尊心，不看重自己，則自暴自棄，什麼事都做得出來。第二是喪失信用、得不到別人的同情與幫助，從前不是有過一個「放羊的孩子與狼」的故事嗎？當放羊的孩子第一次說謊，在山上大喊「狼來了」的時候，別人聽了，連忙跑來替他趕狼，可是他卻怡然自得，以為愚弄了別人一次。哪裡知道這樣一次說謊，竟播下了失信的種子，當真的狼來了，他驚慌失措大喊「狼來了」的時候，人家以為他又在撒謊，不來救他了，而他甚至被狼咬死。

林肯說：「你能欺騙少數的人，你不能欺騙大多數的人；你能欺騙人於於一時，你不能欺騙人於永恆。」這是多麼中肯的話啊！

說謊絕不是偶然說說的，必定是養成了一種說謊的習慣，而這種說謊的習慣大多數又是從小養成的。因此我要談談怎樣使小孩子不說謊。要使小孩子不說謊，必須先了解小孩子說謊的原因。小孩子為什麼要說謊呢？

1. **小孩子怕父母或教師的打罵**：有些做父母的，每逢小孩子做錯了一件事，便要罵小孩子或打小孩子。孩子怕罵怕打，便用說謊來掩飾自己

的過錯，這種掩飾得到父母或教師的寬恕，於是第二次、第三次做錯事時，便再說謊來求得寬恕了。

2. **逃避現實**：有時小孩子為了不願意做或不能做的某事時，便說頭痛呀！肚子痛呀！用各種謊言去欺騙父母或教師，這種謊言又往往得到父母或教師的同情，因此以後便也常說謊去推諉了。

3. **好虛名**，**要面子**：一件事本來不是他做好的，但說是他做的，可以得到獎賞，面子光彩，於是他說謊了；事本來是他做的，但做得不好，怕丟臉，於是他說那件事不是他做的，也說謊了。

4. **貪利**：很多小孩子為了嘴讒，要吃東西，便說說謊，又有些小孩子為了要得到很高的分數或獎品，便在考試時作弊還硬說自己的本領高人一等，這都是為了貪利的緣故。

家長們，教育孩子可是有許許多多學問在裡面的，在這當中你感到困惑了嗎？遇到什麼困難與問題了嗎？趕快加入家長交流群組吧，這裡有優秀家長的教育心得、有教育專家給你的有效建議，如果你也碰到了這方面的問題，就不要客氣把問題說出來吧，人多力量大，相信大家一定能給你提出有效的解決辦法。

▎如何讓孩子不說謊

小孩子說謊的原因知道了，那麼怎樣糾正他，且培養誠實的習慣呢？

◉ **第一是了解**：小孩子願做什麼，能做什麼，希望得到什麼，你一定要了解。了解了小孩子的心理與能力，然後讓他去做。在做的過程中，你要幫助他去發現問題，克服困難將事情做成功，而得到獎勵。要消除他說謊的動機，鼓勵他誠實地去做。

◉ **第二是暗示**：暗示有兩種，一種是正向的暗示，譬如有兩個小孩子在

一起，一個是誠實的，另一個是喜歡說謊的，你要對那個誠實的小孩子嘉許，獎勵他，使那個說謊的小孩子感動，走上誠實之道；其次一種是反的暗示，譬如你的小孩子跑來報告你一件事時，你要信任他，不要說；「真的嗎，你不要騙我呀。」如果你這樣說，在小孩子的心靈上，就種下一個說謊的種子。我們必須應用正的暗示去感動小孩子，不要用反的暗示去刺激小孩子說謊的動機。

⊙ **第三是榜樣**：做父母或教師的要以身作則，去做誠實的事，不要在小孩子的面前說謊。我們知道小孩子的模仿性最大。耳濡目染，都會效仿的。有時你還可以講誠實小孩子的故事給他聽，譬如華盛頓砍櫻桃樹的故事，以故事中的人物去做他的榜樣。

有一種榜樣是不好的，譬如，一個母親要打牌，不欲招待客人，囑咐他的小孩子說：「如果有客人來，你就說媽媽不在家。」等客人來了，小孩子便照著母親的話說謊了：「媽媽不在家。」這是一種不好的榜樣，很容易使小孩子養成說謊的習慣。他既可照母親的話去欺騙客人，自然他就可以照自己的意思去欺騙別人，甚至是自己的母親。因此我們要做好的榜樣，壞的榜樣千萬不要做。

這三點，我們做父母或做教師的應該隨時隨地注意，務必使小孩子不說謊，建立起誠實的習慣。

孩子做錯事時怎麼辦？

在訓練孩子良好行為的過程中，最基本的原則是不能滿足孩子的所有要求，用物質獎勵、活動獎勵和精神鼓勵來提高孩子良好行為的發生率，同時用撤銷獎勵來減少孩子壞行為的發生率。在這個基本原則下，還有幾個具體問題，我認為很重要。

明確否定態度

當孩子出現一個不好的行為的時候，必須立刻表現出明確的否定態度。

舉個例子，孩子的玩具找不到了，就哭，鬧，大聲喊叫，那些不善於訓練孩子行為的家長，尤其是對孩子倍加疼愛的爺爺奶奶輩，此時往往跟著孩子著急，翻箱倒櫃地幫孩子找玩具。他們以為，只要玩具找到了，孩子就不鬧了。須知，家長此時的行為，實際上強化了孩子在找玩具時的哭、鬧、大聲喊叫行為。他會認為，只要我哭、鬧、大聲喊叫，爸爸媽媽就會幫助我找。下次再發生這樣的事，他就會以同樣方式對父母「下命令」，而且變本加厲，一次比一次厲害。

在這種情況下，正確方法應該是馬上表態：「哭、鬧、大聲喊叫不好！再哭，再鬧，玩具也還是找不到，你自己好好想一想，最後一次玩這個玩具是什麼時候，玩完自己放哪裡了？」如果孩子真的想不起來，還是找不到玩具，可以接著說：「媽媽幫你找玩具，但是有一個條件，不許哭、鬧，也不許大聲喊叫，不然媽媽就不幫你找。」等玩具找到以後，還要對孩子說：「以後玩具丟了，先自己好好想，慢慢找，找不到了，來告訴媽媽，媽媽會幫你找，不要哭鬧、大聲喊叫。記住了沒有？」如果下次孩子忘記了，還是哭鬧，就先提醒他：「上次我怎麼跟你說的？丟了東西，不要哭鬧，先自己好好想想，真的想不起來，就告訴媽媽，媽媽幫你找。」

不用幾次，孩子以後再丟玩具，就不會哭鬧了。

和孩子相處過程中，每天都可能發生類似的情況，只要您掌握好原則，孩子的行為就會按照您計劃的方式，逐漸朝好的方向發展。如果您不懂得這些技巧，也缺乏耐心去跟孩子「理論」，那麼，孩子變得不聽話，特別「皮」，就在所難免了。

以講道理為先

在表達否定態度的時候，必須以講道理為先，不要喝斥、打罵，情緒上可以表現出不高興的樣子，但不要發火。也就是說，要掌握好理智和情感的分寸。

很多家長在孩子做了「壞事」時，不是打罵，就是惡言惡語地嚇唬，他們的感覺是，這樣做很「有用」，能有效地制止孩子的壞行為。有一次，媽媽剛掃完地，孩子就在那裡用腳踢牆壁，把牆壁剝落的油漆踢了一地。媽媽就照一貫的辦法，大聲喝斥地說：「是你自己把油漆掃乾淨，還是讓我揍你一頓？」媽媽這麼一說，還真管用，孩子馬上說：「我掃，我掃。」您看，問題不就解決了麼？

的確，問題表面上是解決了，孩子也知道了，在家裡不能亂踢牆壁壁癌。但是，這裡隱藏著許多負面影響。首先，孩子並不懂得踢牆壁壁癌為什麼不對，他認為，在家裡踢牆壁壁癌，是要被媽媽打的，只要沒有人打他，這件事就可以做。在家裡，媽媽要打，所以以後不敢在家裡踢牆壁壁癌，但是出了門呢？到了幼兒園、學校，特別是在沒有成人在場的情況下，還能保證他不做這種壞事嗎？其次，他以後可能會以同樣的大聲喝斥、罵人的方式，對待他的同伴、同學。

無論在幼兒園還是學校，我們都能看到，有些孩子顯得很有「教養」，一貫不打人、罵人，老師不在時也不做壞事，還有些孩子則缺乏「教養」，經常會出些壞「點子」，常常背著老師做壞事，對同學態度蠻橫，但這些孩子回到家裡卻很「老實」，不敢做壞事，在父母面前像個小綿羊。究其原因，就是因為他們的父母一貫用這種打罵、喝斥的態度「教育」他們。父母缺乏「教養」，導致了孩子缺乏「教養」。

像上面的例子，正確的作法應該是，看到孩子踢牆壁壁癌，馬上不高興地說：「踢牆壁壁癌不好，不對，既毀壞了牆，又把地弄髒了，媽媽不

高興啦！乖孩子不踢牆壁壁癌，媽媽喜歡乖孩子。你現在要是自己把油漆掃乾淨，媽媽就不生氣了，記住以後再也不要做這種事情了！」如果孩子是無意識地做了這件事，相信他會自己去掃地的。而且，以這種方式教育出來的孩子，很可能就是那種在幼兒園和學校顯得有「教養」的孩子。

在 200 年前的英國「貴族學校」，有人發明了用嚴厲的方式教育孩子的一套教育方法，教師雖然嚴厲，但從不打罵，從不大聲喝斥，反而效果非常顯著，從「貴族學校」畢業的孩子，到了社會上，行為舉止就是和一般人不一樣，因為他們從小接受嚴格的行為訓練。在英國，這種教育方法一直延續至今，只是現在比那時更「人道」一些。

如果上一代人是在父母的瞪眼、喝斥、打罵中渡過自己的幼兒期的，那麼可以想像，下一代人也會在幼兒期有同樣的遭遇，這樣一代一代傳下去，人民的素養怎麼提高呢？人怎麼會變得越來越有教養呢？

提供良好榜樣

父母必須在孩子面前約束自己的行為，給孩子提供好的榜樣和示範。

一位媽媽說：「我的孩子做了錯事，我說他，他不但不聽，還踢我，頂嘴，您說怎麼辦？」我們不禁要問這位媽媽：「您和您先生有沒有在發生衝突時，當著孩子面做過類似的舉動？」顯然，孩子的踢人、嗆人行為，是從媽媽爸爸那裡學來的。

觀察學習是人的一大特長。好多事情，你不用教，孩子只要看到了，就會跟著學。像動畫裡的打鬥，反派角色說的壞話、鬧的惡作劇、做的壞事，電影電視中成人的談情說愛，還有引導著孩子們逐步升級消費比較的那些廣告詞，孩子們學得最快。因為他們覺得這些東西新奇，好玩，模仿出來會引起人們的好笑和興趣，甚至誰模仿得多，誰會受到同伴的欽佩和讚揚。

模仿是人的天性，連成年人都愛模仿別人的行為，孩子更不用說。所以，當父母的，必須在孩子面前約束自己的行為舉動，有些言行，背著孩子可以說，可以做，但是當著孩子面不能說，也不能做。「身教重於言教」這句話在這裡特別應該強調。

　　做了父母的人和沒有做父母的人就是不一樣。做父母，肯定要失去一些自由，沒做父母之前，你可以隨隨便便，自由自在，發牢騷、說髒話，都關係不大，但是做了父母之後，你必須約束自己，必須向孩子提供好的榜樣和示範，你必須為孩子健康的成長和真善美的心靈負責！因為做父母是你自己的選擇，你就必須為此作出犧牲。

孩子不愛學習的原因

　　兒童不愛學習，是由於學習動機缺乏所致，主要有以下原因：

1. **父母不切實際的要求**：要求過高的後果是容易使孩子產生害怕失敗的心理，繼而導致上進心喪失和學習動機缺乏。特別是當家長採用強硬專制的手段時，孩子便會以一種叛逆的行為報復父母的不公正。

2. **要求過低或放縱**：大多數孩子進入學校是以一種新鮮感走進校園的，如果此時父母對兒童的要求過低，整日忙於自己的事，而忽視了孩子入學後的心理變化，一旦孩子在學習過程中遇到困難，認為學習太苦而失去了興趣和動力，隨之而來的就是拒學。

3. **嚴重的家庭問題**：生活在一個經常發生糾紛的家庭，孩子會心事重重，而無力顧及功課。由於安全感喪失，家庭不斷地激烈爭吵和高度緊張氣氛，使焦慮的孩子無法再對學校產生興趣。

4. **兒童的自身問題**：

　　✧ **兒童心理發育不成熟**：兒童雖然智力水準屬於正常，但社會適應能力差，幼稚、缺乏積極的進取精神。

　　◇ **自信心缺乏**：一開始孩子對學習很感興趣，信心十足，但孩子的創造力和與眾不同的行為往往被思想保守、生活刻板、只注意分數的父母所壓抑，所以孩子不僅不能為自己的獨特性、創造性而驕傲，反而會感到自己無能而自暴自棄。

5. **學校中的問題**：學習負擔過重、學校生活過於緊張、學校的紀律過嚴而刻板、孩子在學校中常常受屈辱。

6. **惡劣的學習環境**：父母不愛學習；學習條件太差；學校和社會風氣不好。

▍避免小寶寶患上「懶惰病」

　　越來越多的媽咪發現，幾個月大的小寶貝就開始沉迷電視，2～3歲的寶貝更是經常窩在家裡看動畫，哪兒都不想去，對其他遊戲也不怎麼感興趣，顯得很懶惰的樣子。為什麼越來越多的寶貝染上這種「懶惰病」，沒有了本該有的活力呢？西方父母又是如何避免寶貝患上「懶惰病」的呢？

別忽視引起負面情緒的小事

　　治療寶貝「懶惰病」最好的方式當然是帶寶貝外出玩耍。

　　如果外出總是帶給寶貝一些不好的情緒體驗，他對外出就不會那麼熱衷，甚至可能產生排斥心理。比如，將寶貝安置在汽車安全座椅上不能動彈，或者牽著寶貝不讓他到處亂跑，將寶貝放進購物車等等，這都會給寶貝帶來一些不良的情緒體驗，讓他覺得外出實在不是那麼美好的一件事情。

　　除了駕車外出，必須將寶貝安置在汽車安全座椅上外，其他時候爸爸

媽媽都不應該限制他們的自由。因此,每次帶孩子們去超市、商店購物時,家長都不應該把孩子放進購物車,而是讓他們自由自在地在貨架之間跑來跑去,當然這會浪費我們很多的時間與精力來防止他們闖禍或者出現什麼危險。

因此每次去超市,你可以和孩子的爸爸一起去,由爸爸來選購物品,媽媽看管孩子們,或者反過來。帶孩子外出散步時,也不要牽著孩子的小手給他們任何限制,而是放手讓他們自己隨意跑向任何地方,只要保證安全就行。

如果駕車外出,必須將寶貝安置在汽車安全座椅上,這對寶貝來說確實是一段難熬的時光。你可以不斷發明很多幫助寶貝打發這段難熬時光的好辦法,比如給孩子準備一兩個有趣的玩具,讓他有事情可做;引導他不斷觀察外面飛馳的世界,讓他總是能發現很多新奇有趣的事情;給他講一些有趣的故事,或者不時對著他吹口氣,跟他做個鬼臉等等。這樣可以分散他的注意力,讓他忘卻自己被限制的事實。

讓寶貝按照他的方式遊戲

盡量少給寶貝不必要的限制可以防止寶貝感染「懶惰病」。

寶貝天生就好動,喜歡蹦啊、跳啊、跑啊、爬啊,如果受到太多的限制,他可能就會對各種運動失去興趣,養成懶惰的毛病。不限制寶貝。因為沒有太多的限制,寶貝在戶外玩耍可以在安全的範圍裡體驗到更多有趣的事情,這些體驗能帶給他很多快樂。

一大早孩子吵著要到花園裡去玩耍,因為在外面他能釋放更多總是釋放不完的能量。但是在室內就不一樣了,因為有很多易碎的東西,或者對寶貝來說比較危險的東西,必須限制他,告訴他哪些東西不能碰,哪些東西不能玩等等,這樣的限制,寶貝自然不喜歡,因此,孩子更喜歡到戶外玩耍,盡情體驗那種無拘無束的感覺。

準備有趣的戶外遊戲和道具

要吸引寶貝到戶外玩耍，就要給他準備一些有趣的道具。

如果戶外的遊戲還不如他在家看卡通更有趣，他自然不願意出去。適合戶外玩耍的玩具很多，比如沙灘玩具，有鏟子、小水桶、盤子、沙灘車等等，讓寶貝在沙灘上玩玩沙子，或者就在自家花園裡鏟著泥土玩玩；給寶貝準備一個足球，讓他在草地上踢著玩；給寶貝準備一個小三輪車，讓他騎著在平坦的地面上瘋狂前進都是不錯的選擇。如果爸爸媽媽能邀請一些小朋友和寶貝一起玩捉迷藏的遊戲，或者警察抓小偷的遊戲，那對寶貝來說就更是妙趣橫生了。

和寶貝一起盡情地在室內遊戲

如果因為外面雷聲震震，正下著傾盆大雨，或者因為其他原因，不能帶寶貝到戶外玩耍，寶貝在家無聊透頂，有好玩的卡通電視劇吸引，自然就會將眼睛集中到電視機螢幕上了。這時候，父母可以在室內準備一些安全有趣的遊戲讓寶貝玩。比如，放上一些輕快的音樂，拉著寶貝的小手一起跳個舞；躲在門後和寶貝來一場捉迷藏的遊戲；準備一個氣球，和寶貝對著打，或者對著吹；和寶貝一起玩捉影子的遊戲等等，都能帶給寶貝很多快樂，讓他們體驗到比看卡通更多的樂趣。

和寶貝一起好好鍛鍊

父母的一切行為都會對寶貝產生影響，說話的方式、飲食習慣、待人接物的模式都會影響寶貝。寶貝就像是父母的一面小鏡子，他的行為，體現的都是父母的行為。因此，要防止寶貝得「懶惰病」，父母自己首先要去除自己的「懶惰病」。

每天下班後，或者遇上休假日，就可以制定一些計畫，和寶貝一起鍛

鍊。而且這些鍛鍊可以融合到生活的各個方面，不著痕跡地對寶貝產生潛移默化的影響。比如，在家做瑜珈時，在旁邊給寶貝也放一個小墊子，讓他跟著模仿；如果外出的路程不遠，不要開車，和寶貝一起步行去；去游泳池，記得帶上寶貝，不管他會不會游，在水裡泡著玩就行；冬天到戶外去滑雪，不要怕寶貝覺得冷，幫他穿上保暖衣物，帶他一起去體驗滑雪的樂趣等等。

總之，不管父母做什麼樣的運動，帶上寶貝一起參與，他對「懶惰病」就會產生堅強的抵抗力。

邀請小朋友一起玩耍

對於 3 歲內的寶貝來說，喜歡模仿是他們的天性，尤其模仿跟他一樣大的小朋友，更是他滿腔熱情想要去做的一件事情。跟鄰居或者朋友溝通，大家一起討論一些遊戲活動，比如帶著寶貝一起去游泳，讓寶貝和小朋友一起來一場騎三輪車的比賽，冬天讓小朋友們一起打打雪仗等等。當寶貝發現和小朋友們在一起玩耍的樂趣，他會很快就適應這種有趣的生活，並且熱衷於和他的小朋友一起開發更多更有趣的遊戲。

當然，3 歲內的寶貝因為語言能力有限，社會交往經驗缺乏，他們常常不懂得和同伴進行有效的溝通，因此，當他們在一起玩耍的時候，一定要有成人在旁邊給予關照，以便在需要的時候及時處理他們之間發生的各種問題，以免小朋友們之間的矛盾升級，引起可能給小朋友們帶來傷害的紛爭。

帶寶貝去新鮮有趣的地方

如果總是帶寶貝去一些對他來說很新奇的地方，相信孩子就不可能對外出產生厭倦情緒。比如，如果周邊有公園、遊樂場，帶寶貝去玩玩，別

的寶貝玩耍的鏡頭會感染他，讓他對他新到的遊戲環境產生好奇，最終參與進去。

你可以每天帶女兒外出玩耍，並且經常更換玩耍的場所，比如，如果今天帶孩子去海邊，明天就考慮帶她去超市，後天帶孩子去爬山，下雨天你也可以撐著雨傘帶孩子去踩水玩，晴天帶孩子去戶外抓影子，晚上帶孩子去看星星月亮……等，不斷變化的環境與天氣，讓孩子總是感受到一些新的東西。這些新的東西帶給孩子很多意想不到的快樂，讓孩子總有新發現。這樣，寶貝就會經常盼望著外出，盼望著去發現一些孩子意想不到的東西，寶寶自然不會養成「懶惰病」了。

參加各種有趣的親子活動

參加各種有趣的親子活動也是防治寶貝「懶惰病」的好處方之一。

即便 3 歲內的小寶貝，給他們一些機會去上游泳課、音樂律動課等等，都是十分有益的。很多親子課程都可以帶給寶貝許多快樂的體驗，既可以為寶貝提供很多向小朋友學習模仿的機會，也能幫助他發展他的社會行為能力。

當然，給寶貝報名這些親子班的時候一定要從寶貝的特質類型、每日生活規律、適應能力等出發，根據寶貝的情況選擇合適的班級和上課的時機與參與次數的多少。比如，每週上五天幼兒園的小寶貝，即便只給他報名一個這樣的親子班可能也會嫌多，而對那些天生就喜歡交際的小寶貝來說，如果他每週大多數的時間都跟媽咪在一起，就可以考慮多讓他參加這樣的親子活動。

不過，寶貝參加這種親子活動每次以不超過 20 分鐘為宜。時間太長，寶貝感覺勞累，會產生厭倦感，甚至會哭鬧不休。如果課程太吵鬧也不適合寶貝，這樣容易讓他感覺煩躁。

孩子「心病」不容忽視

處於花季的兒童應該充滿歡笑與喜悅，但隨著社會競爭的加劇，心理壓力過早地降臨到他們的身上。他們要面對過重的學業負擔、升學的巨大壓力，以至於精神長期處於緊張狀態，從而導致各種心理偏差或疾病的發生。但許多家長還沒有意識到這方面的問題，認為孩子身體強壯沒有什麼疾病就是健康，即便學習上出現什麼問題也與身體狀況無關。

其實，孩子的健康包括生理和心理兩個方面，只有同時具備了健壯的體魄和健全的心理，才能稱得上是健康。所以，即便孩子看上去身強體壯，如果連續 6 個月以上出現下列情況，家長則要及時為孩子進行心理諮商：

1. 雖然智力正常，但存在與實際年齡不相符的注意力不集中、活動過多、衝動任性、自控能力差、行為異常（如說謊、蹺課、小偷小摸）等特徵，則有可能屬於多動症。這種情況以男孩子居多，一般約為女孩子的 4 ～ 9 倍。

2. 對學校過分恐懼，想方設法找各種藉口蹺課，甚至拒絕上學，有的則在上學前或上學時出現心慌、頭痛、腹痛、嘔吐、頻尿等症狀。一般多見於 7 ～ 12 歲的兒童。

3. 每天排尿次數明顯多於同齡的正常兒童，但排尿總量不增加，尿液檢查也沒有什麼病症，多屬於神經性頻尿。這種症狀多發生於 5 歲左右的幼童。

4. 對某種特定情境下的人物、動物和事物（如小動物、某個人、某類事情等）產生強烈的恐懼或緊張感，即便是安撫、勸慰、引導也不能消除這種情緒，有時雖然心中知道不必害怕，但一到特定的情境中又情不自禁，難以控制自身的害怕情緒，這是「兒童焦慮症」的一些表現。

5. 較長時間內出現情緒低落、思維遲鈍、動作遲緩等，同時還存在睡眠障礙、學習成績下降、食慾減退、體重下降和身體不適等症狀。這是兒童憂鬱症的表現，多見於 10 ～ 14 歲的少年兒童，如果長時間得不到解決，程度會不斷加重，個別年齡較大的孩子在某種因素下，還會出現自殺想法或自殺行為。

一旦孩子出現心理異常或疾病，家長應儘早帶孩子去看心理醫生，以免貽誤治療的良機。在進行心理治療前應做好以下準備：

1. 了解心理醫生的醫療背景。心理治療必須由專業醫生進行，否則不僅沒有效果，還會引起偏差。一般應對主治醫生是否有執業證書、從業時間及經驗等情況做比較全面的了解。

2. 了解心理醫生所採用的治療方法與方案，其複雜程度、療效及收費標準等。

3. 做好必要的心理建設：

　✧ 要有適當的「期望值」，有許多心理問題並不是單純透過幾次心理治療就能解決的，且效果受多種因素制約，必須在相關方面配合下才能產生良好效果。

　✧ 要懂得談話即是治療，「心病」還得「心藥」醫，為醫治「心病」找病根以及尋找「心藥」，在許多情況下都要透過醫病雙方的交流來實現，所以患者要坦誠地面對醫生，將醫生所要了解的情況「全盤托出」。

　✧ 家長應鼓勵孩子要有「征服自我」的心理準備，這尤其對那些心理問題由來已久，甚至已形成潛意識的心理變異的患者，更要有這方面的意識，因為心理治療對其來說是一次心靈的重塑，只有樹立了「征服自我」的思想，方能最終超越自己，獲得「新我」。

第十一章　教育孩子講技巧

▎寶寶常見行為問題處理大全

　　年輕的父母，面對寶寶種種令人頭痛的行為舉止時，不用太煩惱，因為這些都是孩子社會化發展過程中的具體表現。當您詳細了解後，即可以應付寶寶各種難以理解的行為。首先讓我們來了解孩子各個時期的社會行為發展規律。

⊙ 嬰兒時期：剛出生的寶寶不會說話，只能盡其所能的用「嗚嗚、嗯嗯」等發音，或用舞動四肢的方式來表達自己的喜惡或與照顧者溝通，家長可能會有些疑問，怎麼能判斷自己的寶寶已經開始發展社會化行為了呢？南方寶寶早期教育專家認為，寶寶三個月左右就能辨認人與事，了解人的存在且喜歡接近人時才開始。

觀察 3 個月的寶寶會發現，當媽媽離開自己時，他可能會用哭泣的方式，吸引媽媽回到他身邊。而長大至 6 個月左右，他就會開始好奇地纏著媽媽，同時會開始認人，只要一有不熟悉的人接近，他就會躲到媽媽後面，這是很自然的表現，9 個月至 1 歲間會更明顯，家長不用大驚小怪。

⊙ 幼兒時期：2 ～ 6 歲是寶寶接觸家庭以外世界的開始，也是社會行為發展的黃金時期。這個時期的寶寶已經學會走路、說話，對環境的好奇心，遠於勝過父母，喜歡跟在大哥哥、大姐姐的後面，當小跟屁蟲，是討人厭的愛哭鬼。父母要注意，如果沒有其他玩伴，寶寶可能會自行假想玩伴與玩具、玩偶對話，建議多帶寶寶到公園、兒童樂園等場所玩耍。

寶寶在成長過程中，出現怕生、愛模仿、叛逆、喜歡和爸爸媽媽唱反調等種種日常行為時，家長可以採用以下方式處理，才不會感到困惑和措手不及。

害羞行為

　　怕生是每個寶寶都會經歷的發展階段，有些長大後自然會減低，有的則會持續一生，這與寶寶個人的特質有關。有些活潑外向，有些則容易害羞，這是很自然的現象。

　　處理方式：

　　寶寶害羞，是自我意識萌芽的表現，不必急於矯正。但如果害羞過頭，父母就要找出問題所在，並積極解決。一般來說，造成寶寶害羞的原因有兩種，其一是自身因素，其二是家庭因素。

　　自身因素可能與孩子身材過胖、過瘦、身體有缺陷，或是覺得自己長得不好看有關。家庭因素可能是父母要求過高或過度保護，例如，父母如果萬事要求完美，可能使孩子因經常擔心事情做不好而挨罵，產生膽怯或害羞的情緒；而過度保護會使孩子難以克服陌生、焦慮，害怕與人接觸，長久下去可能會使孩子產生自卑的性格，有礙其發展。

　　若寶寶有過度害羞的問題，父母所扮演的角色就很重要。專家建議，此時父母應多鼓勵孩子與人接觸，並多讓孩子有表現的機會，以讚美、鼓勵來代替責罵，讓寶寶覺得自己是被接納的、被喜愛的，讓寶寶在充滿安全感的環境下，建立自我價值。

模仿行為

　　模仿是人類發展社會行為的重要部分，與學習問題解決能力有極大的關聯，也是檢查嬰幼兒心智成長的重要依據。嬰兒到三至四個月時才會模

仿，如模仿媽媽的各種動作等，期待與媽媽建立關係。

孩子 3 歲左右，就會開始展開模仿遊戲，瘋狂的模仿周圍的人，並顯得樂在其中。常見有由模仿父母舉止行為，以此來了解成人的世界或表達自己的感受。

處理方式：

雖然早期的嬰兒模仿只是一種反射驅使行為，不是真正的模仿。但父母還是可以多與孩子互動，如張嘴、吐舌頭等，可提供寶寶感興趣的刺激，有助於開啟寶寶頭腦的新連結，為日後的發展奠定基礎。

競爭行為

處於嬰兒時期的寶寶，並不真的具有攻擊或競爭的意識，其注意力的焦點多半為玩具。寶寶經常會去搶別的孩子手上的玩具，有趣的是當玩具到手後，他可能馬上就扔掉不要了，轉而再去搶別人手上的另一個玩具。

等到幼兒時期，寶寶就會有明顯的競爭意識，在言語上或遊戲時，會想超越其他人，如果仔細聽小孩的對話，常會聽到甲寶寶炫耀說：「我有玩具槍，你沒有。」乙寶寶想都沒想就回答說：「我也有，昨天媽媽才給我買的，比你的新，而且更棒。」事實上，乙寶寶的媽媽可能根本就沒有買玩具，但寶寶會為了與他人比較、競爭而撒謊。

處理方法：

專家認為，幼兒時期的寶寶有這種舉動是很正常的行為。當幼兒期的寶寶為了強過他人而撒謊時，父母不要斷然的認定孩子撒謊的壞習慣，應先弄清楚孩子為什麼說謊，再來判定。面對孩子的競爭行為，父母的態度很重要，若鼓勵良性競爭，可以促進幼兒形成自尊及成就動機，但反過來說，若經常教導孩子一定要考 100 分、爭第一，反而會使幼兒流於於惡性競爭的不良習慣中，不得不小心。

▎培養健康的孩子需要懂心理的家長

心理醫生認為，兒童心理的成長，基本上取決於家長，這種影響一代傳給一代，是不斷循環的。培養健康的孩子需要懂心理的家長。

孩子的很多問題是家長造成的。

談到孩子的心理問題，專家認為，單純的孩子心理問題實際上並不多，只有很少一部分孩子有問題，比如自閉症。更多的狀況是，孩子很正常，家長有問題。比如家長關注孩子「不聽話」問題。實際上很多時候，孩子吵鬧，是想讓你注意他。在孩子的經驗裡，這是唯一靈驗的方式：鬧到一定程度，家長受不了，就滿足他的要求。原因是家長鼓勵用這種鬧的方式，是在幫他建立錯誤的經驗。「不聽話」怎麼辦？最簡單的技巧，孩子喜歡玩，就用玩的方式讓他學規則。比如在家裡比照幼兒園的規則，你可以問孩子幼兒園怎麼吃飯，在家也按照同樣規則，讓孩子當老師，負責提醒規則，家長當小朋友。

另外是孩子怕生，這是亞洲小孩普遍的問題，表現為比較膽怯。有一部分孩子可能是個性，但大部分是成長環境造成的。喜歡表現，本是孩子天性的一部分，但不知為什麼給壓下去了。要求孩子往完美、標準去發展。比如孩子正在畫畫，就批評他怎麼把小鳥畫得比老虎個子還大。經常這樣壓制，他見到陌生人就比較拘謹。

小孩子最簡單的學習方式是模仿，對錯判斷、道理、邏輯思維這些，都還不懂。要求孩子的，父母如果自己不去做的話，孩子就比較難接受。另外也不用給孩子講太複雜的道理，因為他大腦還沒有邏輯思維能力。但這不是說孩子生來就鬧、不服你管，孩子是喜歡有規則的。規則使他的生活簡化，這一點很多家長還不知道。

要把孩子當成孩子而不是成人。

有人說：「幼兒期心理是孩子性格形成的關鍵，孩子性格優劣直接影

響孩子今後健康成長和對待未來的態度。」專家認為，這個說法只說對了一半，孩子的性格有一部分是天生的，比如說有的孩子天生內向，有的孩子天生外向，有的好奇心特別強，有的孩子生來細膩、小心謹慎。這本身並沒有一定的優劣之分，但是孩子性格的另外一半是後天的。尤其跟幼兒期、兒童期的生長環境、教育環境有關。

有些家長刻意將孩子向一個所謂的「理想性格」方向培養，沒有考慮到孩子天生的那一部分。

正確的方式是以孩子本身天生的個性為基礎，幫助他提高其他方面的能力，比如不要試圖把內向的孩子變成外向、大方的孩子，但是幫助他增加一些和別人交往的能力和興趣，自我表達的能力和願望，然後再附加上原來就有的內向特點，孩子就能夠健康地成長了。

孩子心理健康的標準和表現：

孩子的心理健康主要表現在以下幾點：喜歡自己，接納自己；能夠用包括語言、情緒在內的多種表達方式，表達自己；能夠與人交流；能夠適應規則和適應環境，能夠在一定程度上控制「以自我為中心」（這是孩子的天性）的衝動。具備以上幾點的孩子，就非常地健康了。

兒童心理異常實際上有兩部分：

一部分是那些本應是所有孩子天性的東西，他缺乏或表現的不好。比如，孩子不愛玩，這是需要我們關心的。因為，對於孩子來講，玩代表娛樂、學習，也是人際交往的一部分，成人世界的一切交際都可以用玩展現給孩子。

兒童心理異常的另一部分體現在表達方面。孩子會走極端：有的孩子不願意表達，有的孩子則選用極端的方式表達，鬧起來翻天覆地。

影響心理異常的因素有一些是天生的，更多的是後天的。不愛表達的孩子有時是感覺缺乏安全感，他認為一聲不吭很安全。那些用極端方式表

達的孩子有時與家庭成長環境有關，在成長中這些孩子意識到，只有大吵大鬧才能得到自己想要的東西。

　　所以，專家建議，對於那些不愛玩的孩子要一步步地給孩子一個安全的感覺。先是讓那些相對於於孩子來說比較熟悉的、會令他們感覺到安全、信任的大人陪他玩，建議這些大人降低自己的心態，像孩子一樣和他玩，然後再擴大玩伴的範圍。對於那些用極端方式表達的孩子，家長要幫助孩子學習不同的表達方式，引導孩子改掉不好的習慣。

　　當孩子想以極端的方式得到東西時，家長應該明確告訴他「這種得到的方式是不被允許的」，讓他換一種方式要求「得到」，比如從命令式改成緩和的語氣，用微笑的方式表達。家長要向孩子傳輸「得到與否與自己的情緒反應強度沒有任何關係」的理念。

▌畫畫，有趣的約束方式

　　有一種非常有趣的方式，它可以激起孩子的好勝心和進取心，自覺改掉壞習慣，養成好習慣。簡單的說，這是一種用畫圖來表現的獎勵制度。

　　3歲的孩子已經有了視覺形象方面的意識，他們有很棒的靈感，能用紙筆創造出他們心目中美麗的東西。漂亮的標籤貼紙，一些基本的畫圖工作都可以滿足孩子們獨立自主的欲望，讓他們覺得自己很厲害、很能幹。有針對性的繪圖方式可以使小搗蛋乖乖地待在自己的房間中不亂跑，聽媽媽的話每天按時睡覺。它還適用於其他各種情形，當你想要孩子做什麼，或者不做什麼時，你都可以用這種特殊的方式來約束孩子的行為。

　　首先要確保你的圖畫擁有以下3種元素：

◉　**一個簡單的目標**：圖畫中要有詳細而精確的標示。比方說，你想要你的孩子每天都在自己的小床上睡覺，你可以畫一張床，床上睡著你的孩子，然後在紙的上方圍繞著床畫上7個大大的藍色圓點，代表一週

7 天。當孩子達成了這一天的目標後，他就被允許在圓點上塗上一個彩色的三角形。

- ⊙ **一段合理的期限**：要使孩子持續進行，一個目標的時期不能定得太長。要讓孩子看到自己每天小小的進步，讓他有滿足感。從兩天到一個星期，對一個 3 歲的孩子來說，已經是很長的時間了。一個星期後，就重新制定一個新的目標吧。

- ⊙ **一種明確的獎賞**：獎勵的確是使孩子聽話的最好的方法。你可以和孩子約定好，然後在圖上畫上你的獎品，把這張圖片貼在孩子房間的牆上，能夠天天見到的地方。一個有互動性的圖畫會提醒他，他的目標是什麼。

不必花費很多時間，只要動動腦筋，這種獎勵形式就會變得非常有趣：

畫一個甜筒霜淇淋和一些湯匙。每次孩子順利完成被父母要求做的事情，他就可以把其中的一個湯匙塗成他想要的顏色。當所有的湯匙都變成彩色之後，她的獎賞就是：一個快樂的霜淇淋店之旅。

在紙上畫一些空的小籠子。當孩子乖乖聽話時，他就可以在籠子中貼上一種動物的貼紙。當他的動物園住滿了小客人之後，就獎賞他去真正的動物園開開眼界吧……等等。

當然，這都是些簡單的遊戲，但卻能使孩子雀躍，他們會把遊戲當作一件大事去認真地完成。得來不易的東西會令人珍惜，對於孩子和成人都是一樣的。

其實，閱讀孩子的心靈並不困難，只要父母平時多花些時間和心思，就一定能建立起美滿、健康的親子關係。

▍巧用音樂來滋養你的寶貝

當寶寶還在腹中，不少媽媽就用聽音樂的方法進行「胎教」。音樂有獨特的魅力和明顯促進智力發展的作用，它對孩子的健康成長也有很大的幫助。

學習音樂，並不是要孩子成為音樂家，但是讓孩子學習音樂，特別是學會欣賞音樂，可以培養孩子的藝術修養，豐富和美化孩子的精神生活，給孩子送去歡樂。讓孩子透過那美妙的旋律來感受美好的生活，使孩子全面發展，成為一個具有高度文化素養的人，還可以提高孩子的聽覺感受，促進情感體驗，陶冶性情，久而久之，孩子的言談舉止變得文雅大方，還可使左右大腦平衡發育，手指的運動，也促進腦的發育。

所以，學習音樂，特別是學樂器的孩子更聰明。許多學習優秀的孩子都學過樂器。當然，對於 3 歲前的孩子來說，學習音樂只是使孩子有一個初步的感性認知，這就是讓孩子聽音樂，學唱歌。

聽音樂

嬰兒腦部生長黃金時期。

每個孩子都喜歡音樂，當孩子上床後，給他輕放一首節奏平穩、親切溫暖的《搖籃曲》，孩子很容易隨著優美的樂聲進入甜蜜的夢鄉；當孩子遊戲的時候，為他播一些歡快的、節奏鮮明的樂曲，寶寶便會更顯活潑可愛。

人類的腦部發育在媽媽腹中時就已經完成了，約在後 3 個月時，寶寶的腦部發育快速成長，如果這時外界的刺激越多，寶寶的腦部發育也就越快。出生後又是一個腦部發育的黃金時期，這時就必須給予寶寶不同的音樂類型，刺激寶寶不同的腦部神經發展。

人的腦部由許多不同的腦神經元組成，這些細胞與細胞間的媒介稱為

突觸，突觸開發的越多，腦部發育也就越完整，寶寶有 3 個時期生長最迅速，一是胎兒時期最後 3 個月；二是 18 個月大左右；三是 3 ～ 4 歲時。這時的突觸正好發展到感受聲音的時候，所以如果媽媽在這時給寶寶不同的音樂刺激，就會刺激寶寶不同的突觸發育，腦神經連結越多，自然會提升寶寶的多元智慧。

胎兒在最後 3 個月時腦部發育十分迅速，出生後又是腦神經刺激的時期，如果剛出生的寶寶隔絕一切看到的、聽到的、感覺的刺激，寶寶的腦部就會停止發育。這是因為寶寶在媽媽子宮裡時，處於恆溫的狀態，沒有外界的刺激，腦神經的連結點沒有辦法鋪路線。

所以在一出生時，就會強烈感受到擠壓產生的痛覺、光感、聽覺、觸覺等感官刺激，可以快速刺激神經及分泌系統。所以自然產比剖腹產的寶寶，接受的刺激較多，腦部相對地也會發育得較快。

刺激人類腦部發育的動力有兩種：一為腦部荷爾蒙，可以促進「神經細胞突觸生長因素」發展；二為外界刺激，荷爾蒙是與生俱來的。由外力刺激腦內啡，讓突觸發展的越多，腦神經的連結也越多，布的線路越密，腦部也就發育的愈快。

莫札特音樂的確對寶寶的空間智慧有幫助，原因大致是因為他的曲風均衡且對稱，嚴謹的風格有一種格式美，而且有助於腦部的理性分析及認知的智慧。

聲音伴隨的刺激能夠發展嬰兒的聽覺神經，但一定要悅耳的。莫札特音樂有這些特質，如果只聽單調且重複性很高的流行音樂，不足以刺激寶寶腦部的發育，必須要節奏多元的樂曲，才能讓聽覺腦波交換，《D 大調雙鋼琴奏鳴曲》、《D 大調第一號法國號協奏曲》、《降 E 大調第 39 號交響曲 K.543 小步舞曲》等曲，更是有這些特質，適合寶寶聆聽。

在孩子 3 個月以前，每天可定時給他放一些旋律優美的古典樂曲，每

次 15 分鐘即可。孩子半歲左右，播放音樂的時間可適當延長，除了過於鏗鏘有力的和近乎瘋狂的樂曲不宜給孩子聽外，從節奏輕快、富有生氣的到舒緩流暢、優雅動人的各種風格的都可以讓孩子聽一聽。

學唱歌

幼兒腦部生長黃金時期。

人在嬰兒時期，腦細胞就對聲音有記憶，所以要在 3 ～ 4 歲以前，常常重複讓寶寶聽多種不同的音樂。因為有環境的刺激，智慧會往上提升，9 歲以前還有一波音樂性向發展時期。所以能量儲存很重要，媽媽給予寶寶充滿不同音樂的環境，就等於讓寶寶儲存能量，等到長大會顯現出當時儲存的能力。如果錯過了以上 3 個時期，沒有讓孩子接觸音樂，即使日後強迫他去學，也只會學習到技能，音樂的成就會受限了。

寶寶在 18 個月時，對聲音有興趣。在 3 ～ 4 歲大時，突觸生長的很快速，9 歲時是音樂潛能發展期。所以希望寶寶有音樂的性向，就必須抓住關鍵時期，使他接觸不同的音樂。孩子就很容易對聲音熟悉，當然在音樂上會表現得比較好。

2 ～ 3 歲怎樣進行音樂啟蒙教育？

讓寶寶從小接觸音樂，並不是要強迫他們學習技能，而是要從生活及遊戲中教導他們學習音樂，要配合一些音樂遊戲，刻意地、主動地啟發孩子對音樂的興趣，讓孩子積極的參與。

1. 應該樹立正確的觀念，充分了解對孩子進行音樂啟蒙教育的重要性。孩子心理發展尚未成熟，難以接受複雜的知識結構，孩子生理發展也不成熟，神經、骨骼等沒有發育完全，不可能掌握高難度的技巧動作。因此，對孩子進行音樂啟蒙教育的目的在於為孩子打開音樂世界的大門，引導他們去觀察、欣賞五彩繽紛的音樂天地，從而激發他們

對音樂的興趣和探究藝術奧祕的願望。

2. 在日常生活中培養孩子對音樂的興趣，讓孩子多接觸音樂。早晨起床時，播放輕聲悅耳的音樂；遊戲時，配上活潑有趣的音樂；晚上睡覺時，放一段溫柔、安靜的搖籃曲。總之，要在生活中適當地不斷提供音樂刺激，激起孩子愉快的情感，使孩子的音樂天賦得以很好的發揮。

3. 根據孩子的年齡特徵，開展一些簡單、有趣味性的音樂活動，讓孩子主動參與，激發孩子參加音樂活動的願望。可選擇一些富有情趣的、歌詞生動的、孩子能理解的歌曲讓孩子學唱，如《小白兔》、《大公雞》等，還可教孩子拍拍手、踩踩腳來訓練孩子的節奏感。準備幾種樂器，如電子琴、揚琴、手搖鈴、鈴鼓等，讓孩子去摸摸、敲敲、打打，感受不同樂器發出來的聲音。

4. 多多帶孩子到大自然去感受音樂的美，聽聽小鳥婉轉的叫聲、蟲子唧唧的叫聲、呼呼的風聲、滴滴答答的雨聲等，激發孩子對音樂的熱愛。

　　孩子兩歲以後，唱歌的興致會更高，而且具有了較強的接受能力。如果父母不教他唱兒童歌曲，他也會從路上、商店、電視、廣播等地方學會唱流行歌曲。流行歌曲的歌詞不適合孩子演唱，也沒有兒童歌曲中具有的教育內容或生動有趣。所以，父母應為孩子選些兒童歌曲，教他唱。

　　孩子 3 歲時，就可以讓孩子接觸一些樂器了，不過孩子尚小，坐不住，理解力也差，還不宜學樂器。此時接觸樂器只是讓他先有些感性認知，活化他的興趣，可待他 4 歲左右再學。

　　再大一些，孩子開始學唱歌了，此時，播放些兒童歌曲能引起他極大的興趣，還可以訓練寶寶模仿唱歌。

進行訓練

有目的、有意識的訓練，既考慮孩子的興趣和語言特徵，又堅持由易到難的方法進行。在訓練時成人應注意以下幾方面：

1. 樂曲的選擇應符合寶寶唱歌的特徵，節奏要簡單，篇幅要短小，歌詞以象聲詞為最好，易引起寶寶模仿唱歌的興趣。

2. 應化抽象為具體，並用遊戲的方式訓練寶寶模仿唱歌，如《小雞和小鴨》這首歌曲比較形象化，可先教會寶寶小雞和小鴨的動作：把雙手握在一起，伸出左右手的食指，兩食指並在一起做雞嘴；小鴨只需兩手心相對，手掌根靠在一起，讓一隻手的手指朝上，另一隻手的手指朝下，這就成了鴨嘴，還可以手指開合動起來，邊唱邊做動作，對寶寶的模仿有很大的幫助。

3. 訓練的時間不宜過長，因為孩子的注意力較差。

4. 家庭式的音樂薰陶，如遇到有演唱會或電視歌曲比賽、兒童卡拉 OK 等節目，可以與寶寶一起欣賞，同時進行啟發、引導模仿。

5. 當寶寶在模仿唱歌時，不要打斷，應鼓勵繼續進行，並不斷地啟發和幫助，糾正姿勢。

掌握節拍

寶寶在唱歌中掌握不了節拍，究其原因有以下幾種：

1. 能力限制。寶寶年齡小，對音樂的感受能力較弱，對節拍的強弱、快慢、高低等抽象概念不理解。

2. 家庭影響。生長的家庭環境無音樂氛圍，父母缺乏指導意識。寶寶表現出唱歌的興趣，被父母扼殺，寶寶對音樂產生反感的情緒；父母雖發現寶寶對音樂有興趣，但苦於無能力指導，只能袖手旁觀。

3. 教育上的問題。父母選曲不當，節拍過於複雜，難度太大。單調枯燥的指導方法，寶寶不易接受。父母急於求成，態度過於嚴厲，寶寶因懼怕而喪失原有能力，顯得手足無措。

怎樣讓寶寶在唱歌中掌握節拍呢？

1. 選擇適合寶寶能力的音樂，節拍簡單，歌詞與歌曲以一字一音為宜。

2. 家庭環境因素：創造環境，培養興趣。如看音樂節目，聽錄音歌曲，唱卡拉 OK。發現寶寶主動唱歌，不要制止、反對，父母應和寶寶一起唱，激發興趣。找資料學方法，有目的、有意識地對寶寶進行指導，發展節奏感。

3. 父母要有正確的教育觀，耐心啟發引導，不打擊寶寶的自信心和自尊心，遵循由易到難的原則。

讓寶寶在大自然中找聲音的節拍，如：敲門聲（叩叩叩）、汽車聲（叭叭）、鬧鐘聲（滴答滴答）、鐘樓的打鐘聲（噹噹、噹噹）、自行車鈴聲（叮鈴，叮鈴）等。唱歌時按每一句的第一個音來拍打節拍，適合寶寶年齡的歌曲特徵一般是第一音為重拍。在唱的過程中，父母和寶寶一起邊拍邊唱，幫助掌握節拍。

注意隨機教育，在日常生活中，電視節目的歌曲可以讓寶寶伴奏，即打拍子，還可以用踏腳、拍胸、拍腿方法提高寶寶的律動能力。

音樂治療

當寶寶焦躁不安時，讓他多聽聽單純性的音樂，例如：水晶音樂、大自然音樂、民族音樂等，這些都可以安撫寶寶的情緒。盡量選擇較慢版且緩和的音樂，讓腦部注意力集中。可以選擇古典時期及浪漫時期的音樂，前者音樂均有一個完美的形式，例如：貝多芬、莫札特的作品，後者是可

以抒發個人情感，變化性較多，可以啟發特定的情感，多為標題音樂，例如：舒曼、李斯特的作品。還有印象的音樂家的作品也很適合，例如：德布西的《月光》就有漂浮的感覺，能夠穩定情緒。

如果是快版的音樂，適合寶寶早上起床的時候聽，振奮寶寶的精神，可讓人體的血液沸騰、心跳加快，這種類型的音樂，以銅管樂器較多。

從小聽音樂的孩子，穩定性會比較高，情緒的表達能力也會比較好，由音樂欣賞，說出心理的感覺，借此抒發孩子的情緒。

音樂智慧

多聽不同類型的音樂，能夠讓腦部突觸發育的越多，腦部連結也就越密。如果孩子協調性好、語言能力好，當然表達能力及反應也會比較快，人際關係也會好，這些都是相關聯的。如果孩子只固定聽某種音樂，就只會開發某部分的突觸，反應自然會比較慢。

可以說，智慧是天生的，但不是遺傳的，這些是可以啟發的，從小只要儲存能量愈多，長大後表現得愈好。不要讓孩子太晚接觸音樂，會容易有排斥感，因為不熟悉就會對腦部沒有記憶的東西產生排斥。

◉ 貼心提示：音樂選擇悅耳的、精緻的放給寶寶聽，注意錄製及播放系統的品質，不要只注意到作曲者的好壞，忘記了演唱、演奏者及錄製水準，如果高品質，任何音樂都適合孩子聽。

智力啟發曲目 ──

1. 巴哈：《第二號布蘭登堡協奏曲》。
2. 巴哈：《平均律鍵盤曲集·第一卷·C大調前奏曲》。
3. 貝多芬：《給愛麗絲》。
4. 海頓：第101號交響曲《時鐘》。

5. 莫札特：《A 大調單簧管協奏曲》。

6. 莫札特：《弦樂小夜曲》。

7. 莫札特：第二號法國號協奏曲。

8. 莫札特：鋼琴奏鳴曲。

睡眠音樂 ——

1. 巴哈：《耶穌，眾人仰望的喜悅》。

2. 巴哈：《G 大調小步舞曲》。

3. 巴哈：《第三號管弦樂組曲．G 弦之歌》。

4. 貝多芬：《月光奏鳴曲》第二樂章。

5. 貝多芬：《悲愴奏鳴曲》第二樂章。

6. 德布西：《月光》。

7. 舒曼：《夢幻曲》。

歌唱曲目 ——

1. 《小小音樂家》。

2. 《娃哈哈》。

3. 《小白船》。

4. 《小熊過橋》。

制服壞脾氣小子的 N 種招數

通常形容有了孩子後的生活是這樣三個詞：尿布、奶粉、哭鬧。足以看出孩子發脾氣與吃喝拉撒一樣，屬於每日必修。

是什麼因素使得小小孩都心頭糾結呢？難道現代人天生不快樂嗎？再神通的大人遇上鬧情緒小孩也會無計可施嗎？……

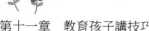

　　也許在看完本章節後，你會找到答案；當然，也有可能你的悉心研讀會被孩子的間歇性發作打斷，那麼，趕緊，現學現用！

　　什麼時候的寶寶最可愛？

　　睡著的寶寶最可愛，那時他是小天使。醒著的寶寶最麻煩，那時他是小惡魔。

　　來自一位媽媽無可奈何原話。她被漸漸活躍的孩子牽住了鼻子，每每發怒想武力懲罰，卻敵不過孩子清澈無辜的眼神，只好敗下陣來。而此消彼長，孩子卻越呼風喚雨，讓她顯得狼狽不堪。

　　小時候我也常常哭鬧不休，家裡極為頭痛。後來突然就好了，父親一直說那是他的功勞，原來是聽了鄰居大媽的話，用了偏方。他寫了許多的紙條，上面抄著：「天靈靈，地靈靈，我家有個夜哭郎；過往君子念一遍，一覺睡到大天亮。」每天，在天剛亮的時候，父親就騎著自行車，帶著紙條和漿糊，到處逛。一見到在馬路上的電線杆、牆角就貼，一邊貼還一邊四處張望，生怕被人看見。父親現在想起來都很激動：「你想想，我可是個無神論者，知識分子！為了你這個小孩，要做這種事，真是丟臉。」

　　於是人們就纏住他問是什麼讓他自願「丟臉」，「你太鬧會影響我們睡眠、吵著鄰居」「還有呢，還有呢？」他終於說了：「看孩子這樣子哭鬧，我心疼。」

　　就是了，可憐天下父母心。孩子的一顰一笑那樣牽扯著我們的神經，我們多麼渴望知道那哭聲、那吵鬧的背後藏著什麼，現在就來看看 3 位媽媽以及 2 位幼教工作者是怎麼談「孩子發脾氣」。

　　方正愛：29 歲，中學老師；女兒：茵茵，33 個月。

　　陳彩虹：30 歲，嬰童用品店老闆；兒子：劉暢，7 歲。

　　張淨：27 歲，銀行行員；兒子：小臭臭，17 個月。

　　陳薇：幼兒園老師。

徐明：兒童之家教育研究中心研究人員。

第一次發火 ——

有沒有媽媽記得寶寶第一次發脾氣是怎麼回事？另外，孩子發脾氣是經常性的嗎？

方正愛：茵茵幾個月大的時候，外婆餵她副食品紅蘿蔔泥，茵茵吃了又吐，外婆隨口說了聲「臭東西！」可能語氣稍稍重了點，女兒就哭起來了，然後不知道怎麼的，小碗也被她推到地上，哭得更加撕心裂肺。她現在脾氣大著呢，遇上不樂意的事就哭鬧。

陳彩虹：記得那時兒子剛脫離學步車走路，我們就在家門口帶著他練習，可能我們太心急了，總希望他多走幾步，他總也追不上我們，臉色就漸漸不對了，沒等我們走回他身邊，就發飆了：大哭、賴在地上不起來，不要我們抱，只准奶奶抱。結果還抵制了走路，又坐了好幾天學步車。在此之前，倒沒出現過這麼牴觸我們的情緒，這事之後一直到 3 歲，他經常耍賴，發脾氣，好在現在懂事了。

陳薇：小孩子在家有幾個大人哄著，來到這裡，我們很難一一照顧到。還好，大多數孩子都怕老師，安撫安撫就過去了，只有一、兩個很不聽話，脾氣倔，要哭鬧。過分撒潑的行為還沒有，畢竟在幼兒園裡，和家裡不一樣，孩子自己也知道這點。

徐明：一般來說，愛發脾氣是孩子在 1 歲前後出現的現象，一旦不如意，便會「動肝火」，有時候還會對著自己。發脾氣高峰在 2 ～ 3 歲，這和他們的自我意識地初步形成和語言表達能力的有限性有關。孩子有自己的主張，又不能很好地表達，同時這個年齡孩子的父母又要開始限制他們的行為，兩者之間很容易產生衝突。一般這種現象會延續到 4 到 5 歲，以後會好一些。

孩子的常見表現 ——

孩子發脾氣有什麼表現？最常用的武器是什麼？

方正愛：小時候發脾氣就是哭，兩眼一閉，張大嘴巴哭，越哄越凶。現在不僅哭，還要鬧，那天就因為有個小姐姐跟她開玩笑，結果她還打了別人一巴掌，真不好意思。

張淨：小臭臭會說簡單的字了，如果他生氣，就最喜歡說「不」。那天在超市門口玩投幣式電動搖搖馬，怎麼都不肯下來，還不讓別人玩，我們強行帶開，他邊哭邊兩腿亂踢，還好他爸爸在，否則力氣大得我都抱不住。

陳薇：在幼兒園裡，哭還是最常用的武器，不吃飯、不肯睡午覺，也有動手打人的，還有生悶氣不理人的。各式各樣的表現都有。

徐明：我們研究過，0～1歲以哭來表達憤怒；1～2歲雙腳亂踢，在地上打滾亂丟玩具或絕食；2～3歲實施有效的攻擊與報復行為：打、踢、咬、抓；3歲以上就學會了說髒話、譏諷等間接的表達。

發脾氣就是壞小孩嗎？

發脾氣一定是壞事嗎？大家是怎麼看的？

方正愛：常常發脾氣當然不好，表示性格急躁。如果又真的一點脾氣也沒有，我也要擔心，長大變任人欺負怎麼辦？

陳彩虹：容易生氣的小孩，也容易不快樂。反過來想想呢，男孩子太乖、太聽話又顯得有些娘娘腔。

張淨：這麼小的孩子就發脾氣，管孩子真難！不過，發脾氣也是種發洩，可以把不良情緒排除掉。

陳薇：雖然，我們很煩惱發脾氣的孩子，但是孩子透過發脾氣能更真實地表達自己，我們可以更了解他。

徐明：看來大家都很明白，孩子的發怒是好是壞不能簡單定論。這是

他們要求自立自主的手段之一，是成長的表現，是無法避免的心理發展過程。但是，性格暴躁、經常亂發脾氣對寶寶的成長不利，是需要糾正的。

家長的即時反應——

當孩子發飆的時候，你會如何反應？

方正愛：盡量耐著性子和她講道理，如果實在任性無禮，我就不理她。不過自己心裡也好累呀。

陳彩虹：和上面這位媽媽差不多，先禮後兵，等我也忍不住了，就向他發火，還要打屁屁。誰都有壞情緒嘛！

張淨：男孩子是難管，現在他才 17 個月，發脾氣還好對付，給他點吃的、玩的就行了。

陳薇：總是盡量安撫，現在都只有一個寶寶，我們教育責任很大的，如果真的很難管，就冷處理。

徐明：最重要的就是無論寶寶怎麼鬧，父母一定要冷靜，不妨一邊在心裡默默數數，一邊思考具體處理方式。千萬別跟著心煩意亂，那樣很可能招致錯誤的做法，同時，也會助長寶寶鬧下去的可能。

▌「計時隔離」犯錯的孩子

畢業於於哈佛大學的一位美國教授，家中有兩個男孩。一天，4 歲的哥哥湯姆與 2 歲的弟弟為爭奪玩具打了起來，父親當即對湯姆發出警告，處罰 10 分鐘的「暫時隔離」，湯姆被關進了臥室。嚴肅的父親守著房門一言不發地看著手錶，孩子又哭又鬧幾次衝到門口又被擋了回去。時間到了，父親把小湯姆抱了出來，並耐心地與他談了一會兒，兒子似乎懂事地點了點頭，以後處處遷讓弟弟再也不搶玩具了。

這種教育方法叫做「time-out」，用於體育比賽表示「暫停」，可譯為「暫時隔離」，有點像當兵的關禁閉，在美國很盛行，常常被父母或幼兒

園老師用於「懲罰」那些犯了「錯誤」的不守規矩的孩子，效果很好。

「Time-out」是英語中的一個詞彙，本來用於體育比賽中，表示「暫停」。然而，在許多美國家庭裡，這已經成了父母用來「懲罰」犯錯孩子的方法，翻譯成中文就是「暫時隔離」，類似於我們所說的「關禁閉」。

在美國，不管在幼兒園還是家裡，「暫時隔離」對孩子都非常有威懾力。當然，這與美國的社會文化環境有很大關係。美國法律規定，孩子必須隨時有成人陪伴或看護，幼兒園還明文規定：老師的職責包括給予孩子充分的關注，不能憑老師的意願隨便忽略孩子的要求。在這樣的環境中，孩子很少會感到被冷落或孤立無援。所以，一旦被隔離，被冷落，就自然會對孩子產生一種強大的威懾力。

「暫時隔離」還使孩子感到自己與別的孩子有差別了。孩子對這一點其實非常敏感。有一次，我與一位美國母親及她的兩個孩子駕車外出。一開始，母親只忙著和 6 歲的大孩子交談。一會兒，3 歲的小孩子就開始在座位上故意發出聲音，甚至還用腳踢前面的東西。母親明白了：「他不高興呢。」然後，她立即向小兒子道歉，並且馬上改變談話題目，兩個孩子很快都開心起來。

「暫時隔離」之所以這樣奏效，是因為這種做法與孩子平時所受到的待遇有著極大的反差，所以才能在心理上給他以極大的震撼。

讓犯錯的孩子與別的孩子分開，可以讓他自己反思自己的行為，而且又不會再去影響別的孩子。看來，「暫時隔離」真成了許多美國父母、教師戰勝犯錯孩子的不二法寶。當然，有一點要注意的：這種「暫時」是有時間限定，是「短暫」的，時間過長，就可能不利於孩子的心理健康。

「暫時隔離」抓住了兒童的心理，堪稱是行之有效的教育方法。兒童心理學認為，孩子對父母或大人的依賴性很大，一旦受到冷落或處於孤立無援的地步，就會滋生來自外界的威懾力。隔離使他們感覺到自己與別的

孩子不一樣被區別對待了，孩子對這種厚此薄彼的「不一樣」非常敏感，因而在心理上產生很大震撼，促進他們反思自己的行為：為什麼不一樣？為什麼會犯「錯誤」？錯在哪裡？聰明的孩子還會舉一反三主動思考糾正「錯誤」的方法，再經過家長的教育、提醒，這樣就達到了教育的目的。

「暫時隔離」摒棄了打罵或溺愛，值得家長很好的借鑑。在我們的周圍，常常可以看到孩子犯了「錯誤」後，大多數家長都是溺愛、護短，不批評不教育，也有的家長對有過錯的孩子施暴，打罵一頓。

這兩種極端都是不可取的，前者容易使孩子產生把錯誤當榮耀的錯覺，助長孩子的任性、霸道。後者易使孩子心靈蒙上孤獨、恐懼陰影，不利於健康心靈的培養。

孩子 3 歲以後必須注意的事項

有的孩子在被指出自己的不足之處後，會變得非常地發憤上進。然而，成長到 3 歲以後的孩子，即使知道自己與同年齡的小朋友相比有一定的差距，但他卻很討厭人們去把他和別人相比較或者受到人們的指責。誇獎其他孩子對於母親們來說，可能是為了鼓勵自己的孩子，使其富有競爭心並奮發上進，但對於孩子本身來說簡直是非常難忍的事。這種事情多麼損傷他的自尊心啊！如果是神經敏感的孩子，就會開始感到煩惱，會以為自己的母親可能喜歡人家的孩子勝過自己。

孩子的反應比父母們想像的更加敏感。當孩子受到世界上最值得信賴，並且最了解自己的母親指責時，就會喪失信心，失去前進的動力，並且在其他孩子之間變得膽怯畏縮。最重要的是父母與孩子之間的信賴關係也會出現障礙。

對於孩子來說，無論父母怎樣不懂世故，他仍深信父母對自己的事情是最為關心的。在與別人家的孩子作比較，感到擔心的時候，希望父母們

能思考一下受到比較的孩子的心情。年輕的母親們，當你們聽到自己的丈夫在拚命地表揚鄰居家的太太時，你的心情會怎樣呢？

對於孩子來說最重要的母親，她不來表揚自己反而去表揚別人家的孩子，這是多麼令孩子傷心的事啊！為了盡量不使自己感到傷心，孩子就容易變得愛說假話。

孩子開始變得會說假話之後，由此，受指責的次數便會增多。開始會說假話的孩子，他的智慧可以說正是從這裡開始發展起來。所以對於頭一次的說謊，請母親們採取寬容諒解的態度。母親們與其去指責孩子在說謊，不如在自己身上反省一下，分析孩子變得會說假話的原因。

批評的方法怎樣？是否有過置之不理的態度？希望母親們牢記，批評方式若不適宜就會引起育兒的惡性循環，以至無法挽回。

這裡的意思並不是希望母親們始終地保持冷靜，而是希望母親們有時也應當站在被批評的孩子們的角度上想想。如果想要去和人家的孩子作比較時，請先想一下自己的丈夫把人家的太太拿來作比較並發洩不滿時，自己的心裡會有什麼樣的滋味？

對自己作一下反省並能從孩子的角度考慮問題的母親，就不會有經常去批評孩子的情況。經常批評孩子，一旦真的要去進行教育的時候，很可能會失去批評的效果。

我們可以常常看到許多情況是，母親們往往把孩子作為發洩不滿的對象來進行批評。我真想對她們說一聲：「等等！等 3 秒鐘之後就不會去動手了。」受到母親們感情衝動指責的孩子是不幸運的。母親越是批評就越有可能把孩子培養成習慣於受批評的人。

▌「懲罰」孩子的 10 大智慧

有個孩子，3 歲前以爺爺奶奶帶為主，兩個老人很寵孩子，家裡生活

條件很好，孩子從小要什麼都能滿足。有時候不給，孩子一哭東西就到手。孩子 3 歲後以媽媽帶為主，他還是用對付爺爺奶奶的方法對付媽媽。

媽媽再打，他也要堅持到最後答應他的條件，媽媽又是講道理，又是打，卻沒有任何用處。問題就是媽媽的態度不堅決，講完了、打完了，最後還是滿足了孩子的要求，所以說，懲罰是一種教育手段。也是一種微妙的家教藝術。

只有擁有了懲罰孩子的智慧，才能真正達到教育孩子的目的。

犯了錯誤就要懲罰

孩子犯了錯誤，無論有心還是無意，都要受到懲罰。比如：孩子不小心把杯子摔破了，雖然他不是故意的，也應該告訴他，這是他的過錯。他雖沒有料想到自己行為的後果，但仍要為此道歉。如果他是無意的，並勇於承認錯誤，家長會相信他，並減輕對他的懲罰。如果他隱瞞事實、逃避責任，他將受到加重的懲罰。這樣就可以從小培養孩子誠實、負責的性格。

另外，要讓孩子知道做錯事就要受到懲罰的道理。即使孩子央求，也不能答應，否則有了取消的先例，以後就很難保證實施的有效性。

懲罰的「量刑」要適當

懲罰孩子的目的是為了孩子學習正確的觀念，懲罰的「量刑」就必須合乎孩子的行為。懲罰過重容易引起孩子的反抗情緒，輕了又不足以使孩子引以為鑑。因此懲罰孩子要以達到目的為原則，既不能輕描淡寫，又不能小題大作濫用「刑罰」。大教育家洛克說：「兒童第一次應該受到懲罰的痛苦的時候，非等完全達到目的之後，不可中止，而且還要逐漸加重」，其中的道理耐人尋味。

要依照規則進行懲罰

　　家長應和孩子協商制定一個獎懲規則，讓孩子知道犯錯後將受到什麼懲罰。這樣，孩子平日就會有所注意，從而減少犯錯誤的機會。當孩子犯錯後，家長應注意調整自己的情緒，不要因一時衝動而隨意懲罰孩子。

　　若是孩子以後犯了同樣的錯誤，也應該按規則進行和以前相同的懲罰，這樣家長才能在孩子心中樹立權威。

指明「出路」不含糊

　　懲罰孩子不能半途而廢，應要求受罰的孩子作出具體的改錯反應才能停止。家長要態度明確，跟孩子講清楚他應該怎麼做、達到什麼要求或標準，否則有什麼樣的後果。如孩子有亂丟東西、不愛整理的習慣，家長在懲罰時就應該讓其自己收拾好東西、整理好玩具；使其明白必須要做好，否則又要受罰。家長千萬不能含糊其詞甚至讓孩子「自己去想」。家長不給「出路」，孩子改錯就沒有目標，效果就不明顯。

罰了又賞要不得

　　家長教育孩子要相互配合，態度一致，賞罰分明。該稱讚時就要鄭重其事甚至正經八百地鼓勵，讓孩子真正體會到受獎勵的喜悅；該罰時也應態度明確、措施果斷，讓其知道自己錯之所在。

　　只有這樣，才能培養孩子明辨是非、知錯即改的品行。如果在對孩子實施懲罰之後，家長中的一方認為孩子受了委屈，隨即又來安慰他，這將會使懲罰失去作用。實驗證明：懲罰 —— 獎勵 —— 懲罰的惡性循環，會使孩子產生認知偏差，錯誤地將犯錯和受獎勵連繫起來，從而使懲罰歸於失敗。

及時懲罰莫遲疑

懲罰的效果部分來自條件反射，而條件反射在有條件刺激和無條件刺激的間隔時間越短則效果越好。所以家長一旦發現孩子犯錯，只要情況許可就應立即予以相應的懲罰；如果當時的情境（如有客人在場或正在公共場所）不允許立即作出反應，事後則應及時地創造條件，盡可能讓孩子回到與原來相似的情境中去，家長和孩子一起回顧和總結當時的言行，使他意識到當時的錯誤行為，並明確要求他改正。

最忌諱諷刺挖苦

家長懲罰孩子應避免諷刺挖苦，更不能自認「孩子是我生的、是我養的」而隨意用惡毒的語言指責、謾罵孩子。實驗證明，諷刺挖苦和惡語謾罵已超越了孩子理智能夠接受的範圍，將會刺傷孩子的自尊心。因此，家長應該牢記懲罰孩子的目的是希望他改正錯誤，絕不是為了刺激孩子心靈中最敏感的角落 —— 自尊心。有些家長在懲罰孩子語言粗魯、滿口髒話時，自己也「出口成髒」，這就使得訓教效果大打折扣，甚至失去說服力。

點到為止勿嘮叨

有些家長教訓孩子喜歡沒完沒了，而且還時不時地大聲問孩子「我的話你聽見了沒有？」孩子懾於家長的威嚴，為了免受皮肉之苦，只能別無選擇地說「聽見了」，其實他可能什麼都沒聽進去，甚至左耳聽了右耳出，根本就沒聽。孩子之所以說知道了，只是順著家長的意思，為了早點結束訓斥。

於是，當孩子下次再犯同樣的錯誤時，家長便感到「痛心疾首」，隨即說孩子「不把我的話當回事」，當成了「耳邊風」，說孩子「不聽話」。

其實這是因為家長的嘮叨太多了，令孩子分不清主次，不知道聽哪一句為好；再者，經常性的嘮叨多了，也會導致孩子「失聰」，對家長的話產生教育心理學中的「0反應」，無動於衷，使教訓失去效果。因此，家長在教育孩子時務必切記要改掉愛嘮叨的習慣，凡事點到為止。

就事論事莫牽連

從受罰者的角度來講，孩子最厭惡家長「翻舊帳」，一事既出又將陳年舊帳翻出來。很多家長卻不了解這個道理，教訓孩子時總忘不了東拉西扯、橫牽豎連，說出孩子的種種不是，甚至將孩子說得一無是處，直至忘記了本次教訓的主題。

孩子怎樣想呢？反正自己沒有一處是對的，以前取得的成績、改正的缺點家長都看不到，感覺自己天生是挨訓該罰的，對改錯失去了信心，也就魚死網破、我行我素，這樣的教育效果可想而知。所以，家長教訓懲罰孩子務必要一事一議，就事論事，切勿搞牽連、翻舊帳。

事後說明不可無

家長和孩子之間存在著教與被教的關係，但教育孩子仍當以理服人。懲罰只是手段而不是目的，因此，懲罰之後必須要及時與孩子說清楚，否則，孩子在忍受了懲罰之後將依然如故。所以，家長在懲罰孩子後要透過說明、剖析的方式使他明白為什麼會受罰、知道犯錯誤的原因，講清楚如果堅持犯錯下去將有什麼後果。

懲罰只是一種劣性條件刺激，其效能是短暫的，不能持久。受罰的孩子改正了錯誤並不等於他已明白事理，並不能保證他下次不會再犯。因此，讓孩子明白自己受罰的原因才是根除錯誤的關鍵，觀念解釋是懲罰孩子之後不可或缺的一個重要步驟。

打罵孩子的四大常見原因

　　當被問到為什麼要打罵孩子時，許多家長的回答都是「不聽管教」。針對這個原因，程桂英老師在此要特別澄清一下。當父母在打罵孩子的時候，總是把原因全部推到孩子身上，認為是孩子逼自己這樣去做，卻很少去尋求其他的方式來教導孩子。

　　其實，不管用什麼管教方式來對待孩子，其責任都要由父母來擔起，而不是孩子。正是因為家長不願意花心思去尋找其他的教育方法，所以才會有打罵的草率表現。一般來說，家長之所以要打罵孩子，主要有以下 4 大原因。

傳統教養觀念

　　不可否認，傳統的教養觀念對我們仍有著潛移默化的影響，例如「不打不成器」、「棍棒底下出孝子」等。因為在傳統觀念中，父母與孩子的關係就是上對下，並沒有尊重孩子、和孩子平等相處的概念。傳統文化的尊重多放在平輩的相處上，但在親子關係中卻十分欠缺。

自我情緒管理不佳

　　如果家長的心智不夠成熟，那麼對孩子而言就是很沉重的壓力與包袱。當在生活中遇到困難或挫折時，有些家長就容易把怨氣發洩到孩子身上。當家長對自己生活或工作的期望無法滿足時，就更希望孩子可以完全按照他的指示來行事，一旦孩子的表現不能令家長滿意，那麼家長多半會打罵孩子。

熟悉的成長經驗

由於沒有及時接受新知識，或是經驗不足，所以有些家長就直接就套用原來父母的管教模式 —— 只要不順父母的意，就會受到這樣的打罵處罰。因此，當他無法使自己的孩子照他的方式來做事或生活時，也就喜歡用最熟悉的方式管教孩子。

尋求快速方便的方法

有些家長懶得思考其他的方法來管教孩子，認為打罵教育最方便，也最快見效。因此，每當孩子犯錯的時候，第一個想到的就是處罰孩子。

▍不打不罵的 10 大管教妙法

管教孩子的方法有千百種，打罵孩子可以說是最直接的。但是時代在變，觀念也在更新，家長管教孩子的方法當然也不可能不變通！也許家長會感到疑惑，如果把棍子收起來，是不是就會寵壞孩子？其實，當孩子犯錯時，以尊重的態度讓孩子自己負責，反而更能培養孩子獨立而理性的人格。

家長的手應該充滿關愛與溫暖，而不是讓孩子感到陌生和恐懼。一個在戰戰兢兢中長大的孩子，會漸漸發展出負面的行為，例如不敢表達自己真實的感覺而說謊，有需求不敢說就偷竊等。不過，有些家長又時常感到很為難，因為除了打罵之外，他們似乎總是難以找到有效的教養方法。現在，就讓我們一起來學習一下不打不罵的 10 大管教妙法吧！

很少有父母天生就會教孩子，也很少有父母能自然而然地成為育兒高手。要想做一個成功的父母，就需要不斷地充實新知識。如果您從小就沒有得到太多良好的教育體驗，現在又很難去思考應該如何對待孩子，那麼

請參考一下程桂英老師提出的 10 個方法。當您被孩子氣得火冒三丈的時候，不妨用這些方法來取代打罵的教養方式。

多多了解孩子

在忙於養家的同時，家長一定要抽出時間來多了解孩子，與孩子、保姆、孩子的老師多多溝通，盡量對孩子在幼兒園和家庭中的表現有較全面的掌握。多一分了解，就少一分誤解。這樣一旦孩子真有不聽話的時候，也能比較明白應該如何去引導孩子。

吸收教育知識

社會在變化，孩子的成長環境也在變化，那麼教養方式自然也要不斷進步。身為家長，就要責無旁貸地主動吸收教育新知。在傳統的親子教育方式中，多半是父母用權威來教育孩子，而打罵處罰更是權威教育的重要方法。吸收新知可以幫助家長跳出自己的成長經驗，及時調整自己的教育觀念。

耐心傾聽孩子

如果是氣急攻心的家長，在面對不聽管教的孩子時，通常最直接的反應就是破口大罵。此時，建議家長先冷靜下來，試著多一點耐心，問問孩子這麼做的原因是什麼。當家長的心思放在了解孩子的想法，並想辦法幫孩子解決問題時，也許就會發現孩子的行為，其實是情有可原的，並且也已經釋放掉了很多負面的情緒。

真正放下身段

有些家長總喜歡在孩子面前保持威嚴，習慣用以上對下的態度來對待

孩子。對此特別建議，希望家長真正放下身段，從內心尊重孩子，不要再用命令的口氣跟孩子說話，將孩子當做成人一樣給予尊重。不要總是對孩子說「不」，而是要讓孩子選擇，讓孩子自己做決定。如果孩子的年齡夠大，表達能力沒有問題，也可以讓孩子自己提出解決方案或替代辦法。

跟孩子講道理

除了平時的告誡之外，家長也要在實際的情境中教導孩子一定的道理。讓孩子有同理心，讓他從其他人的角度去感受一下，才能真正明白自己的行為會如何影響他人。至於解說道理的方式，則可依孩子的年齡來選擇講解的深度，還太小的孩子可以用講故事的方式來進行。

讓孩子去體驗

如果孩子老是聽不進大人的話，那麼在保證安全和沒有嚴重後果的前提下，家長也可以讓孩子自己體會「自食惡果」的滋味。透過自身的實際體驗，孩子將能深刻領悟到家長的教導有多麼正確和重要。

與孩子做協商

不要總是要求孩子按照大人的心意去生活，那麼不只是孩子痛苦，就連大人也很痛苦。孩子也是人，當然有他自己想做的事，因此，與孩子做協商，各退一步也許是很好的方法。比如當孩子想要跳沙發，而家長卻有事情要思考的時候，就可以請孩子去臥室的床上跳，或者請他等一會再跳，或者等家長把事情處理完，再帶孩子去公園盡情地跳。

盛怒時不管教孩子

在極度憤怒的狀況下，家長絕對無法以理性的方式來管教孩子。所

以，當家長無論如何也冷靜不下來的時候，程桂英老師建議家長暫時離開現場，或是轉移自己的注意力去做別的事，如打電話給朋友聊天、聽音樂等。等自己平靜下來以後，再和孩子好好談談。

修正對孩子的期望

有時家長真的太過於求好心切了，常常拿自己都做不到的標準（或許是家長自以為能夠做到，但實際上從來沒有做到過！）來要求孩子。要知道，孩子年齡還小，有好動、固執、健忘等表現都很正常。家長如果真的要對孩子有所要求，也一定要考慮孩子的成長狀況，不要總是拿放大鏡去檢視孩子的表現。

真誠對待孩子

有些家長在與孩子做溝通的時候，總是喜歡用指責或命令的語氣，這常常讓孩子難以接受。據程桂英老師講解，親子之間的溝通應該是真誠而沒有距離的，家長可以很誠實地將自己的擔心或情緒解釋給孩子聽，讓孩子了解他的行為會讓你難過，或是會讓你擔心、懼怕。只要語氣是平和的、態度是真誠的，你就會發現，其實孩子是很樂意體貼爸爸媽媽的！

第十二章　和孩子一起玩遊戲

▌ 和孩子一起玩 11 種益智遊戲

　　孩子都喜歡遊戲。事實上，遊戲本身就是學習，是孩子獲取經驗、發展智慧的妙方，也是自發性、創造力、好奇心、想像力、探索、冒險及未來處事方式的象徵 ——

1. **分類遊戲**：這是創造力學者威爾斯提出的方法。平日可提供孩子一些具有共同特徵的不同類物品，例如湯匙、鑰匙、鐵幣、迴紋針等，讓孩子發覺其共同特徵來加以分類，並鼓勵其重複分類。也可以提供符號、顏色、食品、數字、形狀、人物、字詞等材料，讓孩子依其特性分類。

2. **猜謎遊戲**：孩子對猜謎不但有興趣，而且也能激發其推理及想像力，我們可以用「千根線、萬根線，掉到水裡就不見」猜「雨」這種方式；也可以用孩子喜歡的東西給一些線索，讓他提出題目、推想答案。還可以用「比手畫腳」的方式讓孩子作答。

3. **角色扮演遊戲**：例如讓孩子玩「扮家家酒」，鼓勵他應用想像力自由扮演所喜歡的「角色」。父母可以提供一些線索，如給他一架飛機，假想他在空中飛行遭遇哪些飛鳥；給他一架無敵鐵金剛，讓他跟鐵金剛對話；給他一些醫生的玩具，讓他扮演醫生看病的情形……等。

4. **想像遊戲**：「想像力」可以使不可能的事變成可能。在想像的世界裡，孩子的思緒更加自由奔放；我們可以用「未來世界的交通工具或城市」為題，讓孩子運用想像力描繪出未來的遠景。

5. **接龍遊戲**：許多遊戲可以用「接龍」的方式，如「文字接龍」：上班
   →班長→長大→……「繪畫接龍」：一個主題大家接力畫；「數字接
   龍」：1→3→5……「故事接龍」：從前有一個獵人……「動物接龍」：
   四隻腳的如獅子→老虎→大象……空中飛的如老鷹、鴿子……

6. **字詞遊戲**：讓孩子說出「同韻、音、部首、聲調、筆畫的字詞」、「字
   頭、尾相同的字詞」、「用圖畫寫字」、「用三個字詞說（寫）出不同
   的句子」，提供一些字詞，如「火」字，讓孩子自由聯想，或說出可
   以用哪些字詞來替代。

7. **手指遊戲**：雙手是我們的外腦，訓練孩子的雙手，有助於腦力開發；
   設計一些運用手指的運動，如「手語歌」、「甩手」、「捏泥巴」、「拼
   積木」等活動，讓孩子能動動頭腦、動動手。也可以用兒歌配合手指
   的動作，一邊唱兒歌一邊運作手指。

8. **躲藏遊戲**：跟孩子玩「躲貓貓」的遊戲；把物品藏在家中一角，讓他
   來找；在圖案中藏著一些物品、數字等，讓他找出來；帶孩子到郊
   外，親子共玩「大地尋寶」的活動；或在報紙上找出自己需要的「形
   容詞」或「物品」等活動，都是藏物的遊戲。

9. **繪畫遊戲**：從塗鴉到能畫出圖形，孩子繪畫的興趣一直很濃厚，他們
   以畫畫表達其未能以言語形容的感受、情緒。父母可以和孩子一起
   畫。用各種不同的材料，畫在紙上、布上、板上……等，讓孩子享受
   自由創作的喜悅。

10. **觀察遊戲**：讓孩子觀察樹苗的成長，或地瓜發芽，以了解造物的奧妙；
    由觀察影子的變化，學習科學概念；由觀察人類的表情，而能察言觀
    色、善解人意；甚至參觀各種展覽、表演、戶外郊遊……等，都是很
    好的觀察活動。

11. **知覺遊戲**：「知覺」是一種將透過感官所獲得的資料，再經過分析與

解釋的能力；知覺包括眼睛、鼻子、舌頭、身體等感覺作用。我們可以讓孩子分辨不同形狀的物品，用觸摸猜東西、嘗嘗各種調味品、玩配對遊戲、辨認方向及方位；讓孩子觀賞及指認有背景的圖片等活動。

除上述 11 種遊戲外，尚有很多遊戲如科學、概念、音樂、黏土、雕刻……等，都可以在平時用以激發孩子的智慧；在輔導孩子遊戲時，應注意個別與團體遊戲兼顧，以培養社交及合作遵守團體規範的行為。

撲克好玩，也是開發智力的幫手

新奇好玩的遊戲總是最能吸引孩子的注意。所以，在開發他們的智力時，不妨好好利用一下這一點，比如，巧妙使用 54 張撲克牌就是個不錯的選擇。

美國耶魯大學博士、北京小橡樹幼教機構的創辦者王甘說，父母和孩子一起玩撲克牌，表面看來是遊戲，而實際上卻是對孩子邏輯能力、思維能力的培養，讓他們提早對數學產生興趣。至於如何來玩，就要發揮父母的想像力了。

認數字：了解「1」的概念

蘋果很小，輪船很大，1 個蘋果和 1 艘輪船的「1」在孩子眼裡是不一樣的，如何讓孩子理解數字的概念呢？發展心理研究所教授告訴記者，數字是很抽象的概念，父母們不如先借助撲克牌讓孩子認識 1～10 的數字，幫他們透過形象記憶記住 1～10 的圖形。在孩子了解以後，再逐步讓他們去理解 1 張牌、2 張牌的抽象數字概念。

⊙ 推薦玩法：「報數」。挑出 1～10 的牌，父母和孩子輪流抓牌，然後

輪流出牌，出牌時要高聲報出牌的數字，報對的就獎勵相應的牌數。
比如孩子準確報出了「2」，父母就要獎勵他 2 張牌。

分類別：引導孩子概括事物特徵

沃教授說，兩、三歲的孩子往往會按照情景構成的方式對事物進行分
類。比如玩扮家家酒時，他們會把醫生、針、藥放在一起。如何鍛鍊他們
從概括事物特徵的角度進行分類呢？撲克牌的 4 種花色就可以很好地利用
一下。

父母不要事先告訴孩子紅心、方塊的概念，而要引導他們自己去探
索，讓他們從牌中找相同的花色，這樣才能真正有助於開發孩子的智力。

⊙ 推薦玩法：「找朋友」。可以先引導孩子在牌中自由地尋找一樣的牌。
可以是一種花色，也可以是同一數字，還可以是有人像的，找好後要
孩子說出理由。熟悉這個遊戲以後，父母和孩子可以各拿 10 張牌，
輪流出牌，如果有和手裡花色一樣的牌就要到手裡，最先把手裡的牌
湊成一種花色的算贏。

變組合：增加對數字的理解

一個數字可以由不同的數字組合而成，比如 5 可以分成 2 和 3，也可
以分成 1 和 4。父母透過撲克牌讓孩子了解數字組合的不同變化，就能增
加孩子對數字的理解。

⊙ 推薦玩法：「湊數」。規定一個數字是基本數，比如「10」，遊戲時父
母先出一張牌，例如「2」，要孩子拿出一張「8」湊成「10」。孩子先出
牌時父母可以有意出錯，看看孩子的反應。

加減法：訓練心算能力

當孩子熟練掌握了變組合的能力後，可以改變撲克牌遊戲規則，逐漸增加難度，透過加減法訓練孩子的心算能力。

⊙ 推薦玩法：抽出 4 張牌，訓練孩子將牌面上的數字加起來。洗牌後可以重新抽出 4 張，再加起來。等到孩子大一點的時候，適當增加牌的數目，或是對做加法的過程進行計時，加快其計算速度。

排順序：培養孩子的創造性思維

沃教授說，孩子的記憶往往是表象性的記憶，讓他們把記憶載體進行不同的組合，就是培養創造性思維的重要方式。

比如，可以讓孩子把撲克牌進行不同順序的組合，由大到小，由小到大，隔 1 個排 1 個，紅心之間的組合，以不同花色穿插的組合，變換出無數的花樣。

⊙ 推薦玩法：以數字 10 的牌開始，讓每人依 10、9、8、7……的順序，輪流打出手中的牌，如果手邊沒有可以接續的牌，則換下一個人出牌，只要其中有人先將手中的牌全部出清，便算勝出。孩子熟悉這種玩法後可以增加難度，如按照 2、4、6、8……的順序變換出牌規則，或者由孩子制訂規則。

需要指出的是，孩子存在個體差異，無論哪種方法，父母們都應該循序漸進。

因此，沃教授也提醒父母，應該根據孩子的年齡和理解程度，適當地降低或增加難度，切莫操之過急，反而使孩子失去興趣，失去了撲克牌教育的目的。

夏日親子水中操

夏天來了，媽媽寶寶又可以在水中健身了。水中健身的好處很多，不僅可以鍛鍊全身各部位的肌肉，更可利用水的浮力、阻力、散熱能力、按摩性等多種特性，使身體線條均衡發展。這套簡單易學的「親子水中健身法」，可以透過水中運動鍛鍊小寶寶的力量、協調性、水性、平衡感等能力，提高孩子對水的興趣，增進父母與孩子之間的感情！

特別提醒：最好選擇泳池中水位較淺的部分進行鍛鍊，這樣可以確保自身與孩子的安全；運動的時候要適應孩子的身體條件，不要用力過猛、過大，這樣可以避免對孩子的身體造成不必要的傷害。

適合 4 個月以上寶寶

運動方式：坐於池邊，雙手托住小寶寶的腋下，做手臂曲伸動作。

目的：鍛鍊媽媽的前臂和肱二頭肌（大臂前側），鍛鍊小寶寶的平衡感，消除對水的恐懼。

注意事項：托住小寶寶的手要抓牢，讓小寶寶在水中任意踢腿。

運動量：10 ～ 20 次，做 2 ～ 3 組。

適合 1 歲以上寶寶

運動方式：屈腿跪於池邊，雙手抓住寶寶的雙手，向後提拉。

目的：鍛鍊媽媽的腹肌和背肌增加遊戲性。

注意事項：向上提拉時要視小寶寶的身體條件，不要過分用力，避免使小寶寶的手臂脫臼。

運動量：8 ～ 12 次，做 2 組。

適合 1 歲以上寶寶

運動方式：屈腿跪於池邊，雙手抓住寶寶的上肢，幫助寶寶在水中旋轉。

目的：鍛鍊寶寶的平衡感和水性。

注意事項：在幫助寶寶旋轉的時候也可給寶寶帶上游泳圈，順時針方向轉一組後應再向逆時針方向轉一組。

運動量：6 ～ 8 圈，做 2 組。

適合 2 歲以上寶寶

運動方式：趴在池邊長墊上，雙手抓住寶寶的雙手，媽媽做直腿向上抬起，寶寶在水中任意踢腿。

目的：燃燒媽媽腰背部脂肪，鍛鍊腰背肌，鍛鍊寶寶腿部水性。

注意事項：動作過程中腰部用力，盡量下到底，避免髖關節左右擺動。

運動量：左右各 25 ～ 30 次，做 4 組。

適合 3 歲以上寶寶

運動方式：與寶寶一起扶住池邊，做踢腿動作。

目的：鍛鍊腿部肌肉，增加水性。

注意事項：要確保寶寶的手牢牢地抓住了池邊。

運動量：2 分鐘／組，做 2 組。

適合 3 歲以上寶寶

運動方式：站在水中，讓寶寶抱住媽媽的腰部，做任意踢腿動作，媽媽做蛙泳划手。

目的：鍛鍊媽媽的上肢肌肉和寶寶的水性。

注意事項：時時感覺寶寶是否牢牢地抱住了你的腰。

運動量：15 ～ 25 次／組，做 2 ～ 4 組。

適合 3 歲以上寶寶

運動方式：坐於池邊，雙肘撐地，讓小寶寶抓住媽媽的雙腳，隨媽媽腿部的屈伸在水中前後滑動。

目的：鍛鍊媽媽的小腹、大腿前側肌肉，鍛鍊寶寶的水性。

注意事項：在做腿部屈伸動作時一定要確定寶寶已經牢牢地抓住你的雙腳了。

運動量：10 ～ 15 次，做 2 ～ 3 組。

適合 4 歲以上寶寶

運動方式：與寶寶一起在水中跑步。

目的：很好的有氧運動，利用水的特性使媽媽消耗多餘熱量，寶寶鍛鍊心肺功能。

注意事項：跑步時速度盡量加快，小腿抬高，水位要在寶寶肩部以下。

運動量：5 分鐘／組，做 2 ～ 3 組。

適合 4 歲以上寶寶

運動方式：坐於池邊，雙腿伸直置於水面，讓寶寶抓住腳腕，做向上撐起（躍起）動作。

目的：鍛鍊媽媽的腹肌及大腿前側肌肉，鍛鍊寶寶的爆發力。

注意事項：動作過程中腰部用力撐住，雙腿不要彎曲。運動量：6 ～ 8 次，做 2 組。

適合 5 歲以上寶寶

運動方式：坐於池邊，雙肘撐地，雙腿伸直置於水面，讓寶寶抓住腳腕，做雙腿內收外展動作，寶寶做隨意踢腿動作。

目的：鍛鍊媽媽大腿內外側肌肉，鍛鍊寶寶腿部的水性。

注意事項：雙腿外展的幅度要視寶寶的臂長而定。

運動量：8 ～ 12 次，做 3 組。

適合 5 歲以上寶寶

運動方式：站立水中，媽媽單手扶住寶寶，讓寶寶和你一起做向前踢腿動作。

目的：鍛鍊媽媽和寶寶的大腿前部肌肉和腿部水性。

注意事項：選擇水位在寶寶的肩部以下。

運動量：左右各 10 ～ 15 次，做 2 ～ 4 組。

▍特殊遊戲，培養孩子的自控能力

自我控制能力的發展對於個人形成良好的性格極為重要，自我控制能力並非生來就有，它是孩子在後天的環境中，隨著認知的發展和教育的影響而不斷形成和發展起來的。培養孩子這種素養，能使他們在沒有外界限制的情況下，克服困難、排除干擾、採取某種方式控制自己的行為。

遊戲就是孩子主要的學習活動，因此，可根據孩子的特性，選擇適合的遊戲，並在遊戲中結合自制力、堅持性、自覺性和延遲滿足這四項自控能力培養的要素，培養孩子的自我控制能力。

操作性遊戲

利用遊戲零件，發展幼兒小肌肉，以控制手部精細動作為主要活動形式的遊戲。

例如：自製拼圖、拆裝舊物品、種小植物等。

在操作遊戲中，對零件的操作和擺弄是激發幼兒遊戲興趣的源泉。由於幼兒會專注於於手部動作和零件本身，所以在規則簡單的情況下，幼兒的自控堅持性表現得比較突出，但對外界干擾的自覺抵制力和自制力較差，動作的失誤，他人的影響都會影響遊戲的進行。在操作遊戲中，幼兒執行規則的自覺性，常常隨動作的反覆而被忽略。

等待是操作遊戲中對孩子自控能力的又一培養契機。受遊戲人數和遊戲設施的限制，某些遊戲進行時會使得一部分孩子處於等候狀態。但專家認為：等待和輪流是社會生活中人際交流的伴隨因素之一，是一個人社會公德意識的表現，不能單純追求孩子發展而刻意在遊戲中加以迴避，應該讓等待變成實驗因素之一。因此，我們巧妙地把組織遊戲進行和觀察孩子等候狀態結合起來，同一遊戲中對不同幼兒提出不同的自控要求，豐富了遊戲規則，更促進了孩子自控能力的發展。

娛樂性遊戲

創造情境，使孩子透過模仿角色感受情節樂趣，從而使他在遵守遊戲規則中，學會控制自身情緒、情感。

例如：「老鷹捉小雞」、「大魚網」、「打活動目標」等遊戲。

一般，孩子對動作的控制要優於對情緒和情感的控制。娛樂性遊戲正是透過激發孩子興奮的情緒過程，透過動作的控制，調整自己的情感。

音樂、道具、角色是這類遊戲中不可或缺的要素。可以說，教師製造的情境越逼真和誇張，自控培養的效果越好。但豐富的遊戲材料也會干擾

教師的觀察，在音樂中，孩子神經興奮性提升，動作、語言、表情會異常活躍，孩子的創造力和想像力具有較大的施展空間。因此建議娛樂性遊戲應從分組遊戲開始，逐漸過渡到團體遊戲。

運動性遊戲

以大肌肉活動為主，讓幼兒在走、跑、跳等基本動作中，按照一定的競賽要求來進行的遊戲，培養幼兒運動控制、靈活性等。

如果採用這類遊戲，建議採取小組競賽的方式。

一群孩子在運動遊戲時，伴隨著孩子自控行為的發生，他們的團體觀念也逐漸增強。在競賽中，同組內的幼兒，往往在等待中相互提醒鼓勵、探究取勝的技術和策略，使孩子們的合作和交流能力得到明顯的提高。

智力遊戲

以智力競賽形式進行的遊戲，來訓練幼兒對規則的遵守及抵抗誘惑，抗干擾等能力。

這類遊戲的進行一般從 4 歲以後才能開展，因為這時的孩子已經累積了一定的生活經驗。在遊戲中，孩子會經常出現的問題是一些「犯規」行為的評判和孩子因此引起的爭執等，這時，成人要適時適當的介入，幫助孩子提高自行解決問題的能力。

進行遊戲培養，還應注意的問題：

1. 各類型規則遊戲，都蘊含著豐富的培養孩子自控的要素，因此，培養孩子的自控能力可以不受遊戲類型的限制，但絕對要尊重孩子的年齡特性，充分展現遊戲的趣味性。孩子對遊戲的興趣越濃，自控水準表現得越明顯。

2. 對孩子自控能力構成的四個因素即：自覺性、自制力、堅持性和延遲

滿足，應該隨機的貫穿於遊戲的整體，而不應單純地進行界定。因為孩子自控的內部調節機制是一個複雜的過程，在一個遊戲中，四個因素會相互制約又相互促進，所以可根據孩子的不同水準將目標指向不同的自控因素。

3. 自控遊戲中，孩子的自控表現，根據孩子不同的特質類型，呈現出具有較大的個體差異性，而同一個孩子在遊戲前後的自控水準差異也很大，比如：日常生活中自控能力較差的孩子，他們在遊戲中會積極參與遊戲，對遊戲規則理解敏感而穩定，遊戲中情緒熱情，反應機敏。相反，日常生活中自控能力較強的孩子，卻時常在遊戲中表現的漫不經心。

讓玩具與年齡配對

一位父親為出生才幾個月的嬰兒，購買了一個與之差不多大小的絨毛娃娃，當父親將絨毛娃娃放在嬰兒面前時，嚇得孩子哇哇大哭，兒童對玩具的喜好，跟他的心理發展水準是相適應的。

0～2 歲嬰兒喜歡探索、觸摸，視覺、聽覺都在發展，注意力不集中，1 歲左右開始出現言語，他們喜歡將小東西放入較大盒子內；喜歡打開瓶蓋，滾球、推不倒翁，玩積木和形狀配對玩具。

色澤鮮豔或帶有聲音的玩具，有利於培養嬰兒的注意力。如動物搖鈴、波浪鼓、環狀搖鈴等，有利於培養孩子手的精細運動能力；選擇機動的、有聲音的玩具，如小推車、拖拉玩具，以提高孩子走路的興趣；還可以選擇小動物玩具、娃娃、積木、小套圈、小籃等，讓孩子認識事物，鍛鍊手眼協調的能力。

2～4 歲的兒童能夠走很長的路，活動能力更強了，喜歡進行聯合遊戲，模仿力強，結合使用生活中常見的物品，如小板凳、小餐具、小水桶等，提供孩子了解事物的屬性和特性；還可為孩子選擇一些適合戶外活動

的玩具，如能動的小車、大皮球等，以鍛鍊身體，發展大運動功能。

4～5歲的兒童開始理解周圍的事物、人以及人與人之間的關係，喜歡扮演生活中常見的不同角色，例如爸爸、媽媽、司機、醫生、護理師、軍人。所以應該選擇帶有簡單情節的玩具。如娃娃最好有四肢、眼睛能轉動、衣服能穿脫，以及小廚具、醫療用具等。

5歲半到小學低年級的兒童理解能力飛速提高，可以選擇一些智力型玩具，如黏土、積木、組裝車、繪圖板、計算玩具等；此外，還可選擇一些簡單的棋類、球類活動，如跳棋、象棋等，讓孩子的智慧和運動技能同時發展。

結論原則是，幼童對聲音和形態比較敏感，可選擇一些動態或有聲音的玩具，在為兒童選擇玩具時，不宜過早（六、七歲前）顯示出兒童的性別差異，不一定非得為男孩挑選槍、飛機、坦克車等動態玩具，為女孩子選擇娃娃等靜態玩具。

選擇玩具的盲點：

一些父母在選擇玩具時，帶有片面性和盲目性，總以為玩具價錢越貴的越好；有的父母還有比較心理，專門挑一些價格昂貴的玩具，以顯示自己有錢，卻不考慮玩具的實用性；近年來機關槍、大刀、寶劍等，帶有攻擊性的玩具日益增多，容易產生一些不良的攻擊行為。有的家長為孩子購買超過5百元的電動玩具，這些玩具在孩子手裡玩幾下便壞了，成了一堆廢鐵，家長就責怪孩子，事實上，有的「高科技」玩具，孩子根本不會玩。

▎試試讓你的寶寶接觸數學

你不必非得抽出單獨的時間，與孩子坐下來，對他說「現在是數學學習時間」。生活中無時無刻地在用著數學，父母只需向孩子指出，在日常生活中我們是怎麼透過各種方式應用著數學的。

你自己的數字

幫助寶寶知道自己的個人統計數字，是讓寶寶聯想到數字的一個簡單方法，如家裡的地址、電話號碼，自已衣服和鞋子的尺寸。每過幾個月就讓他量量自己的身高；量體重的時候，指給他看自己的體重，和自己以前或爸爸的體重比比看。

跟寶寶一起看日曆，讓他數數離約會的日期還有幾天。孩子對時間以直線的方式移動這一數學概念的理解，是非常重要的。

廚房裡的數學

廚房是向寶寶介紹複雜數學概念的好場所。切麵包的時候，問問寶寶，是想切成兩份呢，還是三份或四份；切成三角形的，正方形的，還是長方形的。讓寶寶的小腦袋裡有了幾何和分數的基本概念。

做飯中也包含著比例、測量和計時這些數學概念呢。讓寶寶幫忙量一量，加點材料；你不妨在加雙份料的時候，在增加某種食材以達到合適的比例的時候，在烤箱上設定一個溫度的時候，都大聲地告訴寶寶。

另外，還可以讓寶寶幫你把食物依照類型、顏色或大小分類。對事物的分類和歸類，是孩子今後學習數學時，必須掌握的非常有用的技能。

遊戲中的數學

玩具能幫助孩子在玩中探索數學概念，積木、拼插玩具、建築玩具 —— 這些都在教孩子運用基礎的幾何概念。比如，當孩子完成了一個3D立體結構時，他實際上在輕鬆的玩樂中學習了平衡、對稱和空間關係這些概念呢。

簡單的擲骰子棋盤遊戲，因為需要孩子去數數去認數字，因此，也是在玩中學習數學的好方法。而且在擲骰子的過程裡，還接觸到機率的概念

呢。當然，你不必用數學語言向孩子解釋什麼，但是他遲早會掌握這其中的基本思想，這對孩子將來的學習自然會大有裨益的。

自創遊戲也是激發孩子學習數學的好辦法。比如發展孩子預估技巧的遊戲：在罐子裡裝上果凍或棉花糖，讓他猜猜有多少顆。

用計時器來玩遊戲，也是個不錯的選擇。可以讓孩子說說看，一分鐘能拍多少次手，他可能會說「10 次」，因為他覺得那已經是一個很大的數字了，當最後實驗的結果出來後，想想他會有多吃驚啊！下一次，可以讓他試試拍得更快一點。

駕車途中的數學

駕車旅行是教孩子知道數學有多重要的機會哦。可以讓孩子猜猜看，到達一個目的地需要多久的時間；鼓勵孩子認識路標的不同形狀，也是讓他熟悉基本的幾何概念的好方法；還可以讓孩子記下過往車輛的車牌號碼，然後找找看，哪個數子出現的最多，這些遊戲，既可以讓孩子旅途中解悶，又可以學點數學，何樂而不為呢？

家事裡的數學

孩子大多是熱心的家事小幫手，何不趁此讓孩子學點數學呢？比如，讓孩子幫忙給襪子配對，分類要洗的衣服，這可都是孩子鍛鍊分類的好活動呢。孩子幫忙往洗衣機裡倒洗衣粉時，學習的是度量概念；擺碗筷時，學習的是數數和分類……等這些，都是向孩子展示每日生活中有用的數學啊。

6 種最有用的另類數學教具：寶寶到了一歲半，就可以培養寶寶的數數能力了。數學是一門純抽象學科，不像動物學、地理學可以到大自然去實地接觸，學習數學只能依靠孩子自己的思維能力。學習數學，自然不

能離開教學教具的幫助。現在市場上的數學玩具很多，但良莠不齊，大多華而不實，為此本書特別向媽媽們推薦 6 種最佳的學數學工具：

⊙ **撲克牌**：平時週休日或者國定假日，與寶寶一起玩撲克牌遊戲，選 1～5 的數子牌，給寶寶辨認 1～5 的數子，比較數子的大小，學習 1～5 的加減法等。等寶寶真正搞懂後，再把範圍擴大到 1～10。寶寶會對這樣的遊戲樂此不疲。這種興趣學習，比棍棒加哄騙的效果好上幾千倍，而且它的價格實在太便宜了，只要幾十塊錢。

⊙ **骰子**：是學數字的最好教具，學習效果出奇的好。開始寶寶可能不能理解數的概念，但每次投擲骰子，每次數骰子上的點數，再進行比點數大小的遊戲，寶寶的熱情高得會超出您的想像。認識了骰子上的 1～6 數字後，您再增加一個骰子，就可以和寶寶玩加法的遊戲了，您和寶寶各投擲一個骰子，把兩個骰子上的數字加起來，不就是在教寶寶學加法嗎？

⊙ **認字卡片**：認字卡片有許多寶寶感興趣的圖片，所以不能把卡片僅僅用於給寶寶認字，可以當成玩貨幣遊戲的工具。如把寶寶各式各樣的書，標上認字卡張數，放在書的上面，然後您當賣書的，寶寶當顧客。您說幾，要求寶寶拿出標有相應數字的書。當寶寶能很快從 1 數到 50 的時候，您會忍不住要讚嘆認字卡的神奇了。

⊙ **電腦軟體**：電腦學習軟體的內容編排巧妙，畫面製作也不錯，而且還有提示，寶寶很容易被吸引住。裡面的數學關卡有難有宜，簡單的只需數數就能知道答案，難的就要經過計算才行，在遊戲裡，大多數寶寶不會被困難難倒。

愛心提示：需要妥善保護好寶寶的眼睛，畢竟只有眼睛才是靈魂之窗。

⊙ **學習機**：學習機又稱早教機，顧名思義就是針對早期教育所開發的一

種益智玩具，價格通常在五百元以上，二千元以內。現在的早教機都帶有多種功能，比如可以學英文字母，學拼音，考記憶，數數，加減法等等，而且當寶寶正確回答問題時，都會有「你真棒」的聲音來滿足寶寶幼小的虛榮心。

⊙ **動畫**：現在讓寶寶透過看動畫，掌握數學的選擇可多了，像洪恩、迪士尼都將自己的教學軟體做成動畫，還有動畫藍貓，英國的《天線寶寶》等，對早期孩子智力的開發，達到了一定的效果。但動畫不是互動的，需要寶寶有較敏銳的反應或者反覆觀看，加深印象。

愛心提示：媽媽需要控制好寶寶看動畫的時間，加強對寶寶眼睛的保護。

如何讓孩子發揮想像玩遊戲

　　跟孩子玩「聯想」遊戲的方法有很多，例如問孩子：「看到太陽，你會想到什麼？」當孩子說出答案是「爸爸」時，再問孩子：「為什麼？」也許孩子會說：「因為媽媽像月亮，爸爸就像太陽啊！」或「爸爸像太陽那麼會流汗。」不管孩子的答案是什麼，先傾聽接納，再引導出更好的答案。

1. **做數字的聯想**：如「1」想到竹竿、筷子、電線杆……「2」聯想到白鵝、鴨子……「3」想到山、麥當勞……等。

   聯想的結合，從「甜甜圈」想到「小甜甜」……結合「甜甜圈」和「小甜甜」變成「小甜甜最喜歡吃甜甜圈」，從「甜甜圈」想到許多圓的東西。

2. **數列的接力**：從 1 數到 20，用奇數接：1 → 3 → 5 → 7……用偶數接：2 → 4 → 6 → 8……用 5 的倍數：5 → 10 → 15 → 20……

3. **動物排排看**：四隻腳的動物有牛→狗→羊→獅子……會飛的動物有鳥→蚊子→飛雁→鴿子……

4. **記人名、稱謂**：爸爸叫陳龍安→媽媽叫錢秀梅→外公叫錢聚懷→外婆

叫楊杏雅→阿姨叫錢劍秋→老師叫吳心若→……讓孩子記人名、稱謂，可以增強記憶力。

5. **一筆接一筆**：在地上攤開圖畫紙，親子共同用彩色筆、顏料，一筆接一筆，合力創作。

6. **一句接一句**：串成一篇故事，可以用錄音機錄下來，全家共同分享。

以上介紹的只是「一個接一個」的簡單活動，旨在培養孩子表達流暢能力，父母還可以根據「思考流暢」的原則，自創更多的親子遊戲。

寶寶光腳玩耍，健身又益智

光著腳玩耍，是許多孩子的「嗜好」，可父母卻不允許，理由很多，也很有道理：不乾淨、怕孩子踩到尖銳的東西、怕孩子的腳冷到而生病……

其實，孩子赤腳玩耍不僅是出於好奇，更是一種鍛鍊。在日本，「赤腳」已成為一門正式課程，登上了國立學校的大雅之堂。如著名的愛知大學附屬幼兒園不惜耗資 700 多萬日幣，將園內的水泥地板挖開搬走，換上沙土，以便讓孩子們在沙地上盡情地玩耍。

日本為何要為孩子打赤腳大開綠燈呢？因為赤腳訓練可為孩子生理和智力的發育，帶來莫大的好處。

益智

赤腳鍛鍊的最大貢獻在於能健腦益智，提升孩子的智力水準。

腳是由骨骼、肌肉、肌腱、血管、神經等組織組成的運動器官。雙腳共有 66 個穴道，不少穴道與內臟器官特別是大腦都有連接神經反應點，醫學上稱為足反射區。孩子經常赤腳活動，可刺激並活化密布於足底的神

經末梢感受器，透過中樞神經的回饋作用，發揮調節包括大腦在內的器官功能，從而提高大腦思維的靈敏度和記憶力。由此，科學家提出了「要使腦袋靈活，每天走萬步」的觀點。

健身

孩子新陳代謝旺盛，腳部皮膚微血管和末梢神經十分豐富。如果整天穿著鞋子，會使孩子感到很不舒服。孩子活潑好動，腳汗分泌多，而潮溼的鞋子易滋生、繁殖病菌，可能導致孩子腳部軟組織發炎。赤腳鍛鍊剛好避免了鞋襪的這些弊病，不同程度地避免了足癬、雞眼和足部軟組織發炎等腳病的發生。

同時，讓孩子細嫩的腳底直接與泥土、砂石接觸，不僅有益於腳底皮膚的發育、提高足底肌肉和韌帶的力量，更有助於足弓的形成，避免或減少扁平足的發生，無異於腳的健美操。同時，赤腳運動對腳趾、腳掌等部位，也是一種良好的穴道按摩，能達到「健脾益胃消化、強心安神定志、補腎強骨明目、補髓益腦聰耳」等作用，對於小兒的尿床、腹瀉、便祕、營養不良等治療都有特殊的效果。由此看來，經常讓孩子赤腳玩耍，確實是一種「寓健康於娛樂」的有益活動。

依年齡選擇赤腳鍛鍊方法：

1 歲至 1 歲半的寶寶適合在床上訓練。

1 歲半以後可用袋子裝滿光滑的鵝卵石，扶著孩子在上面赤腳踏步。

2 ～ 3 歲後，可帶孩子在室內地板上行走。

4 ～ 5 歲時，可帶他到乾淨的草地、沙地上赤腳行走。

與遊戲融合的赤腳訓練：

1. 撿圓環法 —— 將各色塑膠環套在小棍上，轉動小棍將圓環甩出去，讓孩子赤腳追趕在地上滾動的圓環，撿回來再套在小棍上，反覆做。

2. 「仙女散花」，讓孩子赤腳跑去撿拾，放到籃子中，重複數遍。

3. 踢球法 —— 選用較大的充氣塑膠球，讓孩子赤腳邊踢邊跟著向前走。

4. 撿豆法 —— 用紙或其他材料做成體積較大的紅豆豆、綠豆豆，撒在地上，讓孩子赤腳跑去撿起來。

5. 滾罐法 —— 在空罐頭盒裡裝入小鈴噹或石頭，封好，綁上長繩，讓孩子赤腳牽著在地上滾動。

當然，與其他鍛鍊方式一樣，安全不可疏忽。例如路要直且平坦、乾淨，以軟硬適中的沙土質地為適宜，以防泥土汙染及寶寶的腳被尖銳利物刺傷。

怎樣陪孩子一起玩

美國《母親年鑑》作者、著名兒童教育專家瑪格麗特·凱莉指出，在當前被動接受的電視文化中，大人陪孩子一起玩變得非常難能可貴。因為玩具有極強的示範作用：

大人陪孩子玩，促使孩子熱愛生命，父母學玩一種遊戲，即便玩得不太高明，也能讓子女理解嘗試新事物是件好事。在玩捉迷藏的過程中，如果父母撞在了樹上，孩子見了便會明白，原來做了傻事沒什麼大不了的。父母鼓勵子女嘗試新的玩法，有利於培養一些他們終身受用的創新意識，並使孩子熱愛生命。

怎樣陪孩子一起玩呢？瑪格麗特·凱莉建議：

玩你小時候喜愛的遊戲：無論是和子女一起玩球、捉迷藏、野餐、放風箏、講故事，還是折紙飛機、烤小餅乾，只要你全身心地投入，子女的生活就會充實、有趣。

⊙ **簡單郊遊**：不是只有花費多、行程遠、時間長的旅行，才能讓孩子開

心，其實簡單的郊遊也很美妙。比如在夏天，晚上與孩子一起外出散步，數數星星、唱唱歌，孩子會對此終生難忘。

- ⊙ **保持天真**：在孩子眼中，父母越天真越好。有一年萬聖節，兩個一向斯文、嚴肅的事業型家長，和他們 4 歲的女兒在幼兒園一起參加化裝慶祝會，扮成 3 隻小豬，一邊學豬叫，一邊互相追逐，女兒覺得這是她在萬聖節中得到的最大快樂。
- ⊙ **寓教於樂**：與孩子一起玩紙牌等遊戲，能透過友誼競爭而培養親密感情。有一戶人家，每逢週末晚上就一起玩牌和拼字遊戲，不僅孩子借機練習了數學和語言技巧，成年人也能從中得到娛樂和休息。

凱莉認為，陪孩子一起玩，就像是「儲蓄」一家人的親密和生氣，讓孩子在歡樂和純真的氛圍中健康成長，這才是送給子女的最好禮物。電視在童年記憶中最易被遺忘。

英國科學家發現，最快樂的童年記憶是一些簡單的趣事，比如在戶外建造沙堡、編織花環、放風箏、在池塘中游泳等戶外活動。與之相比，電視、電腦和其他電子玩具都是童年記憶中，最容易被遺忘的東西。

在一項喚起最珍貴記憶的研究調查中，所有參與的女性表示，童年在與朋友和家人進行戶外玩耍時，她們感覺最開心。但沒有一人選擇看電視或玩電子遊戲等孤獨的室內活動。

研究人員還對 500 名母親進行了調查，大多數人認為，現在許多孩子遺漏了無憂無慮的童年經歷。父母感覺孩子太成熟了，不會從採摘野花、野草或放風箏中獲得樂趣，孩子其實非常喜歡做這些事情。這一發現表明，現在的孩子可能錯過人生中一些最美好經歷。令人擔心的是高科技正在創造孤僻、缺乏鍛鍊的一代。

延伸推薦：一組小小親子遊戲串串燒

一組小小的親子遊戲，讓你與孩子在快樂中共同成長與收穫。

1. 一日之計在於晨：利用早晨時光，充分激發孩子熱情：與不同年齡的小朋友一起鍛鍊身體；認識不同類型、不同職業的人；了解社區內各種生活設施和服務專案，知道自己什麼時候需要這些服務。

2. 全家猜猜猜：媽媽爸爸與孩子坐在一起相互提問題，例如：每天家裡起得最早的人是誰？幼兒園裡最喜歡泰迪熊的小朋友是誰？一起猜家裡的親戚、朋友以及孩子的同伴、幼兒園老師等，還可以擴展到家裡的物品以及社區的設施，如醫院、派出所等。

3. 盒子裡的祕密：參加人數 4～5 人，大家依次把一個小盒子往下傳遞。規則：音樂停止時，拿著盒子的人，才可以拆開盒子看禮物；音樂再響起時，拆開的盒子要被蓋好繼續傳遞。一輪傳遞結束後，遵守規則的人能夠得到盒子裡的禮物作為獎勵。

4. 結交新朋友：讓孩子說出自己想要往來的對象，和他一起制定暑期交友計畫，比如：一個月內認識幾個朋友，採取什麼方式，達到什麼目的等等。與孩子一同設計各種漂亮可愛的便條，便條上有問候語、自我介紹、門牌號碼或聯繫電話等等。讓孩子隨身攜帶便條，在遇到自己感興趣的對象時，親手將便條交給他們，當然，選擇對象時要注意安全性，最好將範圍控制在社區內。

5. 易子而教：為了克服家庭教育和家庭環境固有的局限性，有必要擴大孩子的生活環境，變更活動範圍。假期裡：兩個家庭都外出旅遊時，相互交換孩子；與隔壁鄰居之間進行短期「易子」活動；有親戚關係的城市孩子和農村孩子互換，到自己完全陌生的環境中，體會不同的生活。

第十三章　「教」的藝術

▎教養孩子是藝術而不是科學

　　教養孩子需要吸收正確的知識，但教養本身卻是一門藝術，無法套公式。爸媽唯有對自己有信心，凡事以合理為依循，才能讓親子關係愉悅，孩子順利長大。

　　每個孩子的個性不同，面對新經驗的反應也不一樣。請給孩子足夠的時間，等他準備好了自然會想去嘗試或面對。

　　這時旁邊好多媽媽都七嘴八舌提意見，有的說：「我孩子剛入園時也是哭，哭了一個月後就好了。」有的說：「我的婆婆也是堅持不可以跟孩子一起睡，要他獨立，後來他聽了大野狼的故事，現在每晚做惡夢。」發現原來有這麼多的媽媽自己沒有主見，任憑別人怎麼說，自己跟著做，忘記自己孩子跟別人的孩子不同，不能把別人的經驗往自己孩子身上套。

孩子有差異，別套公式教

　　如何教養孩子是個藝術，不是科學，沒有公式可套，也沒有別人做成功，你如法炮製就一定成功。事實上，你不成功的機率大於成功的，因為你的孩子跟他的孩子不同。孩子還沒有準備好，就把他推出去面對世界是件很殘忍的事。

　　每個孩子成熟的時間不同，有的孩子 3 歲，就會跟母親揮手再見，高高興興地去上幼兒園，有的就像這個孩子一樣，5 歲了，還希望能在媽媽身邊。他心裡沒有準備好，還不想離開家去上幼兒園時，硬把他送去哭 2 個月，實在是太殘忍。

被迫獨立，反而受創傷

很多人誤會了「獨立」的意思，以為對孩子一定好。被迫的獨立是童年的創傷，是一輩子的不安全感。現在有好幾個研究都發現：童年的不安全感會影響成年後的親密關係，無法維持長久的男女關係，也無法對異性伴侶做出承諾，他們的人際關係疏離。

過去行為主義盛行時，流行把孩子放在房子最遠的角落一個人睡，哭了不能抱，抱他會強化他哭的行為，要等他不哭了才能抱。現在才從老鼠實驗上知道親子分離的恐懼，會影響大腦荷爾蒙的分泌，現在醫生讓嬰兒的搖籃放在母親臥房，使嬰兒一張開眼就會看到熟悉的面孔，也鼓勵母親把孩子放在胸前，讓孩子聽到母親的心跳，增加他的安全感。孩子哭泣是他有需求的表現。我不了解我們的母親怎麼這麼沒有自信心，會隨便聽從人家的話而賠上孩子的幸福。

教養，一切合理就對了

帶孩子沒有訣竅，凡事一切要合理，孩子每天哭，不合理，不合理就要去檢討哪裡不對，我們每個母親都會說「每個孩子都是獨一無二的」，但是為什麼不會把它應用到生活上，從這裡推論出別人的孩子要這樣，不代表我的孩子也要這樣。

華人很喜歡「從眾」，別人怎樣，自己也要馬上跟進，其實是沒有自信與分析能力，所造成的盲目跟進。為什麼我們對自己這麼沒有信心？我們為什麼這麼在乎別人的閒言閒語？

我想我們的教育從小要孩子反省、檢討自己，會不會檢討得過頭了，對自己沒信心，別人都是比較對。教養孩子不是科學，無法複製，它是藝術，因人而異，父母對自己的教養方式一定要有信心，只要孩子很快樂，

每天迫不及待睜開眼睛開始新的一天，你就做對了，堅持下去，你的孩子會以親密的親子關係來回報你。

▌告訴你怎樣幫寶寶改掉壞習慣

「小偷」！「強盜」！給寶寶冠以這樣的罪名，不免有些誇張吧。這些家長們避之不及的嚴重問題，在寶寶身上卻經常發生，他們對此若無其事。並不是寶寶的基因裡有這麼多惡習，實在是他們不知道「我的」、「你的」和「他的」有什麼區別。

「小偷」：口袋裡經常藏玩具

小可 3 歲：

小可上幼兒園第一天，就把玩具「偷」回了家。那天小可媽去接小可，回家路上發現他的口袋鼓鼓的，一摸是臺塑膠小汽車，問他：「玩具車哪來的？」小可說：「幼兒園桌子上的。」看著孩子理直氣壯、臉上毫無羞恥感的樣子，小可媽及時展開了一場教育攻勢：寶寶，這個玩具不是我們家的，而是幼兒園裡的，你把它拿回來就是小偷啊，小偷可是大壞蛋呢。我們把玩具還回去吧。

反正走得還不遠，他們又折返回到幼兒園，把玩具交到老師手中。儘管小可有點不情願，但笑臉很快又掛在了臉上。小可媽很慶幸自己把孩子可能會有的惡習，扼殺在萌芽狀態，可僅僅高興了沒兩天，小可就故技重施了。

週末帶小可去朋友家串門，回到家，小可把一直緊緊捏在手裡的一條手機鏈向媽媽炫耀，天哪，他把朋友剛才拿出來給他玩的東西偷回了家。這已經不是第一次了，小可媽感覺到事情的嚴重性，那天小可媽讓小可跟我面對面地坐下談心，把道理反來覆去地講了幾遍，直到小可點頭答應以後不再「偷」為止。

但是狀況好了沒幾天，小可又開始「偷」上了，他的手裡、口袋裡不時會有些不明來歷的玩具，害小可媽經常給別人打電話賠禮道歉，再後來，小可媽似乎得了強迫症，從幼兒園或朋友家離開，先要檢查一下孩子的小手和小口袋，有時查一遍還不夠，就怕他「偷」走點什麼。

「強盜」：把別人的東西當成自己的

曉曉 4 歲。

帶曉曉去做客，他常常不給曉曉爸面子，本來想讓孩子去多接觸朋友，學點社交禮儀，可是孩子的行為，讓曉曉爸很受挫。

爸爸一般帶兒子串門，都是選擇也有個跟曉曉差不多大的孩子的朋友家，孩子們可以一起玩。第一次，曉曉就給曉曉爸來了個下馬威，那時他大概 2 歲多。剛開始玩得還不錯，兩個小朋友都很友好，於是他們大人便放心地聊著自己的事情。可是不一會，那邊的「戰爭」就爆發了，曉曉一把搶過那個女孩的玩具，緊緊抱在自己懷裡，一副怒目相向的決鬥樣子。那女孩也不甘示弱：「這是我的玩具！」隨即轉過頭來向我告狀：「他搶我玩具！」

事情明擺著曉曉理虧，曉曉爸一邊安慰女孩，一邊批評曉曉：「你怎麼可以不講道理呢？快把玩具還給小姐姐。」沒想到曉曉竟然委屈地大哭起來：「這是我的！」哭鬧怎麼都止不住，直到朋友成功說服女兒，把玩具送給曉曉，他的抽泣也還沒停止，顯然傷到他的心了。

後來曉曉爸學到教訓，做客時讓曉曉自己也帶上一、兩個玩具，與小朋友分享，效果看上去要好一些，不過偶爾還會發生搶別人東西的事情，才不管哪樣東西是自己的，哪樣又是別人的呢，先搶過來再說。也許男孩小時候就是這個樣子吧，唯一的辦法就是少帶他出門，免得「強盜」成性。

讓寶寶改掉「偷」和「搶」的方法

讓寶寶改掉「偷」和「搶」的惡習，有三種方法可以嘗試。值得提醒的是，要糾正寶寶的行為習慣，不是一招一式可以見效的，因此辦法要多次使用和交叉使用，以幫助寶寶建立物權概念。

- ⊙ **直截了當法**：當發現寶寶發生「偷」、「搶」時，最直接的方法就是當場制止，並講道理，讓寶寶停止正在發生的行為，或彌補已經發生的行為，比如把東西還給別人等。不過稍大點的寶寶，要注意保護他們的自尊心，可以在語言上動些腦筋，比如拿走幼兒園的玩具時，可告訴寶寶，「別的小朋友玩不到了，他們會傷心」，以激起孩子的同情心；也可以跟孩子說，「媽媽非常討厭拿別人東西的寶寶」，利用孩子需要被認同的心理，來解決問題。

- ⊙ **旁敲側擊法**：家長可選擇一些類似的故事給寶寶講，要注意，講完故事還不能達到教育的目的，而應該把故事裡孩子的行為挑出來問寶寶：「這個小朋友做得對嗎？」如果寶寶知道不對，可讓他講出哪裡不對，以加深印象；如果寶寶較小，還不能分辨，家長可直接用語言和表情來加以評判，給寶寶樹立正確觀念。還有一種辦法可以嘗試，比如寶寶把玩具拿回家，媽媽可把那個玩具放在自己耳朵邊，假裝問玩具一些話，然後跟寶寶說：玩具哭了，它說它的家在幼兒園，它要回幼兒園找爸爸媽媽。

- ⊙ **提前預防法**：孩子喜歡自言自語，父母可利用這一點。當寶寶在玩具店或朋友家拿著不屬於自己的玩具時，父母可以讓寶寶跟著說：「這不是我的東西，不能拿。」、「我借來玩一會，馬上還給他。」孩子透過自我言語，也能限制自己的想法和行為，強化自我控制能力。

- ⊙ **換位實踐法**：根據孩子所做的事，來個位置對換，也可以說是以其人之道還治其人之身。透過換位實踐法，讓孩子體驗對方所處的心境，

從而達到理解他人，明白自己的錯誤，並改正錯誤的目的。具體做法是在寶寶「犯罪」後不久，媽媽與爸爸商量好，爸爸悄悄拿走寶寶目前最喜歡的玩具，媽媽引導寶寶去找，當寶寶找不到時，媽媽告訴他「被爸爸拿走了」。此時寶寶肯定會不高興，借此機會告訴寶寶，「剛才你拿了別人的東西，別人跟你一樣會生氣」。寶寶就會明白，不管是誰這樣做都不對。

孩子沒有物權概念

三、四歲的孩子沒有物權概念，對所有權的界限，實際上並不清晰，他們分不太清楚幼兒園的東西和自己家裡的東西有什麼特別的不同，由於自我意識的發展，他們已經意識到自己的存在，頭腦中有了「我的」、「我自己的」概念，但對「你的」、「他的」概念又比較模糊。所以，對一切他們有興趣的東西，都認為是自己的。有些孩子只要覺得玩具喜歡，就把它們帶回家裡去了。作為家長，如果發現孩子有類似情況，不必著急，更不必給孩子誇張地戴頂「小偷」、「強盜」的帽子。

經過教育，也許孩子還會有許多次的反覆，這是因為他們需要把正確的觀念，經過多次實踐才能內化為理解接受的東西。在這個過程中，父母要平和心態地陪伴，孩子才能輕鬆愉快地接受，並走過這個階段。

每個孩子的發育狀況不同，如果到五、六歲寶寶已經能夠分清你、我、他之後，還有這種壞習慣，家長就真該好好重視了。

如何調教軟弱的孩子

性格是一種個性心理特徵，畏首畏尾、缺乏獨立性、過分依戀親人、在陌生人面前不敢說話等，是性格軟弱孩子最明顯的表現。在性格形成時期，孩子表現出性格意志的缺陷，應引起父母重視並及時進行幫助、

引導。

1. 讓孩子學會生活，照顧自己。家長的包攬代替是孩子形成性格軟弱的重要原因之一。一些家長對孩子百依百順，不讓孩子做任何事情。這等於剝奪了孩子自我表現的機會，導致了孩子獨立生活能力的萎縮。

2. 讓孩子接觸同伴，鍛鍊自己。心理學家指出，孩子的性格在遊戲和日常生活中表現得最為明顯，這也是糾正不良性格的最佳途徑。愛模仿是孩子的一大特徵，父母要讓性格軟弱的孩子經常和膽大勇敢的小朋友在一起，跟著做出一些平時不敢做的事，耳濡目染，慢慢地得到鍛鍊。

3. 尊重孩子，不當眾揭孩子的短處。相對來說，性格軟弱的孩子比較內向，感情較脆弱，父母尤其要注意保護孩子的自尊心。如果當眾揭孩子的短處，會傷害孩子的尊嚴，無形中的不良刺激，更強化孩子的弱點。

4. 讓孩子大膽地說話。要做到這一點，還是必須在父母身上努力。首先，父母應該戒急戒躁，不能當面打罵、責備，逼迫孩子說話；其次，可以邀請一些同齡小孩和性格軟弱者一起參與團體活動，這時父母在一旁引導或乾脆迴避，讓他們有一個自由無拘束的語言空間。如果狀況允許，父母還可以常帶孩子到一些視野、空間開曠的地方，鼓勵孩子放聲宣洩。

▍孩子的提問你是如何解釋的

生活中，我們無意有意的會去注意一些小而見大的現象，是因為那些所謂的小事情，特別地反映了一個道德觀念或者是一種普遍的社會現象。從而人們都會拿出來「以小見大」地警示於更多的人。在寶寶教育的階段，這些問題同樣也顯而易見。

　　孩子在成長的環境中，接觸到你給予的和你還沒有給予的現象，都會表現出他們的「奇思妙想」。因此，我們在對待孩子教育的問題，千萬不能忽視！

　　例如：你和寶寶走在路上，路邊形形色色的路人，或許還包括路邊沿街乞討的人，還有全力清掃垃圾的清潔工人。或許這個時候你也不會下意識的警覺，你的孩子此時此刻在思考著什麼？當孩子彎下腰去撿掉在地上的一塊餅乾，或者指著撿垃圾的老爺爺問你：「媽媽，這是不是就叫做老無為（老無為就是說：年紀大了沒什麼用了，只能撿撿垃圾了！）？」的時候，顯然，孩子的理解是錯的！

　　但是這個時候你是怎麼回答孩子的呢？問題或許在這裡就出現了。

　　也許根本不是刻意，或許很多家長壓根也沒有，也不會去注意、分析自己這樣或那樣的話語，是否影響到了孩子的健康成長，很多家長在生活中，提醒孩子什麼事情該做或者什麼事情萬萬不可以去做時，常常會用嚇唬或者片面的描繪，達到讓孩子遠離的效果。

　　但是，在這裡存在一個不容我們忽視的問題，那就是在你形容的言談中，是否已經無意識的教會了孩子不正確的價值觀或者道德觀。

　　有些家長會為了能讓孩子奮發讀書，就會順著孩子的意思告訴孩子：「是啊！所以你要好好讀書，可不能像那樣子以後撿垃圾哦！又髒又臭的。」我們不排除有這樣的方式來警示孩子好好讀書，不能浪費時間。

　　但是似乎同時告訴了孩子什麼是「歧視」！從此在孩子學習和複製能力飛快成長的階段，做父母的一定要注意，在孩子接觸到的任何資訊裡，也許就隱藏了很大的教育觀念。從而影響了孩子的健康成長！

▍愛護孩子的好問心

　　「為什麼鳥會飛？」、「為什麼魚會游？」、「為什麼太陽從東邊升起，

從西邊落下？」……

隨著孩子年齡的增加，對周圍的事物產生了強烈的好奇心，孩子就會提出各式各樣、千奇百怪的問題。好問是孩子的天性，是孩子可貴的求知欲的萌芽，思維火花的迸發。那麼，作為家長，我們應如何對待孩子提出的問題，做到愛護孩子的好問心呢？

認真對待，不要拒絕

孩子有可能會問一些我們認為非常幼稚可笑的問題，如：「種下穀粒到秋天就收到不少稻穀，如果我把小魚種下去，會收到很多小魚嗎？」對於這種問題，我們不能回答：「胡說。魚是不能種的！」或「你煩不煩，這種可笑的問題你也問？」這種斥責、嫌煩、拒絕的態度，都會使孩子感到失望。

我們可以這樣說：「喲，這個問題真有趣……」然後再把原因和結果一一道來。親切地、不厭其煩地回答孩子提出的問題，會使孩子覺得自己有了個了不起的發現。因為孩子好問，是說明他在思考問題，善於發現問題，應當認真對待，給予支持，不要拒絕，這樣，才能培養孩子提問的積極性。

探尋動機，藝術作答

孩子有時候提出的問題，是「醉翁之意不在酒」。因此，家長也要弄清楚孩子的動機，不能簡單地從字面意義去回答。比如，孩子問：「為什麼總不下雨？」對於這個問題，如果探尋到孩子說這句話的動機 —— 她想玩傘，就應說：「是啊，快下雨吧！這樣，我們家的小朋友才能撐起那把漂亮的新雨傘。」如此的回答才是孩子所需要的。對於一些不便於回答，或不好回答的提問，則想辦法轉移話題。可以說：「你這個問題提得

真好，但現在時間不多，我們先來做個有趣的遊戲吧！」這樣，就轉移了孩子的注意力，但又不使孩子失望。

深入淺出，言簡意賅

回答孩子提出的問題，不要長篇大論。因為，有些問題的解釋並不是孩子都理解的，況且，孩子的注意力並不持久，長篇大論，對於他們並不合適。如果是一些簡單的問題，就直接回答，如果是一些複雜問題，可以翻書尋找到正確答案後再回答，或巧妙地啟發，留給孩子思考的餘地。

如魯迅先生的兒子海嬰問魯迅：「爸爸，你是誰養出來的？」魯迅先生和藹地回答：「是我的爸爸媽媽養出來的。」海嬰又問：「你的爸爸媽媽是誰養出來的？」「是爸爸媽媽的爸爸媽媽養出來的。」「爸爸媽媽的爸爸媽媽，一直到從前，最早最早的時候，人是從哪裡來的？」「是從單細胞來的。」「沒有單細胞的時候，所有的東西都是從什麼地方來的？」海嬰問個不休。魯迅先生覺得，這個問題不是幾句話就能說清楚的，為了不讓兒子失望，他親切地告訴海嬰：「等你長大讀了書，知識豐富了，就會明白了。」做父母的應像魯迅先生那樣深入淺出，言簡意賅，耐心地回答孩子。

引導探索，共同解答

由於孩子對周圍事物都充滿了好奇心，因此，提出的問題都是五花八門的。如果能夠順勢而為地啟發孩子自己去作判斷，那麼，就能增加孩子探索科學知識的欲望，如：「潛水艇為什麼能潛水航行，又能浮出水面航行？」這個問題，如果只是對孩子進行理論性的講解，他們可能理解得不透徹。這時，家長就可以找一些物品來做實驗，並告訴他，這是根據魚鰾能讓魚沉浮的原理來製造的，根據動物的一些特性來製造的物品還有很

多。這樣就能引導孩子去觀察、去思考，提出更多的問題。

如果家長因知識有限，不能準確地回答，那也不能因愛面子而胡編亂吹牛，因為如果孩子接受了家長的錯誤的知識，以後就不能對事物做出正確的判斷。應該說：「讓我們一起翻查資料，共同解決吧！」這樣，孩子就會認知到家長重視他提出的問題，樂於幫他解決問題，進而樂意提出問題。

孩子與父母爭辯並非壞事

心理學家經過科學調查得出了這樣的看法：在叛逆期中，能夠與父母進行真正爭辯的兒童，在以後會比較自信、富有創造力和合群。

德國心理學家安格利卡·法斯博士證實：隔代人之間的爭辯，對於下一代來說，是走上成人之路的重要一步。孩子與父母的爭辯，在兒童的成長歷程中至少有以下益處：

1. 刺激孩子智力的發展。
2. 孩子勇於與父母爭辯的直接原因，是他們語言能力的進步和參與意識的覺醒。
3. 在爭論時，孩子必須根據自己對環境的觀察分析，選擇、運用學到的詞彙和表達的方式，試圖有條理地表達自己的欲望，挑戰父母。這無疑有利於刺激孩子語言能力的發展。
4. 除此之外，透過爭辯孩子可以學到爭論、辯論的藝術，這對兒童日後的發展是有利的。可以幫助孩子形成意識。

心理學家認為，爭執能幫助兒童變得自信和獨立。在抗爭中的孩子感覺到自己受到重視，知道怎樣才能貫徹自己的想法。理智的父母通常不將自己的想法簡單地強加在孩子的身上。法斯說，孩子與父母爭辯後注意到，父母並非總是正確的。

辯論的勝利，無疑使孩子獲得一種快感和成就感，既讓孩子有了評估自己能力的機會，也鍛鍊了他們的意志力。

因此，家長應為孩子的爭辯創造一種輕鬆、平等的氛圍。在爭辯的過程中，家長應循循善誘、以理服人，莫以為孩子與父母爭辯是對父輩的不敬。

▍教你聽懂寶寶的「話中話」

一、兩歲的寶貝開始使喚人了，一會兒要做這個，一會兒要做那個。不讓做，他會吵鬧，匆忙地做了，他依然這也不是，那也不是，彷彿存心和你作對，一副不把你折磨發瘋，誓不罷休的樣子。

你是不是恨得牙癢癢，正想給他的小屁股蛋印上五個紅紅的手指印呢？寶貝究竟想要幹什麼？

豆豆一直都是個很乖巧的小女孩，不過到她 1 歲 5 個月開始，這個乖巧的小女孩可就太讓父母頭痛了。她一會兒要這個，一會兒要那個，就滿足她的要求吧，她偏偏左也不是，右也不是，有時候急了就會大發脾氣。豆豆媽幾乎要被這個小孩折磨瘋了。這天，用奶瓶給豆豆餵完奶，媽咪把奶瓶放在茶几上忙別的事情去了。媽咪剛一轉身，豆豆立刻哭鬧起來，指著自己的奶瓶一直說：「奶瓶！」媽咪以為她要奶瓶，就把奶瓶拿給她。可是豆豆又是搖頭又是搖手的，媽咪以為她不要奶瓶了，立刻把奶瓶放下，誰知豆豆更加煩躁地哭鬧起來。莫非她沒喝夠？

媽咪剛拿起奶粉，想要再給她沖些奶粉，豆豆立刻又不高興地嚷嚷起來：「水水！」媽咪鬆了一口氣……唉，原來她是要喝水。媽咪倒了些水在奶瓶裡遞給豆豆，可是豆豆還是不斷地說著水，並且哭鬧起來。就這麼鬧來鬧去的，媽咪始終沒有能夠了解和滿足豆豆的需求。而豆豆依舊反反覆覆指著奶瓶嚷嚷個不休。

這個小東西，她究竟要幹嘛呢？漸漸的，媽咪沒有了耐心，豆豆也越來越煩躁，最終兩個人都大發火，一時間，媽咪的呵斥聲，豆豆的哭鬧聲響成一片，好不熱鬧。

毫無疑問，豆豆想要做的事情跟這個奶瓶有關係，可是她究竟想要幹什麼呢？幸好保姆買菜回來，看到豆豆哭鬧，保姆立刻明白，原來她是想用水龍頭裡的水把奶瓶洗乾淨。直到保姆回來，這場風波才算就此平息。

很多父母可能都有與豆豆媽類似的經歷：一、兩歲的寶貝開始提要求了。可是不管你是照著他的意思去做，還是違背他的意願去做，他都會大發脾氣，讓人感到左也不是右也不是。為什麼會出現這樣的情形呢？是小孩子不講道理。故意跟父母作對嗎？

當然不是！根本的原因不在寶貝不講道理，而在我們根本不懂寶貝表達自己的特別之處。正是因為我們不了解他們語言能力發展的這些特別之處。才會導致我們所理解的與寶貝真正所要表達的意思相去甚遠。甚至出現南轅北轍的局面。通常。寶貝在表達自己的時候，會有以下我們不太了解的特性：

用一個事物指代某種因果關係

一、兩歲的寶貝提到某個事物，他想要表達的，也許並不是這個詞表面上的含義，而是跟這個詞有著某種邏輯關係的另外意思。

朋友家有個快 2 歲的小男孩，叫天天。天天常常說的幾個詞有「門」、「樓梯」、「藥」，雖然是很簡單的幾個詞。但是他用這幾個詞表達的意思卻非常的豐富。不了解他的人是沒法理解他真正的需求的。

我們來分析一下這個小男孩表達自己的方式。就會發現一、兩歲寶貝，表達自己思想的一些特別的邏輯：

實例一：「門！」

天天的「門」有很多的含義，第一是指真正意義上的門，二是指他被困在某個地方，他要找一個「門」出來，所以這個「門」還有「出口」和從什麼地方「出來」的含義。

實例二：「樓梯！」

天天的「樓梯」第一層含義，當然還是「樓梯」，第二層含義則是「高處」，第三層含義是「要爬高」，因為爬樓梯，人的空間位置就會提高，他就把「樓梯」這個詞跟一組有相關連繫的概念掛上鉤，因此，當他想要爬高，或者想要去拿放在遠處的某個東西的時候，他也會說「樓梯」。

實例三：「藥！」

天天的「藥」字第一層含義是「吃藥」，第二層含義則是他有點不舒服。因為每次不舒服，他都會吃藥。他就會把身體的所有不舒服，諸如痛、癢等，都跟這個「藥」字連繫起來。

用個別事物指代一類事物

一、兩歲的寶貝有自己特別的邏輯，他們常常把個別事物以及與這個事物相關的一類事物連繫起來，當成是同樣的事物。所以，我們常常會看到這樣的現象：當我們告訴寶貝山坡上吃草的那隻動物是一隻羊。

並且他也認識了羊這種動物之後，我們恰巧看到了另外一隻在草地上啃食的動物 —— 牛，他會立刻很興奮地告訴我們：

「媽咪，羊！」即便我們明明白白告訴他那不是羊，是牛，他仍然可能把他們混淆，很堅定地先入為主地告訴你，他看到的是一隻」羊」。對這個年齡的寶貝來說。羊不再僅僅是羊，而是在草地上啃食的一類動物，包括牛、羊、馬、驢……

用事物的局部指代事物的整體

　　除了難以區分個別事物與同一類事物之外。寶貝還經常用一個事物的局部來指代這個事物的整體。比如，當媽咪正在用刀叉將一大塊牛排，切成小塊餵給寶貝吃的時候。他可能會不停地叫嚷：「吃肉！」不管媽咪多麼迅速地遞給他切小的牛排。

　　他仍然會繼續叫嚷不休。實際上，他真正的意思不是要吃媽咪切下來的牛排，而是要媽咪將整塊的牛排給他。當媽咪將整塊的牛排給他之後，他會立刻變得安靜下來。隨後，在他確認自己對付不了那一大塊牛排之後，他會允許媽咪繼續將牛排切小餵給他吃。

用一個事物指代與之相關的所有事物

　　一、兩歲的寶貝在提到某個事物的時候，他很有可能指的不是這個事物本身，而是與這個事物相關的別的事物。比如前面提到的豆豆的故事。她一再地嚷嚷要「水」，實際上並不是想要水。而是要用水來洗奶瓶。水僅僅是與洗奶瓶相關的一個事物而已。

▌如何應對寶貝的「話中話」

　　適當應對寶貝的「話中話」取決於很重要的兩點：

拓展寶貝的「話中話」

　　僅僅理解寶貝的「話中話」是遠遠不夠的。而且，一個在寶貝面前過於善解人意的父母，對他語言能力的提高，並沒有好處，甚至還可能妨礙他語言能力獲得更大幅度的發展。要讓寶貝提高語言表達能力，我們還需要在理解他的基礎上幫助他更貼切地表達自己。

所以，當我們發現寶貝以上述的方式表達自己的時候，我們試著將他真正的想法表達出來。透過這種方式讓他明白。除了這種語意含混的表達方式之外，他還可以有更多更貼切的表達方式。慢慢的。寶貝的語言能力也就隨之發展起來了。

聽懂寶貝的「話中話」

　　寶貝語言發展的特徵跟古人類語言發展的特徵很類似。我們回過頭來看看文言文，那真可謂語意豐富到了極點。所以文言文一個詞就是一個情景。一句話就是一個故事甚至好幾個典故，不了解這些背景，我們就很可能摸不著頭腦。

　　如果我們能回過頭生活在那個時代，理解了每個詞與外界事物之間的這種連繫與邏輯關係。那麼文言文可能就會變得非常好懂。一點都不晦澀了。要真正聽懂寶貝的「話中話」。我們就要多關注寶貝的生活，以學習文言文的方式，將他口中說出來的這些詞跟他生活中所聞所見的一切事物，以及他的生活經歷緊密連繫起來，從這個詞展開，去理解它們之間的連繫與邏輯關係。

▋促進寶貝探索行為錦囊妙計

　　西西在花園裡玩耍，不小心將含在嘴裡的牛奶糖掉落在地上。第二天，西西走到花園裡同一位置的時候，突然想起了她前一天掉落的牛奶糖。西西尋遍了花園的每個角落，但是她的牛奶糖莫名其妙變得杳無蹤影。西西覺得很奇怪，牛奶糖被誰吃了呢？是小鳥？小蝸牛？小螞蟻？還是別的小動物？或者是旁邊的小草？

　　西西再次將嘴裡的牛奶糖吐在花園的地上。她蹲在牛奶糖邊，仔細地觀察。小鳥、小草、小樹苗……等，西西能夠想到的吃她牛奶糖的這些小

竊賊都毫無動靜。她有些不耐煩了，於是決定到別處轉轉，隨後又不甘心地回到牛奶糖旁邊。哈哈，終於找到竊取她牛奶糖的小壞蛋了。原來是小螞蟻。西西蹲在旁邊充滿興致地觀察著。螞蟻越來越多，連成線，連成片，西西沿著螞蟻爬來的方向繼續尋找，終於找到了螞蟻窩。一整天，西西都有事情可做了，她一會看看牛奶糖，一會看看螞蟻窩，不斷冒出新念頭，又不斷在觀察中否定自己，或者肯定自己。她像個小小福爾摩斯，探究著周圍的一切。

環境回應促進寶貝的探索行為

　　喜歡探索周圍環境，幾乎是寶貝的天性，從出生那天起，寶貝就對周圍的一切產生了濃濃的興趣。雖然他們還沒有語言能力，卻用很多方式來和周圍的世界交流。如哭泣就是最早出現的一種，將自己的需求資訊傳遞給父母的交流手段。哭泣是嬰兒適應環境的一種重要方式，嬰兒的哭泣有不同的模式，可以表達嬰兒不同的需求，敏感的父母可以很快辨別出嬰兒的不同哭聲所代表的不同含義：餓了、生氣、撒嬌，還是疼痛或不舒服。

　　如果嬰兒的哭泣引起成人的注意，並得到及時的反應，哭泣就會成為嬰兒有意獲取與父母溝通的手段。能對嬰兒發出的信號做出反應的環境叫做「回應性環境」，這種回應性環境對嬰兒早期的心理發育具有極其重要的作用，它可以鼓勵嬰兒更加積極地探索周圍的環境，並在不斷探索環境的過程中，逐漸感受到自己的能力，他的好奇心和活動能力便得到培養和加強。

　　相反，如果缺乏這種回應性環境，嬰兒發出的各種信號，沒有得到及時的回應，嬰兒就會陷入一種「無助狀態」，並因此獲得一種負面的經驗，即周圍環境是無法控制的，於是他會逐漸放棄對環境的探索，表現出冷漠、被動和退縮行為，變得反應遲鈍，發育緩慢。

因此，父母需要為嬰兒提供一種回應性環境，即一種能對嬰兒發出的信號和動作做出及時回應、刺激豐富的環境。如對嬰兒的哭鬧和其他不適信號及時做出反應，經常與嬰兒說話、逗樂，給嬰兒抓取玩具或改變物品的位置的機會等等。在這些活動中，嬰兒的興趣、信心和探索能力將不斷地得到發展。

　　隨著寶貝年齡的增加，他的這種探索行為表現得越來越明顯。如果能好好保護寶貝的這種天性，並對寶貝的探索行為給予正確的引導，寶貝就會在探索過程中，掌握很多探究事物奧祕的訣竅，父母就能為寶貝開啟一扇智慧之窗。

寶貝探索行為發展進程

　　0～3個月 —— 這個時期，寶貝的大部分行為，都是由生理反射功能決定，因此他關注的重點是他自身。例如，寶貝喜歡在自己眼前晃動雙手、玩弄自己的手指等等。

　　4～12個月 —— 隨著寶貝視覺能力和動作協調能力的發展，任何在他抓取範圍內的東西都成了他努力探索的目標。此後，在各種障礙物中爬行、聆聽自己製造的各種聲音、躲貓貓和玩球、往地上丟東西等等，這一切就成了他探究周圍世界奧祕的有趣遊戲。

　　1歲以上 —— 隨著寶貝記憶力和推理能力的發展，他們開始喜歡做各種帶有假想推測性質的遊戲，這些遊戲幫助他們獲得更多有關周圍環境的寶貴經驗，並逐漸學會了如何控制自身及周圍的事物，為加強他們探索周圍世界的積極性，發揮了極其重要的作用。

　　這種探索行為促使他在行動、心智、溝通上取得長足的進步，也更激發了他探索整個環境的欲望。於是，寶貝不斷地把自己向前推進，成為一個快樂而活躍的探索者、資料收集者與各項活動的積極參與者。

促進探索行為的 4 條錦囊妙計

及時發現並引導寶貝的探索行為

寶貝一些看似淘氣的行為，其實就是他努力探索周圍世界的表現。

比如，媽咪給寶貝端來了牛奶，而寶貝此時手裡正拿著一顆塑膠球，他可能會頑皮地將球丟進牛奶，觀察球掉入時牛奶濺出的情景。看到牛奶濺到桌面上，他可能用手指沾著桌面上的牛奶往嘴裡送，也可能繼續將其他的物品丟入杯中，以此來驗證他的推測。寶貝還可能在牛奶中加入果汁、食鹽、冰塊，或者任何他能想到的東西，來繼續他的探索行為。

當發現寶貝有這樣的行為的時候，父母千萬不要因為寶貝浪費了牛奶或者弄髒了衣物而輕易地阻止寶貝的探索行為，而應積極創造條件，引導寶貝朝著更加深入的方向探索。比如，父母可以為寶貝準備更多的材料，讓寶貝嘗試，也可以為寶貝提供更多探索的線索，讓他做多方位的嘗試。

透過提問引導寶貝的探索行為

無論和寶貝一起做什麼，父母都可以就當時的場景與情景提出一些問題，引導寶貝對周圍環境與事物發生興趣，同時也透過父母有意設計的一些問題來引導寶貝掌握探究事物奧祕的方式與方法。

比如，冬天的時候，和寶貝一起用臉盆到外面裝一些雪或者冰塊回來，讓寶貝猜猜冰塊放在溫暖的房間裡會發生什麼現象。不必告訴寶貝答案，讓他自己去探索。

當寶貝發現冰塊融化，一點點變成水，問問寶貝，冰塊或雪融化的原因。如果寶貝回答不出來，父母可以進一步引導寶貝思考：房間裡跟戶外有什麼不一樣？把臉盆裡的水繼續放到戶外又會怎樣？用瓶子或者塑膠袋裝上水放在冰箱裡冷凍又會怎樣？經過多次這樣的反覆，在父母那些問題

的引導下，寶貝一定能發現冰與水，水與冰之間轉化的奧祕。

呵護寶貝喜歡提問的特性

每一個為什麼都是寶貝對事物的原因或目的的想像，每一個怎麼樣都是寶貝對事物發展過程與原理的思考。當寶貝問為什麼時，父母往往可以隨口解答，但當寶貝進一步探求事物之間的關係而提出為什麼時，父母的回答就要慎重一些了，最好根據寶貝的年齡特性、知識經驗，深入淺出地給予解釋，甚至有些問題可以暫時不給出答案，而僅僅提出一些建議，讓寶貝自己去觀察和動手驗證。

有條件的話，可多給寶貝創造些親身體驗的機會，如在假日帶寶貝出去旅遊，引導他觀察各種自然現象，增加各方面的知識。在睡覺前，父母可以講一些有趣的故事，或讓他們看一些畫冊、幼兒讀物等，並從中提出一些問題，讓他思考解答，開闊寶貝的眼界。

引導寶貝探究事物奧祕

學會細心地觀察事物是寶貝探究事物奧祕的基礎，親自動手嘗試則是寶貝化解內心疑問、探索事物發生和發展變化之間因果關係的可靠途徑。

比如在外面觀察螞蟻，父母不能只停留於讓寶貝觀察螞蟻在幹什麼，而要引導寶貝觀察螞蟻活動的其他細節，比如螞蟻搬運食物時，會齊心協力朝著一個方向運動，當然也有的螞蟻會朝著相反的方向用力，但是當發現自己的錯誤時，牠們會及時修正自己用力的方向。為寶貝準備一個放大鏡，可以讓他看到更多螞蟻活動的細節和螞蟻的身體特徵等等。

如果寶貝想要了解小花小草怎麼用「嘴」吃飯，可以為寶貝準備幾個透明的玻璃瓶，將一束白色的花插在裝有不同顏色液體的玻璃瓶中，觀察白色的花束發生的變化。將帶根的小草插在一支玻璃瓶中，再將一棵去掉

根的小草插在另一支玻璃瓶中，讓寶貝觀察它們之間的不同等等。

　　當然，喜歡探索周圍環境的寶貝常常會帶給父母很多麻煩，因此，為了避免麻煩，不少父母可能會有意無意地限制寶貝的這種探索行為。但是，聰明的父母卻會順勢培養出一個小小「福爾摩斯」。

▌關掉電視，打開想像

　　想像力是無限的，只要父母肯花時間，有耐心地去引導與鼓勵小孩，他們的能力就可以發揮到意想不到的境界。人常會因外在聲色刺激的誘惑而忽略了「自身的寶藏」。有了電視以後，孩子好像就不會玩了，在家便守著電視機，被動的接受別人灌輸的訊息，一旦沒有電視，便茫然不知該如何打發時間。被動慣了，主動的機制生鏽了，想動也動不了了。影像圖片最大的壞處是，它會限制你的想像力。電影、電視傳送的是導演的想像力，它的進入會鎖住自己的想像力，使其不得發揮。

　　諾貝爾文學獎的日本得主大江健三郎的太太從小多病，臥床無聊時，她的母親便將小說一遍一遍的念給她聽，無形中增加了她豐富的想像力，後來成為很有名的創意插圖畫家。她說如果那時日本有電視，她大概就不會成為創意畫家了。心理學上有先入為主的現象，一旦印象形成便很難跳開原有的窠臼，這也是為什麼小孩子的想像力比大人好的原因。這是因為小孩的心靈還沒有那麼多的限制，可以隨意發展。大人做事明確，迅速的代價其實就是創造力、聯想力的喪失。

　　想像力是創造力的泉源，像這種全家一起圍爐說故事或親子共讀就是培養創造力最好的機會。同一個東西可以有很多不同的玩法，只要你肯用腦筋去想；同一環境也是，當你看膩了這個環境時，不妨換個角度來看看，它的景觀立刻完全不一樣了。

　　蓋瑞・卡森（Gary Carson，美國最有創意的卡通畫家之一）說：「最

好的娛樂方式就在你的大腦中，不必外求」。至少有 25 個好主意可以讓電視一邊站，讓一家人快樂而充實。

1. 玩搔癢遊戲，跟寶寶摔角，笑得滿床打滾。

2. 吹掉棋盤上的灰塵，玩一盤飛行棋或大富翁。

3. 讓寶寶用所有的沙發靠墊搭個堡壘，爬來爬去，和你玩假裝的射擊戰鬥。

4. 閱讀（危險的嘗試，因為寶寶可能上癮）。帶寶寶去圖書館，為他借些書，讀書給他聽，直到你的嗓子崩潰。

5. 教孩子一些你的拿手本領，比如編織、折紙、打領帶、玩某種器械，把時間花在學技能上。

6. 一起上個學習班。想想看，有沒有你和孩子都想學的東西呢？

7. 吃些熱點心，然後去溜冰。

8. 去參觀博物館或城市歷史展覽館。

9. 聽有聲讀物、童謠、說故事、相聲，種類很多。

10. 寫封家書，不是用電子郵件，而是用鋼筆和紙，如果寶寶太小還不會寫字，可以讓他們在信上畫個畫，塗個鴉，然後讓他口述你來代寫。爺爺奶奶、外婆外公和那些遠方的朋友會為此深深感動的。

11. 準備一些漂亮有趣的裝扮，讓孩子打扮起來玩遊戲，起初也許會比較麻煩，但很快你就會驚異地發現，孩子很快就能跟上節奏，並有更新奇地想法。

12. 在客廳開家庭舞會了。

13. 教孩子所有你知道的卡片遊戲，如果你不記得了，也可以自己發明。

14. 烤東西吃，甚至年紀很小的寶寶也能參與製作簡單甜點。

15. 照著食譜，一起烹調晚餐。

16. 結交朋友。跟親戚、鄰居、朋友、同事，或寶寶幼兒園結交的小朋

友，相約家庭間的聚會。

17. 種植植物或飼養小動物。有大量的書教你這方面的知識，買一本，和
    寶寶一起開始動手。

18. 助人為樂 —— 為別人做點事。在一個原本用來看電視劇的下午，帶
    著孩子給育幼院的孩子送去舊玩具，或到公益團體為需要幫助的人
    服務。

19. 解決家裡的小麻煩，疏通下水管道、縫補裂開的褲子。關掉電視讓你
    有時間去做這些平時被忽略的普通事情。可以讓孩子幫你拿工具、或
    整理他自己的東西。

20. 放鬆。閒坐著看看天，和孩子一起體會被電視占據的時候，沒有的
    空閒。

21. 看演出 —— 戲劇、舞蹈、音樂會，引導孩子流露真情，那是和面對
    螢幕，看錄影帶時不同的。

22. 出去玩，即使外面天寒地凍。跑跑跳跳、堆雪人、拉雪橇（如果雪足
    夠厚的話）。

23. 照像，一起做剪貼或布置相簿。孩子喜歡看他們更小時期的照片，還
    可以讓孩子和你一起美化相簿，使它成為家庭的珍藏。

24. 拉著寶寶的手在夜色裡散步，看看社區的夜景，看看星星。

25. 歡笑、交談，大人和孩子彼此分享。看電視意味著未曾真正面對家
    人，而一旦成員之間互相交流得更多，就越會發現彼此的可愛、
    出色。

給自己和孩子一點想像的空間，會增加很多的樂趣。下次吃過晚飯，
請控制你的手指頭，不要去開電視。

▎父母和孩子講道理的技巧

循循善誘,充分的講道理,是家長教育孩子的重要手段,跟孩子講道理不僅需要有耐心,還應結合兒童的心理特徵,選擇恰當的方法和技巧。

首先,要充分肯定孩子的長處。古語云:「數子十過,不如獎子一長。」跟孩子講道理,應充分肯定孩子的長處,對孩子的進步給予及時的表揚和鼓勵,在此基礎上再對孩子的過錯予以糾正,這樣孩子就容易接受大人的意見。如果一味地數落孩子,責怪孩子這也不是那也不對,只會讓孩子產生自卑心理和叛逆心理。

其次,所講的道理要「合理」。跟孩子講的道理應合情合理,不能信口胡說,也不能苛求孩子,因為大人信口胡說,孩子是不會服氣的,大人的要求過分苛刻,孩子也是辦不到的,比如生活中有的父母自己喜歡吃零食,卻對孩子大講吃零食的壞處,如此,孩子是不會聽從的。

其三,要給孩子申訴的機會。跟孩子講道理時,孩子可能會對自己的言行進行辯解,大人應給予孩子申訴的機會。應該明白,申訴並非強詞奪理,而是讓孩子把事情講清楚講明白,給孩子申訴的機會,孩子才會更加理解你所講的道理,使教育收到良好的效果。

其四,要了解孩子的情緒狀況。孩子和大人一樣,情緒好時比較容易接受不同的意見,不高興時則容易固執,因而跟孩子講道理,要充分了解孩子的情緒狀況,在其情緒較好時,對其進行教育,若在孩子情緒低落時跟他講道理,是不會奏效的。

第十四章　為孩子提供一個安全的成長環境

▎談如何應對「育兒突發事件」

　　嬰幼兒食品、用品的安全、平時的感冒發燒、跌打損傷……等，孩子成長過程中的任何一點不順利，都會引起家長們的不安，有時這種不安，甚至會成為傷害親子雙方的心理問題。如何應對育兒過程中的突發事件呢？應對突發事件，家長應該做到「打好預防針」並且「遇事樂觀不慌亂」，才是正確的解決之道。

　　什麼是「育兒突發事件」呢？「在生育、養育和教育孩子的過程中，家長們會遇到一些無法預期、出乎意料發生的事情，如：生育中的母嬰突發疾病、醫療事故；養育中孩子的疾病、藥物過敏、意外傷害；教育中由於教養不當導致的注意力不足過動症、自閉症等和引導不當造成孩子心理不健康、人格不完善等等。」有關專家表示：「這些突發事件是家長們所不能預料的，但有時也難以避免，因此家長應該了解如何更好地應對。」

恐慌心理會傳染孩子

　　專家認為，面對育兒突發事件時，家長千萬不能恐慌。因為，有時候恐懼比事件本身帶來的傷害更大。

　　據了解，「恐懼心理」狀態嚴重時會干擾正常生活，內心的緊張情緒不斷累積，繼而會出現無所適從甚至思維和行為的紊亂。黃繹霖說：「當家長的緊張情緒相互傳遞和影響時，因為嬰幼兒具有超強的感知力和感受力，他們會以『印刻』的方式把對這種情緒的印象留在潛意識裡。」

正確應對有章可循

　　如果家長正在遭遇此類育兒突發事件，應該如何應對呢？專家認為家長需把關注的重點放在「我該做些什麼讓自己和孩子的影響降到最低、讓孩子盡快好起來」上，而不是一味地關注問題本身。向家長提出了以下建議：

1. 把心疼放在心裡。孩子出現病痛，家長心疼可以，但不要憐憫。該傳遞的資訊是：寶寶很勇敢，能戰勝「病痛」，而不是在一旁暗自神傷、無所適從。在醫院時，我們就會看到這樣一個場景，一個媽媽看見孩子打針，自己先哭了，結果孩子受其影響也哭得天昏地暗，這對治療可是沒有一點好處。

2. 耐心，樂觀應對。樂觀的家長，孩子生病好得也快；悲觀敏感的家長，孩子一生病就得拖上半個月。孩子不舒服了，有時候會變得煩躁，自然需要家長更有耐心地陪伴。這時給孩子講故事、做遊戲都是家長安慰孩子的良方。

3. 做個「博學」的家長。專家認為家長應該用心地掌握一些一般護理的常識，學習科學的方法。比如：小感冒不用吃藥，多喝溫水，七天就自然會好了，這樣，孩子抵抗力也會增強。又如，造成皮膚過敏的原因，不能完全說是用品的問題，皮膚抵抗力太高是造成過敏的主要原因之一，寶寶的頭髮即使什麼也不用，出生時的黑髮也會慢慢變黃等等，這些都是家長需要學習和懂得的基本育兒常識。

讓騙子遠離你的孩子

　　看到一觸目驚心的場面，「騙子」跑到幼兒園來了！

　　偶然看到這一報導後，真是不得不令我們所有的家長提高警惕。當

「騙子」已經給我們的生活帶來了傷害時，一切就已經太晚了。孩子的安全教育一定是從小開始培養的。

現在隨著孩子的生活品質上升的同時，生活安全環境似乎也跟著變得更複雜。孩子在平日裡想吃到的好吃的，幾乎父母都是有求必應，甚至變化著給寶寶補充各式各樣的營養。生活樂趣也不僅僅只是些小玩具陪伴了，到香港迪士尼樂園玩，可能也早已是部分家長給孩子實現了的夢想。那麼究竟是什麼會使孩子僅僅為了一根「棒棒糖」、為了「肯德基」、為了「玩具」就輕易的偏離了安全的防線。當然，我們不排除孩子的思想是單純的甚至是空白的，沒有辨別複雜好壞的能力。

但是除此之外，我們不妨換個角度來看看這個問題，是不是還有哪裡出現了問題？

在整個由幼兒園主辦的假扮陌生人「行騙」的過程中，我們不難看出孩子對各式各樣欺騙的手段做出的不同的反應：有輕易跟著就走了的；有稍微猶豫也跟著走了的；當然也有「抵死不從」的；還有的小朋友挺身而出解救上當受騙的同伴，同樣都是孩子，為什麼在面對危險的狀況時，做出的反應卻相差甚遠呢？

狀況一：「阿姨有一個很好玩的玩具哦。看，這個『皮卡丘』會變身的呢。」、「你們都想要啊，那阿姨帶你們去買好不好啊？」──「好！」

狀況二：「小朋友，你叫什麼名字呀。」「小樂。」孩子沒有任何考慮報出了自己的名字。「哎呀，阿姨找你好久了呢，你爸爸說家裡出了點事情，讓阿姨先接你回家，好不好？」小樂幾乎連想都沒想，「好。」前後不到一分鐘。

狀況三：「我是你們老師的朋友。我有很多好吃的棒棒糖，你們要吃麼？」記者一拿出棒棒糖，一下子圍上來好幾個小朋友，小朋友們看著棒棒糖的眼睛是發亮的，可是誰也沒有伸手拿。「想吃麼？阿姨帶你們去買

好不？」「不要，媽媽說吃糖牙齒會壞掉的」、「不能出去，老師會說的。」說完就自己滾輪胎去了。這次的「誘騙」，以失敗告終。

狀況四：「報出媽媽電話，才能跟你走」在諸如此類現象中，家長到底在平日裡跟孩子如何溝通的我們不得而知。孩子是單純的，但是他的單純絕對是願意相信家人的。那麼就應該在生活裡反覆地跟寶寶強調如何面對「陌生」的關心？糖固然是甜的、漢堡固然是美味的、玩具固然是有誘惑力的。

但孩子最願意相信的還是親人。所以在平時我們注重的，不單單是孩子的健康成長，這其中同樣是包括了安全防範意識！

特別提醒各位家長：把您能想到的，和您想不到的可能會被使用的行騙手段，都必須重視起來，對孩子給予恰到好處的提醒方式。在安全問題上，一定要做到「六親不認」！

▎讓孩子遠離 16 種有害用品

「家裡不是最安全的地方，到處都隱藏著有毒物質。」英國倫敦大學國王學院環境科學系史蒂芬·史密斯教授列舉了 17 種日常家居用品，並逐一給出了較為安全的替代方案。

空氣清新劑

空氣清新劑大多含有苯酚。人體吸入後，會產生呼吸困難和頭痛，並刺激眼睛。接觸皮膚後，還可能導致脫皮，引發蕁麻疹。

替代方案：用自然方法清新空氣，如養盆栽植物，或擺放柚子皮。

漂白劑

大部分漂白劑都含有一種名為次氯酸鈉的化學物質。它具有很強的腐

蝕性，會釋放出具有刺激性的有毒氣體，過度接觸可能對肺部和頭髮造成損傷。漂白劑和氨水產品（常用作家庭清潔劑）同時使用尤其危險，因為兩者會發生化學反應，釋放出氯氣。

替代方案：對於一些難以洗淨的髒汙，可以用檸檬反覆擦拭。

人造地毯

人造地毯大多含有不穩定的有機化合物，長期接觸可能會導致過敏性疾病。

替代方案：購買使用天然纖維，如羊毛、棉花製成的地毯。

洗碗精和洗衣粉

洗碗精和洗衣粉含有碳酸鈉和磷酸鹽，都容易導致過敏反應。

替代方案：用不含磷酸鹽的產品。

電器

許多電器，如電視、電腦和電熱毯，通常含有溴化阻燃劑。溴化阻燃劑釋放到空氣裡，有可能被人體吸入，而且不易排出體外。目前，溴化阻燃劑已經被證實能引起老鼠流產，在瑞典等歐洲國家被禁用。

替代方案：用熱水袋代替電熱毯；把電器搬出臥室，避免在睡覺時吸入溴化阻燃劑。

清潔劑

許多用來清潔玻璃窗的清潔劑，含有特殊的氨氣味。這會刺激和腐蝕皮膚，造成眼睛和肺的不適。長期與氨接觸，還會造成肝臟受損。

替代方案：用兩湯匙的醋，加上一公升熱水，再用布沾溼後擦玻璃。

染髮劑

染髮劑能夠透過頭皮，吸收到體內。早前，歐盟委員會曾禁止 22 種化學製品用於染髮。

替代方案：相信自然就是美。

含鎳的珠寶

含鎳的珠寶、首飾可能會造成接觸性皮膚炎。

替代方案：盡量佩戴黃金或白金製成的首飾。

廁所清潔劑

廁所清潔劑裡通常含有萘。這種有毒物質會刺激皮膚、眼睛和呼吸道。大量吸入後，人的肝臟和腎會遭到損害。

替代方案：將 250 毫升白醋倒入馬桶內，隔天再刷。

指甲油清洗劑

指甲油清洗劑通常含有丙酮溶劑。長時間使用，會導致頭痛和精神混亂。

替代方案：不塗抹指甲油，自然也就不用清洗劑了。

塑膠玩具

塑膠玩具裡可能含有鄰苯二甲酸酯。美國一項研究發現，長期接觸鄰苯二甲酸酯會造成生殖器畸形。

替代方案：選用一些木質玩具。

鞋油

鞋油中含有硝基苯。具有中樞神經系統毒性，可引起頭痛和嗜睡。

替代方案：用棉布沾橄欖油，再加幾滴檸檬汁，塗抹在鞋子上，幾分鐘後擦乾淨即可。

化妝品

化妝品通常含有一些有毒的化學物質。如護膚乳液中的二甲苯是導致流產的高危險因子。

替代方案：在包裝上尋找環保標示，確認其成分。

洗手乳

洗手乳含有一種叫界面活性劑的化學物質。這種物質能產生泡沫。也能導致皮膚水分流失，使之變得乾燥粗糙。

替代方案：使用有機產品。

化學纖維床單

化纖床單中可能含有甲醛。這種物質能刺激皮膚和呼吸道，而且永遠不可能被清洗乾淨。

替代方案：盡量使用百分之百純棉的床單。

去屑洗髮精

去屑洗髮精通常含抗真菌成分。其中最常用的就是活膚鋅，它可能會引起皮膚敏感。

替代方案：嘗試用橄欖油按摩頭髮十分鐘。

寶寶周圍的危險陷阱

　　意外發生後，媽媽的後悔和眼淚已經無濟於事了。圍繞在寶寶周圍的意外傷害很多，我們把它揪出來，徹底堵死危險的陷阱。

媽媽身上的「暗器」

　　受傷過程：媽媽的指甲、戒指，都是可能會讓寶寶幼嫩肌膚，留下清晰疼痛傷害的「暗器」。往往媽媽們並不自知，在抱寶寶，撫摸寶寶的過程中，長指甲和各種戒指，經常肆虐寶寶的肌膚。一歲左右的寶貝只能用哭聲來控訴，大一點的寶貝則能指出所傷害之處。

　　媽媽還有一個更要命的「暗器」，就是化妝品，這些化學製品，無論是擦在臉上，還是以漂亮的包裝放在桌上，都容易成為寶寶的口中之物，後果很嚴重。

　　最後，媽媽的不夠耐心和細心，也往往是給寶寶造成意外傷害的殺手。比如在給寶貝拉拉鍊的時候，一不小心，就會將拉鍊拉到孩子的臉上，好好的一張小臉被突然襲擊了一下，這種瞬間的疼痛，很讓人心情不好。

　　對策：在抱寶寶，特別是小寶寶的時候，請記得摘掉戒指，如果有可能，在孩子非常小，經常需要媽媽抱的時候，不要留長指甲。指甲的抓傷和細菌帶來的看不見的傷害，對寶寶來說是無妄之災。化妝品請妥善保管，讓寶寶來親自己的時候，先把臉洗乾淨，不然寶寶間接的「汲取」了化學殘留物，傷害可能不會立竿見影，但會有後遺症的哦。

　　對寶寶多些細心，多關注生活的細節，來自媽媽自身對寶寶的傷害會明顯降低。

碰傷

易受傷對象：一、兩歲，剛學會走路的寶寶。

受傷過程：寶寶欣喜地發現自己居然能夠走啦。雖然跌跌撞撞，卻興奮異常。到處走走的時候，被和他身高差不多的傢俱，如：桌角、門、窗戶等硬的角碰了，撞到。

對策：使用安全防護裝置。在傢俱的邊緣、有凸出部分的櫃子、有尖角的窗戶上加裝防護設施，如圓弧角防撞棉墊；給桌椅板凳的椅腳裝上柔軟材質的安全護角，就像市場上賣的卡通護角；窗戶最好改成推拉的，盡量將孩子活動的空間弄得空曠些，不要在地上設置「絆腳石」。

跌落

易受傷對象：從剛會翻身的寶寶，一直到七、八個月會爬了的寶寶。

受傷過程：對身邊事物的興趣越來越濃、好奇心越來越旺盛的小傢伙，抓到想要的東西的欲望越來越強烈，從床上掉下來的機率也就大大地增加了。有的孩子愛爬高，剛剛能站立的寶寶總是試圖跨越小床、小車或寶寶專用高腳餐椅的護欄。

有的兩、三歲的寶寶喜歡爬上高處，比如自己踩小凳子爬上大凳子去拿想要的東西。因為寶寶平衡感尚未發育完全，很容易摔倒；有的寶寶喜歡在窗臺或陽臺上看風景、遊戲，如果窗戶上沒有護網，孩子容易撲空摔下，即使僥倖無礙，這份驚嚇也是大人和孩子都「享受」不了的。

對策：如果將寶寶放在大床上玩，床的兩端最好有護欄，或者一邊靠牆，沒有護欄的一邊用被子、枕頭阻隔一下，但一定要放穩，以防壓到孩子。小床的欄杆間隔不要太寬，避免寶寶的頭部伸出護欄後被卡住。另外，床要遠離窗戶、燈具、加熱器以及能爬上去的傢俱。如果家裡的空間比較大，也可把寶寶放在木地板上，或在地上鋪上地毯，讓他練習爬。寶

寶坐在小車、高腳椅或其他較高的地方，身邊最好有人看護。

對那些事事獨立，喜歡登高一試的寶寶，父母可用做遊戲的方式，讓寶寶知道這樣做可能帶來的危險。爸爸媽媽最好準備穩當安全的大小凳子，盡量不用折疊椅，保證寶寶的安全。還有，如果你的住宅是在一層以上，就應該裝上護欄；陽臺欄杆的間隔不可太大，以免寶寶穿過而墜落。

滑倒

受傷過程：裝修房間時，有些爸爸媽媽喜歡用拋光的大理石地板，它們光光的、亮亮的，顯現出華麗與時尚。然而，人走在上面，總有種滑滑的感覺，如果上面再滴上一點水，簡直和走在冰上沒什麼兩樣。就是普通的光面磁磚，孩子走在上面也很容易摔跤。

對策：即便是家裡鋪著木地板，廚房也不可避免地要使用磁磚。當它們沾上水漬及油漬時，地面就很溼滑。所以，媽媽應事先規劃好一個安全路線，防止寶寶溜進廚房。

洗手間的地面使用防滑磁磚，也很難避免寶寶不會滑倒。所以，在洗臉臺、浴缸附近，鋪上橡膠地墊，能有效保護寶寶。洗手臺的邊緣如果是直角的，要加裝圓弧角型防撞棉墊，以免寶寶滑倒時受傷。有一種止滑墊不錯，媽媽可買來黏貼在寶寶的鞋底上；另外，為孩子選防滑的鞋底，能達到保護作用；也可在地上貼止滑條。

觸電

受傷過程：對孩子來說，插頭和插座真是太神奇了，一插上，燈亮了，電視螢幕上有聲有圖像了，在電腦上也能玩遊戲了，它裡面到底有什麼，寶寶當然要探個究竟。

對策：家裡有小寶寶，最好使用安全插座，有安全蓋板的那種，插

座、插頭要防護好，不用時可以用椅子擋一下，盡量不使用能隨處移動的延長線。裝修時，應將插座安裝在比較高的位置，至少在 1 公尺以上高度，讓寶寶摸不到。不讓孩子玩電燈開關和拔燈泡，也不要讓孩子拆弄家用電器。不要將電線隨意散落在房間裡，電線如果有破損的地方，應馬上換掉。

用知識武裝寶寶的頭腦，以故事的形式讓寶寶明白電的危害一點不小於「大野狼」，形象的東西更能給孩子留下深刻的印象，比如帶寶寶到醫院看看被電擊的病人，或許比對他說上千遍更有效。

燙傷

受傷過程：在家庭中遭遇燒傷和燙傷的，有 50%以上是兒童，尤其是 3 歲以下兒童。孩子不小心碰倒熱水瓶、水壺、熱粥、洗澡水等燙傷時常發生。

對策：盡量讓寶寶與熱的東西「劃清界限」。熱水瓶應放在孩子拿不到的地方，如廚房裡的桌子或高臺上，煮熟的熱粥、熱湯也要放在高處。將廚房裡的物品擺放整齊，不要隨手亂放，孩子一旦進入或不慎滑倒，就會造成身體摔傷或燙傷。

當然，最好避免孩子進廚房。飯菜擺上桌前，媽媽提醒孩子離開餐廳，以防莽撞的寶寶撞翻媽媽端著的剛出鍋熱菜、熱湯。吃飯時，把熱湯放在孩子摸不到的地方，等溫度適中，再放到孩子面前。當然，爸爸媽媽可以讓寶寶適度感受「燙」的危險，如抓住他的小手，摸摸燙的杯子，摸摸升起來的蒸汽，幾次下來，他就知道這個東西是燙手的，就不會再亂抓了。

劃傷

受傷過程：剪刀、刀子、筷子、牙籤的東西，經常要用，藏起來也不方便，就更要對孩子強調危險性。玻璃的傷害也不可小視。如果寶寶不留神用東西弄碎了書櫃、大衣櫃、鏡子的玻璃，或把小玻璃瓶、玻璃杯等掉到地上摔碎，玻璃瞬間就變成利器，劃破皮膚，造成傷害。

對策：對於這些有可能傷害寶寶的日常用品，父母不妨虛張聲勢，比如假裝自己的手被刀、剪刺一下、割一下，然後大呼小叫：「哎喲痛啊，出血啦 ── 」，並做出愁眉苦臉很痛苦的樣子，孩子就會覺得這個東西很可怕。一歲以上的寶寶可以嘗試用筷子，但父母不能離開他的左右，別忘了提醒孩子不能拿著跑動，兩歲半以下的寶寶最好不拿著類似筷子的長東西走動，以防摔倒時戳著。

兩歲以上的孩子可以學著使用剪刀，但那一定是兒童專用的安全剪刀，使用時也要有大人在他身邊。盡量不讓四歲以下的孩子與玻璃杯、玻璃瓶，瓷的碗勺一類的東西單獨親密接觸。寶寶喜歡聽敲擊這些物品時發出的聲音，你可以把它們換成塑膠的或木製的，這樣就比較安全了。

藥物

受傷過程：如今不少廠家把藥物做得很精緻，給孩子吃的藥口感也很好，形狀也好看，比如有一種退燒藥，外型是彩色的袖珍迷你小球狀，甜甜的很好吃。正是這個原因，使一些孩子很喜歡吃藥，於是，吃過量的藥或吃錯藥的事情時有發生。

對策：對四歲以下的小寶寶說清楚，藥不是糖，即便好吃，也只能在生病的時候吃。否則會中毒暈倒，父母可以透過遊戲讓寶寶明白藥物中毒的危害，加深寶寶的印象。如果孩子開始認字了，父母可和孩子一起認藥瓶上的藥名、有效時間、使用量及禁忌，這些對能認識簡單的字的孩子很有效。

藥物一定要放在櫃子裡收好，或放到比較高的地方，盡量遠離孩子的視線。另外，對洗潔精、消毒水、廁所清潔劑等物品，也要收好。

窒息

受傷過程：孩子把珠子、扣子、乾燥劑、花生、棗核等放入嘴中「品嘗」，結果誤入氣管。有個別孩子吃東西時說話、笑、哭、跑等，均易造成氣管異物，引起窒息。

對策：三歲以下的寶寶，最好不玩這些細小的東西，如果發生意外，應立即將孩子倒立、拍背，能將氣管中的異物吐出。稍稍拖延，都有生命危險。小嬰兒要防止被枕頭、被子等悶住。家長睡眠時要慎防壓到孩子。不要讓孩子把整個頭塞進塑膠袋內，或把被子、床單等罩住頭，一旦引起窒息，就比較麻煩。告訴孩子，家中櫃子、箱子不是藏身之地，否則躲進去出不來，也會造成窒息，就再也見不到爸爸媽媽了。

愛是細心，愛是耐心，愛是責任。我們往往以愛之名對寶寶行傷害之事。在我們眼皮底下的意外傷害，只要我們用心防範，就一定能杜絕發生！願寶寶平安成長！

注意隱藏在嬰兒床裡的危險

寶寶的嬰兒床安全嗎？快去檢查一下寶寶的嬰兒床，看看下面講的 7 個陷阱是不是已經填平了？

陷阱一：防護欄

安全隱患：卡頭。嬰兒的頭部骨骼相對較軟，如果防護欄間隔過大，就有可能發生寶寶的頭穿進去，被困在兩條欄杆之間的情況。

防禦準備：購買嬰兒床時，可隨身攜帶一把尺，測量一下嬰兒床的防

護欄間距，保證它們之間的間隔為 4.5 公分～ 6.5 公分，才能放心購買。

TIPS：購買時可以帶個可樂罐去測試，可樂罐應該不能穿過欄杆。

陷阱二：床墊

安全隱患：窒息、被困。嬰兒床的床墊絕對要適合嬰兒床的尺寸。太小的床墊容易移動，可能使床邊出現空隙。過大的縫隙會導致寶寶的手臂或腿陷入裡面。寶寶的手臂、腿和臉埋進鬆軟的墊子裡，可能造成被困甚至窒息。

防禦準備：

1. 把床墊推到床的一端，檢查剩下的空隙是否超過 4 公分，如果你還能在床墊和床邊之間放得下兩隻手指頭，這就說明床墊太小。
2. 定期檢查嬰兒床墊的支撐系統，任何在不正當位置的掛鉤必須修理或更換。支撐床墊的掛鉤和床板應由保險裝置使之安全地嵌在凹槽裡。

注意：不應該把嬰兒放到任何柔軟的平面上。水床、內裝綠豆的布袋、軟而鬆的表面物皺褶和縫隙，會使嬰兒面部周圍的空氣滯留，妨礙嬰兒呼吸。

陷阱三：繩帶

安全隱患：被捆、窒息。活動的繩帶可能纏住寶寶的身體。如果不慎捆住脖子，更是有窒息危險。

防禦準備：

1. 如果寶寶的床上捆綁了保護裝置，注意超出裝置的捆綁繩帶要剪短、剪齊，以免嬰兒嚼到或被纏繞。
2. 玩具、風動飾物、奶嘴和床具也要檢查，確保沒有超過 18 公分長

的、可能使嬰兒窒息的繩帶。

注意：能夠坐起來的**寶寶**，床上不要安裝保護裝置。

陷阱四：床上用品

安全隱患：阻礙呼吸、窒息。軟綿綿的床上用品雖然看上去很舒服，但是**寶寶**一旦抱住，就有可能遮住頭部，影響呼吸。

防禦準備：

1. 拿走棉被、奶嘴和又大又軟的枕頭。
2. 鋪上床單並盡可能鋪平，將床單邊緊緊地塞進床墊，以避免出現皺褶而阻礙嬰兒的呼吸。
3. 不要使用活動的塑膠床墊罩或防水床單，以免纏繞嬰兒頭部而導致嬰兒窒息。
4. 床單和毯子應足夠大到塞進床墊，而被褥卻不要塞得太緊，否則會限制嬰兒的活動自由。
5. 寶寶 1 歲前，不要使用被套。

陷阱五：懸吊式玩具

安全隱患：纏繞、懸掛。通常嬰兒在 4 至 5 個月時就能爬動，當嬰兒爬行時，很容易被懸吊的繩子纏繞而發生危險。

防禦準備：

1. 無人看護時，不要把玩具綁在欄杆之間或掛在床的上方。
2. 將玩具綁在寶寶抓不到的地方。
3. 一旦寶寶能夠坐起來，一定移除所有的懸吊式玩具。

陷阱六：絨毛玩具

安全隱患：過敏、阻塞呼吸。絨毛玩具的絨毛可能掉落，影響寶寶正常呼吸。而且毛絨絨的絨毛下面可能藏有細菌、蟎蟲等過敏原，寶寶身體敏感，可能發生過敏現象。

防禦準備：

1. 周圍的環境，應盡量保持無絨毛狀態。
2. 如果嬰兒易患呼吸道過敏症的話，使用一些不容易引起過敏的床墊和被褥，避免將沾滿絨毛、灰塵和頭髮的玩具動物放在嬰兒的床上。
3. 避免一些毛絨絨的毛料床具和長毛之類的物品，這些物品不僅會導致過敏，還會阻塞嬰兒的呼吸道。

陷阱七：床邊環境

安全隱患：爬出、窒息。寶寶不願意安安穩穩地躺在床裡，所以千萬不要輕視嬰兒床外在的環境。一個疏忽大意，可愛的寶寶就有可能發生危險。

防禦準備：

1. 不要把床放到靠近發熱體或者有窗簾、布料垂下繩線的地方，避免寶寶拉扯。
2. 不要把床放在窗戶或傢俱旁邊，以免寶寶用手或腳去抓這些東西，爬出嬰兒床。

▌錯誤做法讓熟睡中的寶寶遇意外

媽媽在寶寶睡熟後的一些錯誤做法很容易讓寶寶遭受意外的傷害，給寶寶帶來痛苦。作為合格的媽媽，你知道哪些做法是對的，哪些做法是錯誤的嗎？

在車上睡熟不叫醒

「每次寶寶在車上睡著了，我都捨不得叫醒他，即使到家了也讓他安靜地自然醒比較好。」一位媽媽說。

現在汽車走進了千家萬戶，駕車出行日益增多，寶寶在路上睡著了自然不能完全避免。到了目的地，可是寶寶還沒有醒，讓寶寶在車裡睡醒成為了眾多媽媽的首選。可是，媽媽你沒有注意到的是，你的做法恰恰是將寶寶送入了一個危險的環境中。

危害：汽車在行駛過程中會產生一氧化碳，並有少量的一氧化碳進入車內，長時間會給寶寶帶來安全危險；現在汽車座位多是真皮或合成皮設計，寶寶睡在這樣的座位上不利於體內汗液正常排出體外，從而影響寶寶分泌系統功能正常發揮作用，甚至引起皮膚炎；在不注意的情況下，睡著的寶寶也會因為汽車的突然啟動、停車而撞到內裝，造成一定的傷害。

解決方法如下：

- ⊙ **擦拭汗液**：汽車到達目的地後，媽媽首先要用乾淨的毛巾擦拭睡眠中寶寶身上的汗液，減輕睡眠中寶寶不適感。為了避免寶寶感冒，媽媽在給寶寶擦拭汗液的過程中最好不要解開衣服，可以從寶寶後背伸入擦拭。

- ⊙ **披外套**：睡著的寶寶在汽車內體溫會比平時高 2℃～ 3℃，因此媽媽在寶寶下車前，需要給寶寶披一件外衣或毯子，這樣可以避免寶寶受到冷風的刺激，引發感冒。

- ⊙ **動作輕**：媽媽在抱寶寶下車的過程中動作要輕，最好有其他人從旁協助。動作過大容易使寶寶受到驚嚇。

在無聲房間裡睡覺

一位媽媽說：「我知道噪音對寶寶的危害很大，為了寶寶能睡個安穩

好覺，我讓他在無聲房間裡睡。」

　　嘈雜的環境會讓寶寶睡得非常的不安穩，為了給寶寶一個好的睡眠環境，許多媽媽選擇無聲環境。無聲環境看似能給睡寶寶一個舒適的睡眠，其實更多的是帶給寶寶傷害。

　　危害：無聲環境會使寶寶產生恐懼不安的感覺，心理上產生巨大壓力，尤其是對神經系統造成嚴重的後果，引起食慾減退、情緒煩躁、思維混亂等症狀。

　　解決方法如下：

⊙ **控制噪音**：為了改善寶寶的睡眠環境，媽媽需要控制寶寶房間的噪音。媽媽可以在寶寶的房間放置一個鬧鐘，指針跳動的聲音，打破了房間的無聲環境；寶寶在睡眠時，媽媽要將房門關閉，以免隔壁高分貝的談話聲，影響到寶寶的正常休息。如果寶寶房間附近有工地施工，媽媽需要將寶寶帶往其他噪音低的地方暫時居住。

睡著後將門窗緊閉

　　「冬天風大，每當寶寶睡覺的時候，我都會把門窗緊閉，這樣寶寶就不容易受風著涼了。」媽媽說。

　　冬季在南方與北方都是一個多風的季節，媽媽為了減輕寶寶受涼的機率，喜歡在寶寶睡覺時緊閉門窗，隔絕任何外來的風。媽媽這種做法看似完全合理，可是卻將潛在危險遺留給了寶寶。那麼封閉環境會給寶寶帶來哪些危害？媽媽又如何才能讓寶寶睡得安全呢？

　　危害：流通的空氣才是最好的空氣！媽媽將寶寶房間門窗緊閉，完全阻隔了空氣的流通，這使空氣中的各種病菌與灰塵不能夠及時排出室外，造成室內細菌量嚴重超標，寶寶長期呼吸這樣的空氣，很容易造成寶寶呼吸系統出現疾病。

如果寶寶此前已經患有其他疾病，那也許還將會更加的嚴重。例如，感冒發展成肺炎，腹瀉又加上感冒，麻疹又合併了肺炎等。

在封閉的環境中，寶寶的房間溫度會大幅上升，超出寶寶 27℃ 的理想溫度。寶寶在高溫環境中會大量地排汗，造成體內水分的缺乏；汗液不及時擦拭很容易造成寶寶皮膚炎。

解決方法如下：

⊙ **流通空氣**：為了改善寶寶房間的空氣品質，媽媽需要在條件允許的情況下開門窗。在南方，由於氣溫比北方高出 10℃ 左右，媽媽可以在天氣好的情況下開一扇窗戶通風。媽媽打開的窗戶要遠離寶寶，同時媽媽需要每隔 30 分鐘左右觀察一下室內溫度。北方天氣不允許媽媽開窗通風，但是媽媽可以打開寶寶房間的門，利用隔壁房間開啟的門窗進行間接通風。

⊙ **灑水降塵**：細菌、病菌通常都會附著在空氣中的灰塵上面。媽媽在寶寶的房間撒上一些水，這樣會極大降低空氣中漂浮的細菌、病菌。媽媽可以用噴霧器向空中均勻地噴灑，這樣能夠最大限度地降低室內灰塵與細菌、病菌，還能夠降低室內過高的溫度。

睡覺前 1 小時玩遊戲

媽媽說：「寶寶很貪玩，還常常拉著我一起遊戲，為了不影響寶寶休息，我把遊戲控制在他睡覺前 1 小時結束。」

媽媽在陪著自己可愛的寶寶玩耍時，經常會忘記時間。可是寶寶的睡意上來了，媽媽只好哄寶寶進入夢鄉。這種行為會嚴重危害到寶寶的大腦與身體發育。

危害一：睡眠品質差。

寶寶玩耍後會很興奮，這時候媽媽哄寶寶入睡會影響寶寶的睡眠品

質。寶寶雖然進入了睡眠狀態，可是他的精神活動還在持續，並沒有得到休息。這時候寶寶很容易從睡眠中被噪音吵醒，造成睡眠的中斷。這種睡眠品質很難保證寶寶充分的休息，連續長時間睡眠品質差，會影響寶寶大腦與身體發育，嚴重時會造成寶寶睡眠時間的混亂，引發其他疾病。

危害二：降低抗病力。

寶寶睡眠品質不好，會阻礙寶寶身體免疫系統功能的發育，降低寶寶身體的免疫力，降低抵抗力，使寶寶易患疾病。

解決方法如下：

⊙ **掌握睡眠規律**：寶寶睡眠時間都有一定的規律性，但每個寶寶並不完全相同，媽媽只有確認了自己寶寶的睡眠時間，才能夠更好地安排寶寶的遊戲時間。媽媽在寶寶睡前的 1 到 2 小時內可以做一些簡單的智力類遊戲，在寶寶睡前 1 小時禁止做任何遊戲，尤其是需要大量體力的遊戲。媽媽可以在寶寶睡前放一些輕鬆、舒緩的音樂，引導寶寶入睡。

⊙ **睡前洗澡**：寶寶每天洗澡不僅促進血液循環，更有利於健康成長，促進睡眠品質的提高。媽媽可以在寶寶晚睡前給寶寶洗澡，這樣寶寶就能擁有一個「好夢」。

但媽媽要注意，寶寶剛吃完東西後是不能洗澡的，要間隔 1 小時方可入浴；洗完澡後，媽媽可以給寶寶做一些按摩，讓他舒舒服服入睡。

注意 10 個最危險的「玩樂方式」

拋寶寶

危險動作：用手托住寶寶的身體，往上拋出一公尺高，在其下落時用雙手接住。

對寶寶的危害：寶寶自上落下，跌落的力量非常大，不僅有可能傷害到成年人，而且成年人手指也有可能戳傷寶寶，如果被戳到要害部位，會引起內傷。更危險的是，一旦未能準確接住寶寶，後果不堪設想。

「坐飛機」

危險動作：雙手分別抓住寶寶的脖頸和腳腕，用力往上舉，同時轉圈。

對寶寶的危害：這種玩樂方式不僅有跌傷寶寶的危險，還有導致腦麻的風險。因為這種快速旋轉，會使寶寶的腦組織與顱骨相撞，損傷腦神經，影響大腦的發育。

轉圈子

危險動作：大人雙手抓住寶寶的兩隻手腕，提起後飛快轉圈。

對寶寶的危害：這種玩樂會使寶寶轉得頭暈眼花，放在地上站立不穩，甚至跌倒。有時還因離心力的作用，容易使寶寶的手腕關節脫臼。

「中彈」

危險動作：讓寶寶張開口，向其口內投花生或豆子，投一次吃一粒，這是十分危險的遊戲。

對寶寶的危害：一旦花生或豆子投入氣管，或寶寶笑時嗆入氣管，輕者嗆咳，重者窒息。

「拔蘿蔔」

危險動作：有些大人想試一下寶寶的重量或者逗寶寶開心，和寶寶玩「拔蘿蔔」的遊戲，雙手拉住寶寶的手臂提離地面。

對寶寶的危害：這種動作最易扭傷寶寶的手腕關節和肩關節，導致脫臼，增添寶寶的痛苦。

過多逗笑寶寶

　　危險動作：適當地逗逗小寶寶，既可給家庭帶來樂趣，也能使寶寶在笑聲中健康成長。但是，過分的逗笑卻會帶來一些不好的後果。

　　對寶寶的危害：寶寶缺乏自我控制的能力，如果逗得笑聲不絕，會造成瞬間窒息、缺氧，引起暫時性腦缺血，有損大腦功能，還可能引起口吃。過分張口大笑，容易造成下頜關節脫臼。睡前逗笑，還會影響寶寶入睡。

觸摸生殖器

　　危險動作：有一些大人喜歡用手抓摸小男孩的生殖器逗他玩，這種玩樂方式不但不雅觀，還對寶寶的健康有不良影響。

　　對寶寶的危害：這種玩樂方式有可能使寶寶以後出現手淫的壞習慣，加上寶寶的生殖器和尿道黏膜比較嬌嫩，容易受到傷害。大人手上沾染的病菌會侵入寶寶尿道，造成泌尿系統感染。

亂捏鼻子

　　危險動作：在日常生活中，有些人看到寶寶的鼻子長得扁，或者想逗寶寶樂，喜歡用手捏寶寶的鼻子。別小看這輕輕的一捏，可能會帶來意想不到的後果。

　　對寶寶的危害：常捏鼻子會損傷黏膜和血管，降低鼻腔防禦功能，容易受到細菌、病毒入侵而生病。亂捏鼻子會使鼻腔中的分泌物、細菌透過咽鼓管進入中耳，引發中耳炎。

扯寶寶臉頰

危險動作：寶寶長得活潑可愛，父母和親朋好友常常喜歡用手捏寶寶的臉頰，其實表達喜愛的方式有很多，何必要用這種容易讓寶寶受傷的做法呢。

對寶寶的危害：寶寶臉頰脂肪豐滿，肌肉張力低，常受刺激易使局部軟組織和血管神經受到損傷。此外，如經常受到刺激，腮腺和腮腺管收縮能力會降低，可引起寶寶流口水和腮腺感染。

口對口餵食

危險動作：父母害怕寶寶被燙著，在給寶寶餵食時，喜歡自己先嘗一下或者將食物嚼爛，然後用嘴將食物餵給寶寶，這其中帶有玩樂的成分，但也有潛在的害處。

對寶寶的危害：這樣做易將細菌傳給寶寶，增加寶寶患病的機會，尤其是某些經唾液傳播的傳染病，如 A 型肝炎、肺結核等。

▍保證讓孩子在家中的安全

除了要讓孩子養成注意安全的習慣，使他的周圍盡可能的安全以外，你還應該使用對孩子安全的家庭用具來防止孩子嚴重受傷，這個階段的孩子好奇心極強，你越是不允許他們涉足的領域他們越是感興趣，因此必須對他們進行安全教育。

在這種情況下，如果你使用下列安全設施，可能使你少費不少心血。但是，這些安全設施，在任何情況下都不能取代大人的監督。

用鎖將陳列櫃、廚房和浴室的門鎖上，防止孩子接觸到裡面可能存放的有害物質。還可以使用兒童安全鎖來防止學步兒童接觸那些不易上鎖的

東西，比如冰箱、抽水馬桶或者拉門式陳列櫃等。馬桶蓋鎖是專門為了防止孩子掉進馬桶而設計的。它的裡面裝有一個彈簧卡榫，能使蓋子緊緊地扣在上面。

玩具闔蓋支架能防止蓋子打開的時候忽然關上，從而夾傷孩子的手、頭部和脖子。

如果門通向樓梯口或者通向存放危險清潔劑和危險工具的地方，就應該使用安全鎖將門鎖上，防止孩子從門裡走出去。浴室門也應該鎖上，防止孩子進入馬桶或者接觸刮鬍刀、藥品和有害物質。

捲線器能防止兒童把長繩子繞在自己的脖子上。在折疊百葉窗的拉繩（許多孩子被百葉窗拉繩勒著脖子）上、家用電器的電線上、電話線上和電燈線上等都應盡量安裝捲線器。你可以在窗框上面安裝類似蝶型螺帽的百葉窗簾裝置，把過長的繩子都纏繞在上面，防止勒著孩子的脖子。

溫度計用於測試熱水的溫度，確保水溫不高於 120 度。它可以重複使用。

邊角防撞墊可以包覆在咖啡桌和工作檯面的角上。因為它們的高度和孩子的頭部一致，所以，在它們的角上包上軟墊以後，就能防止孩子的額頭或者臉碰到邊角而受傷。在孩子兩歲前，這些東西對他們持續有保護作用。但是，孩子大一點以後能很容易地把軟墊拿掉。

水龍頭套用於套在浴池的水管頭上，它可以減緩任何衝撞力。

所有的電源插座上，無論正在使用的還是不用的，都應該安裝電源插座蓋。這是一個一勞永逸的解決辦法，可以防止孩子把金屬插入插座的孔洞中，導致觸電。電源插座蓋包括一個彈簧承載裝置，使用的時候能將插頭插入，不用的時候保持閉合狀態。它和觸電防護器不同，每次使用電源的時候不需要把電源插座蓋拿掉。如果使用觸電防護器，一定要保證它的體積足夠大，使孩子不容易吞到肚子裡去。

像窗戶屏障、樓梯柵欄、吐根製劑、煙霧偵測器和滅火器等其他保護兒童安全的設施。除此之外，還需要做到以下事項：

1. 一定要在孩子能夠到的空燈座上裝上燈泡。
2. 碎玻璃和打開的鐵罐要放進孩子難以打開的垃圾桶中。如用舊刀片開啟罐頭，就必須選那種蓋子上有溝槽的罐頭。
3. 要把危險的工具和電動工具放在孩子拿不到的地方。
4. 倒車或者駛出車道的時候，要格外小心。
5. 所有不用的電冰箱和冰櫃的門都應該拆掉。
6. 電動割草機容易割斷手指、腳趾或者打飛石子傷人。

關於家庭中孩子的安全教育的問題

　　經常會聽到一些兒童意外傷亡事故的發生，花朵般的孩子就這樣過早地凋零和枯萎，心裡感到痛心的同時更增強了對孩子進行安全教育的重要性，如果這些孩子有一定的安全意識，有一定的自我保護能力和求生能力，那麼他們受到的傷害可能會小一點。

　　幼兒期是身心成長的奠基期，是教給幼兒有關健康與安全的基本知識和技能的理想時期，家長若能在這一時期裡增強孩子的安全意識，提高孩子自我保護能力，將會避免很多安全事故的發生。那麼，在這時期家長如何向孩子進行安全教育呢，下面我們來一起討論一些看法：

增強孩子的自我保護意識

　　透過各種途徑，豐富孩子的生活經驗及安全知識。

　　在我們的生活環境中，處處充滿著威脅孩子安全的因素，如：家庭的電源插座、熱水瓶、刀、室內的擺設、家中存放的有害藥物等，家長除了

極力消除這些容易導致孩子意外傷害的隱患外，應盡量豐富孩子的生活經驗，認識周圍的生活環境，了解什麼事情該做，什麼事情不該做，懂得不該這樣做的理由，並了解其危險性。

比如：讓孩子觀察剛煮好飯的電鍋、熱水瓶內的水、剛用過後電熨斗，告訴孩子這些東西很燙，會燙傷人，家長可「示範」著摸一下，隨即把手拿開，嘴裡喊著「燙」，臉上作出痛苦的表情，然後握住孩子的手，也在其上面迅速摸一下，使他感到有燙。有過這種體驗，以後遇到這種情況，孩子再不敢貿然去做這些危險的事。

家長還可利用周圍發生的事故，及時對孩子進行教育。如：鄰居家孩子手被小刀割傷，可帶孩子前去探望。一方面，教育孩子關心他人，另一方面透過看同伴受傷傷勢和痛苦的表情，使孩子懂得玩小刀易發生危險。像這樣生活中他人的教訓，都可以成為豐富孩子生活經驗，預防意外事故發生的好教材。

家長還應讓孩子初步掌握日常生活中簡單的安全知識。孩子的思維以具體形象為主，他們喜歡遊戲活動，喜歡聽故事，因此，我們可能採用這種形式向孩子進行簡單的安全知識教育，這樣做，孩子易理解並樂於接受。

比如：透過故事《魯魯的鼻子》，使孩子懂得不將異物放入口鼻，不然會有危險性。遊戲「看誰找得對又快」，讓孩子分辨哪些物品是危險的物品 —— 這樣安全知識在聽故事及玩中不知不覺地牢記在心中。另外家長還應教會孩子識別一些常見的符號與標誌。如：交通安全標誌、有毒物品的符號，祕密頻道的標誌等，告訴孩子每個標誌所代表的意思，從中提高孩子的自我保護意識。

提高孩子獨立行為的能力

　　孩子隨著生理與心理水準的發展提高，出現強烈獨立行動的意願，但由於孩子知識經驗比較缺乏，獨立行為能力差，這一現象也是導致孩子出現意外傷害與不幸的重要原因之一。

　　因此家長在日常生活中，應特別注意對孩子獨立行為能力的培養，教會孩子一些基本動作和自我保護的技能。如：學會正確使用椅子、凳子等爬高的能力；吃魚學會注意魚刺；學會正確使用剪刀、小刀等一些工具，懂得使用這些一定要注意力集中，要有正確的握法，不要拿著這些工具到處走動，更不能奔跑；懂得跑步轉彎要放慢速度；摔倒時用手臂支撐，同時保護頭部。家長還要注意提高孩子獨立解決問題的能力。

　　對於發生在孩子身上的事，家長不要急於干預，而應讓他們自己去思考解決問題的辦法。如：孩子要喝水，不知道熱或涼怎麼辦。家長不要急於告訴他到底水是熱或是冷，而是讓他想辦法解決「你想想看，看怎麼能知道水是冷是熱？」並提醒幼兒注意不要燙到手。在成人的啟發下，孩子會想很多辦法：比如，用湯匙舀一點試試；墊上毛巾摸一下；手放上面感覺有沒有熱氣──這樣，久而久之，孩子的獨立性得到進一步提高，以後碰到類似的困難，即使大人不在身邊，他也會設法安全地解決。

教會孩子自救的辦法

　　為了應付生活中一旦發生的突發事件，家長要教會孩子一些自救的方法。萬一碰到此類事情，孩子就不會束手無策。平時教會孩子記住一些常用的電話號碼及用途。如：110 電話，可以救得警察幫助；119 是火警、急救電話。教會孩子記住家庭地址與電話號碼，學會打電話的方法。

　　家長還要有意識地訓練孩子的自救技能，可自行設計一些問題情況「如果你落水了怎麼辦？」、「玩溜滑梯時腳卡住了怎麼辦？」、「房子失火

了怎麼辦？」、「地震了怎麼辦？」等，引導幼兒設想各種自救的方法並進行演習，這種活動又是遊戲，又是模擬練習，孩子非常喜歡，在活動中培養孩子應付各種意外事件的能力。

總之，家長有責任要細心地愛護孩子，更要注意培養孩子的安全意識、安全行為及自我保護能力，這樣才能減少一些意外事故的發生，確保孩子獲得平安幸福的生活。

培養孩子的安全意識

在這個變化萬千、日益複雜的社會中，有意識的從小培養孩子的安全意識、自我保護意識和自我防範意識，做到未雨綢繆，還是很有必要的。同時孩子們單純天真、好奇心、求知欲、模仿力等都很強，但他們的生活經驗、社會閱歷卻少之又少，因此危險常常隨之相伴。

所以從小交給孩子一些必要的安全防範知識、培養孩子的安全意識，也是孩子成長中不可缺少的、至關重要的一課。俗話說得好，「凡事豫則立，不豫則廢」，防患於未然，各位父母要用心囉！

生活中潛在的不安全因素來自各個方面，比如出行、玩耍、瓦斯、水、電、雷雨、不法分子的搶劫、拐騙、霸凌等等。因此我們的父母就要在平時的日常生活，反覆的告訴、提醒孩子需要注意的問題，給孩子講解一些預防的方法，以及告訴孩子如果發生意外時，應該採取怎樣的措施來實現自救等等。在不斷的灌輸中，使這些安全防範常識深深的在孩子心中扎根，相信這種潤物細無聲的方式，是防微杜漸的最佳策略，也相信孩子從其中一定會受益匪淺的。

細心的父母們在平時不斷的給孩子灌輸安全意識的同時，還可以結合電視或書刊雜誌中報導的一些真實案例，和孩子一起從中學習、吸取教訓。面對真實的案例，孩子的觸動一般比較大，孩子們會更加積極而用心

地接受父母講授的防範措施。

　　父母可以結合案例，問問孩子案例中的人，因為什麼導致了悲劇的發生、怎樣就可以避免、如果孩子遇到了這種事情的時候，他會怎麼辦等等，在循序漸進中，啟發孩子，讓孩子不斷加深安全的意識，並在孩子的回答中，及時的糾正、補充，使孩子得到正確的、科學的防範措施。

　　讓孩子在不斷的鍛鍊中，逐漸掌握多種生存技能。安全知識不是紙本的考試，他是要和生活真實對抗的。我們不能讓孩子由於「無知」而出現意外，更不能讓孩子因「紙上談兵」而當真正面對危險時卻束手無措，導致悲劇的發生。因此，我們一定要使孩子的安全意識實在的融入孩子的自身素養之中。請多教孩子一些生存技能，放手給孩子一些空間，讓他們在生活中鍛鍊摸索，不斷的使自己完善。

　　教孩子認識多種安全標誌，交通標誌。使孩子能夠辨認這些標誌的意義，並按照標誌的指示行事。這也是生存的一種必要的技能。

　　從小培養孩子分辨是非、善惡的能力，以防孩子受到不良影響。自我保護意識要深深扎入孩子們的心裡，不隨便跟著陌生人走、不輕信陌生人的話、不拿陌生人給的東西等等，提高自我保護的警惕性。

　　培養孩子的自控能力。孩子天性淘氣。貪玩，貪吃、自控力差，因此，有時玩起來忘了安全，造成自己受傷或傷害別人，或控制不住自己，吃陌生人的東西而上當受騙。因此，父母平時要注意增強孩子的自控力。

　　當然，我們父母也不必過分的擔心，只要在點滴的日常生活中不斷的提醒孩子增強安全意識，傳授安全防範措施等等，相信我們每一個孩子都是幸運的、快樂的。

第十五章　教育的真諦

▌教育寶寶的四個基本觀念

在你準備孕育一個聰明可愛的寶寶之前，首先要了解教育寶寶的基本觀念，具備了這些知識後，就可以對未來寶寶的教育心中有底。

觀念之一：寶寶性格、心理、情感的發展與孕婦懷孕時的狀態、夫妻感情息息相關；與寶寶出生後母親的培養、父親的薰陶、生活環境的塑造不可分割。

懷孕以後，孕婦常有情緒不穩定的現象。可能會出現憂鬱、委屈、緊張、易怒、敏感、依賴等。孕婦的情緒變化會影響內分泌系統，產生相關激素，這些物質會透過胎盤的血液循環影響到胎兒。孕婦長時間的緊張、憂鬱、焦慮、恐懼會對胎兒發育的整個時期都不利。使胎盤血管收縮、供血減少，造成胎兒子宮內發育不良，出生後過動、易激怒、好哭鬧及有先天性癲癇的可能，並影響寶寶的長遠性格和智力發育。

因此，孕婦應該注意在懷孕期間保持一個良好的心態，對未來的小嬰兒要保持一份美好的願望。如果媽媽懷孕時抱持一種不歡迎的態度，那麼胎兒會感受到媽媽煩燥的心情，並會做出相應的反應。

觀念之二：寶寶的知識、社會行為、生活經驗源於家庭的薰染，源於幼兒園與學校的規範教育，而且與寶寶直接接受的環境及人群素養相輔相成。

一個孩子的成長需要父母精心地哺育，不同的家庭氛圍培養出不同個性的寶寶。一個愛結交朋友的寶寶，組織能力會很強，他在朋友心中會具有領袖地位，他的父母肯定也待人熱情；相反孤僻的寶寶，他的家庭也會

十分平淡寧靜，客人稀少。如果父母愛吵架滋事，他們的寶寶肯定會十分好鬥；一個充滿友愛的寶寶，他的父母也會十分友善。

觀念之三：寶寶性格、心理、情感與行為的培養，也在寶寶生長發育的早期有意識地進行，尤其懷孕的孕婦對寶寶的性格與心理發育，在胚胎形成階段已經構成影響。

孕婦在懷孕時的心理會影響胎兒的心理，與丈夫合諧相處的孕婦，心中會充滿愛心，對腹中的胎兒也會關懷備至，那麼胎兒也會相應地感受到媽媽的關懷，從而對媽媽充滿愛心。如果夫妻雙方相互憎恨和仇視，那麼胎兒也會感受到媽媽不愉快的心理。因此決定要生小孩的夫妻，應當做好心理準備，為了寶寶也要和睦相處。

觀念之四：應根據寶寶所處的不同階段對知識的灌輸與社會性的培養，進行相應的開發與投入。

在孩子成長的不同階段，都是不同技能發育的最佳時期，錯過這個階段再補救，效果就會大打折扣。如 2 至 4 個月的嬰兒就開始觀察周圍的世界了，視覺神經元迅速形成連結，大約 8 個月時，嬰兒的視力就接近成人了。

在這個階段，我們可以用色彩不同的玩具或物品來刺激他的視力發育。在學習母語方面，嬰兒 1 歲時聽覺皮層開始形成迴路，這時他聽到父母的詞語越多，學說話也就會越快。這時他會對其他非母語語言的語音發生混淆，但他也可以用學母語的方法去學習，並在大腦中形成緊密的連結。因此這個階段是寶寶學習語言的最佳時期。

另外諸如運動技能、智力、情商、音樂的發育，也分別在不同的時期有最佳狀態，父母要掌握這個時期，對寶寶進行相應的開發。

▎讓孩子真正快樂的 12 個做法

對父母來說，能給孩子最好的禮物就是讓他有感受快樂的能力。這裡說的「快樂」可不是給他買個心愛的玩具那麼簡單。

真正的快樂可以滋養孩子的心靈，讓他對周圍變化繁複的世界有足夠的抵禦能力。專家們說，快樂的孩子都有同樣的特徵，比如：開朗樂觀，有自制力，而且非常自信。

這裡給你一些建議，讓你可以帶孩子走到生活充滿陽光的那一面。

給他一些發呆和閒逛的時間

能夠獲得成功的孩子通常也就能得到快樂。然而，在幫助你的孩子準備應付未來的種種挑戰的同時，你一定要克制自己，不要用各式各樣的活動，把孩子的時間填得太滿。在大人們都高喊減壓的時代，小孩子也需要同樣沒有壓力的空間，在各種訓練班和課程之間得以喘息。

給他們一些望著天空的雲發呆的時間，這種你看來是無聊的活動，其實是孩子的想像力充分活動的時間。讓他們可以不受約束地去抓昆蟲，堆個奇怪的雪人或者是看蜘蛛結網。這些活動都將給你的孩子一個自己去探索世界和追求快樂的機會。

那麼你呢？為什麼不試試也在自己擁擠的行程中，抽出個時間，加入到孩子們歡樂的隊伍中去。從幫兒子洗個澡，到全家人在院子裡數星星，其實快樂到處都有。

教會他幫助周圍的人

快樂的一個重要原則，就是讓孩子感覺到自己在家庭中，在周圍的大環境中，都是一個有價值的成員，自己的行為是非常有意義的，可以影響到其他人的生活。要讓孩子產生這種感覺，你就需要多為他製造一些給予

別人影響的機會。比如，和孩子一起整理那些他已經不再需要的玩具，捐給育幼院，或者其他有需要的孩子。

即便是非常小的孩子也能夠感受到幫助他人的樂趣。在國外有很多專門為孩子設立的福利機構，這些機構中最受歡迎的活動就是教小孩子用家裡的廢舊布條填充玩具熊。即使是只有 2、3 歲的小孩子也會興高采烈地幫忙給小熊黏上眼睛和嘴巴，然後送給育幼院的小朋友。

更多的身體活動

剛剛過去的這個冬天，你有沒有陪你的孩子在戶外打場雪戰或者去滑雪？除此之外，和孩子在公園裡追逐，帶他一起去郊外遠足……等，這些活動不僅僅是為了增加孩子的體能和力量，更大的好處是讓他有機會開心大笑。這些讓孩子保持活躍狀態的活動，有助於減輕壓力，讓孩子們能用一種更加健康的方式呼吸。

身心健康的孩子對自己的形象，會有一種更加積極的理解方式：他們為自己所能完成的事情而驕傲，而不是因為自己長得什麼樣而焦慮。如果你能鼓勵你的孩子去參與一種他喜愛的活動，實際上也就是又多給了他一種尋找快樂的方式。

大聲笑

一家人在一起的時候，多講講笑話，唱那些搞笑的歌謠，或者不妨開個自嘲的小玩笑。笑不僅對你的孩子，對你也很有好處。其中有一個好處是純粹身體方面的：當你大聲笑的時候，就釋放了緊張的情緒，同時吸入更多氧氣，這樣能讓你在很短時間內就精力充沛，情緒高漲。

多創造幾種表揚的方式

當你的孩子取得進步，掌握了一種新技能，或者是完成了某個任務，不要只是簡單地對他說：「乖孩子」，或者「做得不錯」。

表揚有的時候也是一種技巧，你要說得詳細一些，指出你覺得孩子做得好的具體細節，比如：「我喜歡你講的故事裡那個大英雄，他真厲害啊！」、「你這棵樹畫得真不錯！」這樣的言語比僅僅是拍拍孩子的肩膀效果要好得多。

同時，在表揚和獎勵的時候不要做得太過。一個 6 歲孩子的母親就說：「從前，我會每週都因為孩子做好了某件事情而給他發個小獎品，後來我發現，他最關注獎品本身，而不是把事情做好。」其實獎勵並不重要，重要的是教會你的孩子去感受成就感帶來的滿足。

保證孩子吃好吃「對」

如果你的孩子表現出暴躁、不安或者任性的情緒，那麼他可能是餓了。如果還不到吃飯時間，可以給他一些小點心，但記得一定要是有營養的。

正確的飲食可以緩解情緒波動，對身心的健康都有好處。對小孩子來說，最合適的零食和小點心應該是：低脂優酪乳、新鮮水果或者果乾，當然還有全麥麵包，在上面抹一點點花生醬或者水果果凍，孩子一定喜歡。

發掘他內心的藝術世界

關於音樂的好處，你一定聽過不少，比如：古典音樂有助於孩子的大腦發育等等。其實，讓孩子接觸包括音樂、舞蹈在內的任何一種藝術形式都是有好處的，能夠豐富孩子的內心世界，幫助他發現自身的價值。

此外，藝術還能帶給孩子成就感，當他們完成一幅畫或者學會彈一首曲子，都能從中感受快樂和更多自信。

別對孩子吝嗇你的微笑

向你的孩子展示一個放鬆、會心的微笑，孩子從中感受到的安慰，肯定可能是你想像不到的。羞澀的東方父母可能不會經常對孩子說：「我愛你」，那麼，就用一個微笑來代替吧。你的寶貝一定能從中得到愛的訊息。（當然，加上一個擁抱，效果會更好。）曾經有位心理學家有過這樣一種有趣的說法：一個人每天至少需要 4 個擁抱才能生存，8 個擁抱可以讓他生活得更好，而 16 個擁抱才能讓他的生活繼續發展。其實，所有這些微笑和擁抱不僅是送給孩子的，對父母們也會大有好處。

你專心聽過孩子說話嗎

讓孩子感受到自己的重要性的最有效的方法莫過於對他的表現給予全部的注意力，因為這能讓他覺得你重視他。想要做一個好的傾聽者嗎？記得要把你的兩隻耳朵都給孩子。如果孩子對你說話的時候你正在忙著其他的事情，一定要停下來，把注意力轉移到孩子那裡。不要打斷他，不要插嘴，也不要催促 —— 即便他講的事情你已經聽過一遍了。

還有，學會抓住那些與孩子交流的黃金機會，比如和孩子一起坐車，或者是在他睡前，坐在他的床邊。

放棄所有的完美理念

我們都希望自己的孩子能做到最好，但如果做父母的試圖幫助孩子改正或者「收拾」他們造成的不夠完美的結果，其實反而傷害了孩子的自信心。

你讓孩子擦桌子，然後你自己又再擦一遍，這種舉動其實是在告訴孩子：你做得不好。更不幸的是，孩子慢慢也就會相信：我做得確實不好。

下一次如果你又試圖幫助孩子修正他做過的事，記得問問自己：

如果不這麼做，會影響到孩子的健康或者安全嗎？

如果不這麼做，一年以後會有什麼遺留的後果嗎？

如果答案都是「NO」，那麼你最好還是放棄。

可能你會認為幫助孩子掌握更多技能是身為父母的責任，但記住，這只是做父母的一部分。你與孩子之間的情感連繫遠遠比他是否把桌子擦乾淨要重要得多。

沒有解決不了的問題

從綁鞋帶到安全過馬路，每一次嘗試都是孩子邁向獨立的一次努力。其實「解決問題」這 4 個字還有更重要的意義，就是讓孩子從小形成這樣一個概念：所有的問題都是可以解決的。每一次當孩子遇到困難 —— 無論是和同伴鬧了彆扭，還是新買的拼圖怎麼也拼不起來了 —— 你就可以用這樣的辦法來幫助他解決問題：

1. 幫他分析困難在哪裡。
2. 讓孩子自己說說他的解決方法。
3. 告訴孩子解決問題需要的步驟。
4. 判斷孩子是否能夠獨立解決問題，還是需要什麼樣的說明。
5. 如果孩子需要幫助，你一定要盡力幫他。

給孩子一個發光的機會

每個孩子都有自己的特長和優點，為什麼不給他機會把優點展示出來呢？

你的孩子喜歡讀書嗎？那就讓孩子在你煮飯的時候一邊講故事給你聽。孩子對數字敏感嗎？那就帶他去超市採購，讓孩子幫你算個帳。只要你對孩子的特長表現出熱情，你就可以最大程度地激起他的自信和自尊。

幫孩子找適合的 5 類朋友

在孩子的成長道路上，朋友是不可或缺的一環。作為家長，怎樣幫孩子找到合適的朋友呢？

就近找的朋友

什麼年齡最好：5 歲以前。

到哪裡找：觀察鄰居的孩子，如果媽媽親切和藹，孩子通常也不錯。

這個朋友的作用：這第一個同伴可以教孩子懂得，有朋友是件很有意思的事。

對於這種玩伴，只要年齡相仿，你不需要硬讓他們一起做遊戲，只給兩個孩子提供一個安全的環境，讓他們自己玩就可以了，即使互相不搭理也沒關係，因為他們一定能熟悉起來；給他們立個簡單的規矩，比如不准打架，要一起分享玩具；控制孩子的遊戲時間，因為小孩子一玩起來就沒有時間觀念了。

找異性朋友

什麼年齡最好：快 5 歲。

到哪裡找：去孩子們一起遊戲的地方，如小公園、才藝班等。

這個朋友的作用：會讓他們今後更尊重異性，更容易與異性有感情上的交流。

男孩和女孩要成為好朋友並不簡單，你需要幫個小忙：兩、三歲時，男孩和女孩沒什麼區別，但到了 4 歲，他們開始傾向於與同性朋友在一起，這時，要想辦法增加孩子與異性朋友的相處機會；強調異性朋友帶來的正面影響，因為會與異性相處的孩子思路想法更開闊；注意自己發出的暗示，孩子對家長的語言和身體暗示都很敏感，像「男孩子就是野」或者

「女孩子應該穿花衣服」這類話最好不說；不要硬按自己的喜好給他們安排朋友，不要給學齡前的孩子「配對」，這會讓孩子覺得交這個朋友很不舒服。

愛好運動的朋友

什麼年齡最好：從 3 歲開始。

到哪裡找：操場、游泳班，甚至只是在你門前玩球的，在路上跑步的孩子。

這個朋友的作用：可以避免孩子，一直窩在家裡看電視。

邀請這個愛運動的孩子與家人一起散步或騎自行車，他旺盛的精力會感染每一個人；別把體育活動這件事描述得天花亂墜，因為孩子對大人說特別好的東西，都有些叛逆心理；即使他的朋友精通各種運動，也別指望你的孩子同樣變得如此，只要他能堅持運動，多流流汗，就是成功；要適時介入他們的關係，確認孩子們在做有益的運動，讓他們懂得對朋友吹牛是會傷感情的。

年齡稍大一點的朋友

什麼年齡最好：從孩子會走路到上學之前。

到哪裡找：在孩子的親戚中找，如表哥、表姐等。

這個朋友的作用：他不僅會成為孩子的行為榜樣，還可以幫你監督孩子的行為。

先確定這個年齡稍大的孩子能在大多數情況下帶來好的影響，然後告訴自己的孩子，這個「大朋友」有什麼優點，為他在生活細節上樹立榜樣；不同年齡的孩子興趣上會有差別，做家長的要幫孩子們找到可以一起玩的遊戲，比如捏黏土；對獨生子女來說，有個大一點的朋友可以學會很

多東西，例如合作、分享，不過也要防備孩子偶爾因為一些事不能順他的意而發生衝突。

他自己選擇的朋友

什麼年齡最好：4 歲以後。

到哪裡找：用不著你幫忙。

這個朋友的作用：這是他向獨立邁進的一大步。

從現在開始，孩子將會結交的新朋友有些你喜歡，有些不一定，別為這個擔心，這是每個孩子的必經之路。去認識孩子新朋友的父母，與他們交流，一起教導孩子們的不當行為，比如他們看暴力電視時要及時制止。

讓他們待在一起的時間不要太長，盡量在公共場合見面，這樣也方便雙方家長交流。如果孩子對你的干涉感到不快，那麼要讓步。讓孩子自己去體會、處理不同意見，去面對朋友之間的衝突，甚至去親手結束一段友情，都是他必須學習的功課。如果孩子和朋友的關係日益親近，應當鼓勵。

兒童心理學專家莫倫‧歐布拉博士指出，從兩、三歲起，孩子就開始考慮如何與朋友交流了。如果他能從覺得「我們在一起很好玩」，發展到思考「為什麼我就是喜歡這個人」，就表示他已經開始享受大人們可以享受的美好友情了。

如何幫助孩子增強自信心

孩子的自我意識產生較早，非常留意別人對自己的看法。當孩子感覺到周圍的人，包括父母愛他並尊重他時，他就會覺得自己是有用的人，做任何事情都會信心十足。

可是，現實生活中，許多家長和老師往往不注意教育孩子的方法，傷

害了孩子的自尊心，使孩子認為自己無能，什麼都不如別人，因此缺乏上進的動力。不用心學習，不願參加團體活動，對任何事情都缺乏自信心。

那麼該如何幫助孩子增加自信心呢？

⊙ **要熱愛孩子**：孩子只有感受到家長的愛，才能保持輕鬆愉快的心境。避免讓孩子感到自卑，使他能沐浴在愛的陽光中健康成長。

⊙ **引導孩子正確認識自己**：孩子的自我概念剛剛萌芽，尚不清晰，往往要透過別人的評價來認識自己。因此，對缺乏自信心的孩子，家長要鼓勵他們勇敢的參加活動，大膽的說出自己的想法，有進步就及時表揚。這樣孩子就會不自覺地重新認識自己的能力和價值，增強自信，從而引發其潛在的積極性。

⊙ **理解、寬容、尊重孩子**：孩子是一個獨立的生命個體，施教者應順從孩子的天賦和興趣。家長不要逼孩子圓自己難以實現的夢。對待孩子的錯誤，施教者要動之以情，曉之以理，耐心開導。當孩子遇到挫折和失敗時，在精神上給予引導和支持，並引導孩子戰勝困難。

⊙ **多給孩子提供實踐的機會**：孩子的自信心是隨著練習次數的增加而逐步增強的。因此，凡是孩子力所能及的事，都應放手讓他們去做。如：處理自己的日常生活，幫助大人做些擦桌子、掃地、揀菜等家事；在幼兒園或學校打掃教室、擺放課桌椅等。在孩子遇到困難時，大人不要急於幫助，應要求孩子自己想辦法克服困難，或引導他們解決問題。

⊙ **做孩子的榜樣**：父母是孩子的第一任教師，是和孩子相處時間最多的人，父母的言行對孩子的影響很大。因此家長在處理日常事務或工作中，應表現得自信心十足，不要碰到一點小挫折就心灰意冷，委靡不振。孩子從家長自信的表現中將會獲得正向的暗示。

⊙ **列舉成功的經歷**：孩子在遇到困難時顯得信心不足，家長不要責

備他，也不要空洞的鼓勵，如「你肯定可以」、「別人可以，你也可以」。而是應該給孩子列舉他（她）過去解決各類問題的成功經歷，如：「你上次考試不是得了滿分嗎？」、「我們家誰唱的歌最好聽？」等。

⊙ **永遠對孩子充滿信心**：家長往往對孩子的成功給予極大的關注，但當孩子遇到困難挫折時，更需要家長的安慰和鼓勵。一方面，此時孩子容易自我懷疑，家長對他的信任會加強他的自信。另一方面，孩子的失敗在所難免，此刻千萬不要對他進行否定性的評價或懲罰。只有接受孩子的失敗，並幫助他獲得經驗教訓，孩子才有機會不斷獲得信心。

⊙ **正向的自我暗示**：家長應幫助孩子養成自覺運用正面自我暗示的習慣。如比賽前默念「我一定能正常發揮的」，每天早晨對自己說「今天我感覺很好」等，都會有較好的效果。

⊙ **讓孩子學習一種技能**：讓孩子學習一種技能，如樂器、舞蹈、繪畫、演講、書法等，使其有「一技之長」。孩子有了「一技之長」，會覺得自己某方面比別人強，從而充滿自信。

⊙ **注意保護孩子認定的長處**：每個孩子都會有被別人評價較高的方面，他自己也往往將之視作比別人好的地方。孩子的自信心，基本上就是建立在自己的「長處」的基礎上。如果不注意保護孩子自己認定的這些長處，甚至輕易地加以否定，那麼就有可能從根本上動搖孩子的自信心。因此，家長要注意保護孩子自己認定的長處，保護他們的自信心。

▍教會孩子做人最重要

家庭教育的核心，是教育孩子學會做人。家長可從培養他們的品格和

能力入手，著重培養孩子的愛心、勞務習慣、克服困難的信心和能力以及其他的優秀品格，使孩子首先做一個合格的、有優良品格的人，然後再考慮他們成為一個有用的人「才」。

近年來，很多家長意識到「家庭教育」的重要性，因此，不惜花費血本，投資在孩子身上：幫孩子請家教、買課外輔導資料；週休日除了學科補習外，還要參加各式各樣的才藝培訓，如音樂、美術等。結果導致許多孩子討厭學習、脾氣暴躁、性格古怪；家長勞心勞力，最後換來的是孩子的不領情和不理解。

實際上，家長如此重視孩子，無非是想讓孩子將來比別人強，或者是希望孩子做人上人，沒想到，卻使家庭教育走入了「培養人才」的盲點，也就是說這些家長的家庭教育「越權」了。因為，教育是由家庭、學校、社會共同構成的一個系統，而家庭教育是這一系統中最重要、最關鍵的基礎部分。教育孩子學「做人」是家庭教育的核心。而父母的職責就是幫助孩子在價值觀與人生觀上去實踐這一核心準則。那麼，家長該如何教育孩子做人呢？

培養孩子的自尊心

當孩子開始重視自己，把自己當作和別人一樣平等的人來尊重的時候，孩子的主人格就建立起來了。自尊心是孩子精神人格的脊梁。如果沒有自尊心，孩子就不會在意別人怎樣看他，也不會尋求別人的尊重與認同，由此，也就沒了上進心。那麼，如何培養孩子的自尊心呢？最好的方法是尊重孩子，把孩子當作和自己完全平等的人來對待。

當父母尊重孩子時，孩子也開始尊重自己，進而尊重別人。其次，無條件的愛孩子。無論孩子出現什麼問題，家長都要無條件地愛孩子。有的家長，孩子學習成績好了，就引以為傲；成績差了，就覺得孩子讓自己面

子掛不住，言語與行動中隨之表現出來的是對孩子的嫌棄、厭惡。父母無條件地愛孩子，是孩子樹立自尊心的重要條件。因為這樣做會使孩子的自我價值上升，讓他們感覺自己很好，從而產生追求更好的動力。

愛心培養

所謂愛心培養，就是培養孩子愛親人、愛團體、愛國的品格。對孩子的愛心培養要從教他們愛親人、愛身邊的人開始。不少家長認為：現在我們疼愛孩子，孩子長大後一定會回報我們。其實不然，你從不教育孩子愛父母，孩子從哪裡學會愛你們？

有這麼一個學生，學習成績很好。有一次，媽媽生病後躺在床上，這孩子只知道自己養的小貓、小狗快餓死了，卻想不起給生病的媽媽倒一杯水。這不是孩子缺少愛心，而是家長的教育出了問題，讓孩子認為大人不需要關愛。「老吾老，以及人之老；幼吾幼，以及人之幼」，這是我們民族的古訓。只有愛自己的親人、愛自己身邊的人，才有可能愛團體、愛自己的民族、愛自己的國家。很難想像，一個連自己親人都不愛的人，怎麼會懂得愛國呢？

培養孩子的受挫力

毋庸置疑，孩子的成長離不開父母的鼓勵和教師的表揚。賞識，猶如滋潤學生靈魂的陽光、雨露。賞識教育也成為當今行之有效的一種教育模式。但反思我們的「賞識教育」，彷彿成了開啟學生心靈的「萬能鑰匙」。我們清醒地看到我們無節制的表揚，使孩子滋生了虛榮、自負、驕傲的心理，在此起彼伏的「你真行」、「你真棒」的讚美聲中成長的孩子們，一旦受到教師、家長的批評和生活的挫折，他們又將如何？我們常在一些新聞報導中看到，一些平時各方面都很優秀的孩子，因什麼事被家長

或教師批評了，便想不開，做出極端的舉動。

可見，教育本就是十八般武藝：批評、表揚、鼓勵、懲罰，哪一樣都不應偏頗。只有將「賞識」與「批評」巧妙地結合起來，才能取得最佳的育人效果。家庭是子女的第一個「學校」，父母是孩子的第一任「老師」。潛移默化的家庭教育影響，將會直接關係到子女的道德品格、法紀觀念、人生觀等的形成。

希望我們的家長能從家庭教育的盲點中走出來，注重孩子品格的培養，讓孩子首先成為一個有愛心、責任感強、具有良好品格並有勇氣和能力面對一切困難的人。這樣，我們又何必擔心孩子成不了「才」呢？

孩子也可以當我們的老師

做爸爸媽媽的每天總是不厭其煩地告訴自己的孩子：你應該這樣做，你這樣做是不對的，你應該向誰誰誰學習……

在我們把一些成人認為正確的觀點灌輸到小孩子頭腦中去，並要求他們按照大人的想法做這做那的同時，很多家長已經忽略了孩子身上其實有很多值得我們大人學習的地方。在他們身上，我們可以學到很多高貴的品格。作為家長，如果不僅不向孩子學習，還根本意識不到孩子身上這些與生俱來的優點，甚至在不知不覺中慢慢磨滅孩子身上這些「人性本善」的東西，那真是一個失敗的父母。

其實，只要你用一顆善良的心去觀察孩子，你會發現，把孩子當作我們的老師，我們真的可以學到很多……

愛心和同情心

小孩子是最具有愛心的，而且對比他們弱小和值得幫助的人有天生的同情心。如果在路上看到衣衫襤褸的乞丐，小孩子一般都願意施捨點零

錢，而大部分家長此時的做法是：粗暴地拉開孩子，並呵斥「那些要錢的叫化子，都是裝成很可憐的樣子！」不管你是出於什麼角度考慮問題，也許你是對的，但你不僅沒有學習孩子身上表現出的「富有愛心和同情心」高貴品格，而是否認了它，那你的孩子的性格可能會因此而變得冷漠一分。

想像力無限

商店的玻璃櫥窗碎了，散了一地的玻璃碎片。一個媽媽帶著小女兒經過，小女孩歡呼道：「媽媽，你看，好多鑽石啊！」媽媽呵斥說：「傻孩子，什麼鑽石啊，那是爛玻璃碎片！」然後，拉著孩子趕緊離開。最平凡最普通的東西在孩子眼中都可以被想像成世間最美麗的東西，這就是孩子身上像鑽石一樣可貴的能力 —— 想像力。爸爸媽媽千萬要發現這顆美麗的鑽石，不要把它們像垃圾一樣隨便丟掉。如果你一直用所謂正確的思想影響孩子，那麼孩子就會逐漸失去這顆鑽石。

誠實

都覺得小孩子喜歡撒謊，不喜歡說老實話。其實，什麼叫「童言無忌」，我們大人才生活在一個充滿粉飾和謊言的世界。仔細想想，是誰教會了孩子說假話。「一會到了阿姨家裡就說我們吃過飯了，知道嗎？千萬不要說餓哦！」、「看見媽媽辦公室的張阿姨要叫姐姐，不要叫阿姨，知道嗎？」、「到了爺爺奶奶家就說上週是因為媽媽病了才沒去看他們的，不要說我們到外公外婆家了喲！」就這樣，一個個善意的或者自認為善意的謊言，取代了孩子不加掩飾的直白，我們還有什麼理由責備孩子們說謊呢？

知足常樂

很多父母抱怨，孩子的欲望是永無止盡的，玩具商就這樣賺進了大把

鈔票。其實，小孩子才是最容易因一點點東西而歡欣鼓舞。還記得小時候為了一次郊遊而激動得睡不著覺嗎？還記得小時候為了幼兒園老師獎勵的一朵紅花而沾沾自喜半天嗎？生活中確實有很多值得我們開心的事，小孩子很容易會發現，我們大人卻怎麼也發現不了，這就是為什麼「人越長大，快樂越少」的原因。向孩子學習，試著為看到一張老照片、會做一種新菜色、春天到了而感到滿足；而不是只有升遷、加薪才能讓你覺得快樂。

熱愛大自然

人首先是自然的人，而小孩子身上的自然屬性顯然比大人要明顯得多。很多小孩子到了擁擠的商場都會非常煩躁，苦惱不已；而大自然是令他們心曠神怡的地方，在大自然中接受春風雨露的洗禮是小孩子最喜歡的。年輕父母，你們有多久沒有注意到窗外的樹葉綠了黃，黃了又綠？也許你們關心的只是股票的走勢、下一季最流行的服飾，而大自然四季的景色是不是有點久違的感覺了呢？找個週末，跟著孩子指引的方向，而不是你拉著他的手，去孩子要去的地方，去呼吸新鮮的空氣吧。

充滿好奇心

好奇心也是好事？很多家長卻往往被孩子不計其數的「為什麼」搞得筋疲力盡。小孩子看到什麼就喜歡問：「為什麼？」而且要一探究竟，不達目的不罷休。有些家長因為孩子把家裡的錶、相機、收音機拆得一塌糊塗而大發雷霆，甚至打孩子一頓。用著名教育學家陶行知先生的話說，你有可能把愛迪生 2.0 消滅掉了啊。看看我們自己吧，還有什麼東西可以讓我們有打破沙鍋問到底的熱情呢？真的該向孩子學習學習了。

善於觀察生活

和孩子一起回家的媽媽常常抱怨，寶寶，走快一點啊，要趕不上吃晚飯了。家長就是不明白孩子一路上慢慢吞吞在幹什麼。其實，孩子會告訴你：「媽媽，你看，好多隻螞蟻在搬一塊麵包屑！」、「媽媽，天上的雲好象棉花糖啊！」孩子的想像力、愛心、熱愛大自然的本性，都在觀察事物中發揮得淋漓盡致。而大人，總是行色匆匆地上班、下班。找一天比較空閒的時候，故意少坐一站捷運，慢慢走著回家，細心觀察，你會明白，為什麼孩子會一路走一路發現那麼多值得回味的東西。

具有正義感

小孩子都是疾惡如仇的，每個小男孩的心中都有一個成為英雄的夢想。在公車上，如果看到有人偷東西，小孩子都會叫出來：「媽媽，你看⋯⋯」下半句話自然被媽媽的手塞回去了。也許大人的擔心是必要的，但更多的矛盾擺在我們眼前：一方面，我們希望自己的孩子成為勇敢的有正義感的人；另一方面，我們希望孩子永遠不要當「英雄」，反正又不是只有我們這樣。從自己做起吧，當個勇敢的有正義感的父母，讓自己成為孩子心中的偶像。

▎讓孩子幸福一生的教育

幸福，不是你送的芭比，不是你給孩子買的最新動畫，也不是你給他的一櫃子衣服。幸福很簡單，但真正的幸福有著深刻的內容，它能培養孩子的精神、與世界融合的感受將是他一生受用的財富。請你別忘了每天把這份禮物送給孩子。

孩子都喜歡被善待、喜歡長大、需要小小的驚喜刺激他的感受。幸福

的孩子都具有相同的基本特性，包括自信、樂觀、有控制世界的感覺。一旦掌握了好的方法，你孩子的這種特性能很容易被發掘出來。

讓孩子無拘無束

成功的孩子才會經常感到自己是幸福的。但你要做的是讓他有能力迎接一生的挑戰，不讓誘惑充斥他的生活。每個孩子都有減壓的機會，玩或者學習的時候稍微休息一下、自由活動一下、讓他們的想像自由馳騁。不受時間限制地去捉螢火蟲、堆雪人、或者看蜘蛛織網，都能給你的孩子帶來生命的驚嘆。用他們自己的方式探索世界。

教孩子關心別人

孩子需要感受到他是團體中有價值的一員，要讓他能夠透過一些有意義的方式觸及到別人的生活。給他更多接觸別人的機會，讓助人為樂的感受慢慢走進他的心靈。你可以選一些他不想要的玩具送到育幼院。。在超市裡，讓他選一些家裡不需要的商品捐助給貧困區。

孩子在很小的時候，就能學會從幫助別人的過程中獲得快樂。做布偶小熊用的布可以給坦尚尼亞醫院裡的孩子做一件衣服。即使是兩歲的孩子，只要你告訴他，他的視野裡就能夠注意到這些東西了。

接觸自然

和孩子一起去滑雪，或者一起在公園裡玩，和孩子一起騎車，可以讓孩子更健康、更茁壯，還能讓他擁有更多的歡笑。經常運動能讓孩子身心放鬆，能讓孩子有健康的體態，也能讓孩子因為自己能完成一些體育運動而獲得自豪感。如果你鼓勵他去做他喜歡的運動，或許他還能從這項運動中得到更多的樂趣。

發自內心地大笑

給他講笑話、唱兒歌、告訴他你自己遇到的搞笑的事，對孩子、對成人都有好處。這純粹是生理上的好處，當你大笑的時候，可以緩解緊張情緒，吸入更多氧氣、讓你的心靈有一次自由的翱翔。

表揚得有技巧

不要只對孩子說：「做得真棒！」當孩子有進步的或者掌握了一門新技能的時候，你要能指出你觀察到的細節，說：「你描述的英雄真形象，好像就在我的眼前。」或者「我喜歡你這種畫樹的方法」這遠比一句空洞的讚揚要好得多。

讓藝術走進孩子的心靈

毫無疑問，你一定聽說過古典音樂能促進大腦發育的理論。而且接觸音樂、舞蹈、以及其他任何類型的藝術，都能豐富孩子的內心世界。彈鋼琴、聽音樂能給孩子一個情緒發洩的出口，這是孩子表達對自己、對世界的感受的一種有創造性的方法。這種感覺來自於他對藝術的感受過程，無論是他在學鋼琴，還是參加幼兒園的演出，都能讓孩子覺得他是優秀的。

微笑

對孩子微笑能讓孩子感到更舒服。這是在用最快的方法對孩子說：「我愛你！」在孩子身邊的時候，一定要擁抱他。有專家說：擁抱就像一個人的營養，每天給一個人 4 次擁抱，僅是生存需要。給他 8 次擁抱，他能保持好的狀態，給他 16 次擁抱，他才會成長。而且，你要記住，每次擁抱和微笑對你和孩子都是有好處的。

聆聽

沒有什麼比你能專心聽孩子講話對他更重要了。這是在表示你很關注他。想做一個更好的聆聽者嗎？不要似聽非聽，如果孩子和你講話的時候，你正在對帳、在做家事，請你停下來，把注意力轉移到孩子身上。無論你在做什麼，都不要打斷他，讓他把話說完或者直接說出他表達的意思，即使這些話你以前已經聽過了。

給孩子展現自己的機會

每個孩子都在某個方面有天才般的本領，為什麼不讓他展現一下呢？他喜歡書嗎？你煮飯的時候讓他讀給你聽。他對數字很敏感嗎？購物的時候，讓他幫你挑選價格最合適的商品。當你激發起孩子的積極性，並展現出你對他的表現很滿意，你就開闢了另一條讓孩子更自信的小路。

幸福，有一扇門

幸福感是跟著情緒走的，如何面對挫折、如何對待自己、如何擁抱生活。如果你家裡的成員能將快樂和幸福的感受，分享給每個人，你的孩子也會覺得很幸福。學習能力的好壞有 50% 是遺傳的。即使你的孩子經常悶悶不樂，或者容易喪失信心也不必害怕。你可以幫助他去發現更多樂觀的前景。

引導孩子面對失望

生活不會總是按照孩子的意願前行。或許他想小睡一會的時候，他的毯子還沒乾，或者他的出行計畫被取消了。了解他的失望心理，然後告訴他如何解決：「寶貝，我知道你喜歡你的毯子，我們來把這本書讀完，

毯子就乾了。」不要忽視他的感受。對孩子一個很小的否定態度就能擊倒他，漸漸變成憤怒。

與此同時，要避免孩子陷入他的悲傷情緒裡。對孩子的問題過分關注，可能會導致他無法再面對新的問題，要告訴他們壞的事情發生了，但你需要翻開新的一頁。

教孩子鑑賞他擁有的東西

給孩子買東西，即使是他想要的，也不能讓他真正感到快樂。唯一的結果是他想要更多的東西。告訴孩子他所擁有的玩具是什麼，怎麼玩，並且和他一起玩這些玩具。給他解釋為什麼不可能小朋友有什麼，他就有什麼。設計一些活動，比如餵魚，讓他享受玩的過程，而不是注意花了多少錢。

偶爾允許孩子有倦怠情緒

不要一聽到孩子抱怨：「沒什麼好玩的。」你就衝過去和他一起玩。孩子應該學會怎樣自娛自樂。讓孩子列一個「我煩了的時候該做什麼」的清單，然後貼在冰箱上，把他要的書、拼圖玩具、繪畫筆，都放在他很容易就能拿到的地方。如果孩子還在抱怨他無事可做，你不妨建議他做一些家事，比如整理他自己的房間，可能他馬上就會發現新的好玩的事情。

讓孩子掌握新的技能

和他玩的過程，也是讓他掌握新的技能的過程。一步一步地教孩子完成一些有價值的任務，比如包裝禮物、使用開瓶器等。完成這些有意義的活動所獲得的成功，能讓孩子獲得滿足感。這時不需要你的表揚，他就已經自我感覺非常好了。教他切麵包片，打蛋放進烤箱裡，然後，讓他把自己做好的早餐端到餐桌上，他會覺得非常自豪和幸福。

教他控制自己的行為

　　有自制能力的孩子比那些需要你不斷提醒和反覆要求的孩子要幸福。學習自我控制對孩子有正面意義上的幫助，他更容易交到朋友。自我約束是能讓他一生快樂的基本因素，就像高樓大廈的地基一樣。如果你的孩子養成了隨心所欲的壞習慣，即使他犯了錯誤也會覺得自己自己是對的、是驕傲的。

▌家長用關愛化解「問題」

　　美國心理學家實驗表明，良好的期望能促進孩子的發展，但過高的期望會使孩子承受壓力，造成心理、行為出現問題。從家庭系統的理論看，孩子的許多問題是他生長的家庭出現了問題，即親子互動、父母的期望與教育方式出現了問題。因此，為了孩子健康成長，現代家庭中的父母應該透過親子關係為孩子營造健康成長的環境。

　　孩子的心理行為問題與他們生活中所承受的壓力成正比，也與父母過高的期望水準成正比。美國心理學家羅森塔爾（Robert Rosenthal）的實驗表明，良好的期望能促進孩子的發展，但過高的期望則適得其反。

　　比如，蘭妮的爸爸和媽媽離婚了，蘭妮媽媽經常對蘭妮說：「你是個缺少父愛的苦命孩子」、「我和你爸爸離婚，讓你受委屈了」、「你和別的孩子不一樣，從小就沒爸爸管你，我把你養大不容易，你要好好學習」、「離婚後，為了你，我沒再結婚，你可別辜負了我的一片苦心」、「你是我唯一的希望和寄託」之類的話。

　　後來，蘭妮媽媽為了讓孩子恢復健康，在專家的建議下改變了對蘭妮的態度，她們之間經常說些輕鬆的話題，家庭氣氛也由原來的緊張壓抑變得輕鬆快樂起來，蘭妮的媽媽還完整地學習幼兒保健與教養方面的知識，掌握兒童身心發展的規律，從社會文化背景、年齡發展順序、實際生活經

驗等方面，判斷孩子的心理健康狀況和行為問題。目前，蘭妮正在逐漸恢復身心健康。

除了掌握一定的育兒知識，家長還要積極創造良好的家庭氣氛，注意培養親子間的融洽關係，讓孩子感受家庭的溫暖，採取民主、平等的輔導教養方式，使孩子有成功的體驗，建立他們的自信心，提高孩子學習的興趣。

科學地安排孩子的作息時間，動靜結合，多進行戶外活動，保持充足睡眠，提供合理營養，積極防治身心疾病。教育家經常說「沒有教不好的孩子，只有不會教的老師」。同理，沒有不可救藥的子女，只有不善於養育孩子的父母。

6歲的鄭朝陽是一個富裕家庭的「獨二代」，爺爺奶奶對他百依百順。他非常好動，經常偷偷抓爺爺奶奶的耳朵，在幼兒園還常在小朋友身上惡作劇。夏天的一個早晨，他僅穿著三角褲就被送來幼兒園。老師問起原因，原來早上起床的時候，媽媽沒有按他的要求給他買玩具的1,000元，他就不肯穿衣服。媽媽不敢強迫他穿衣服，因為如果那樣做，他會氣昏過去，或者發瘋般咬人。

對這樣的「問題兒童」家長應該如何對他們進行教育呢？首先要和孩子建立深厚的感情，這是有效地進行心理疏導的基礎。孩子在3歲左右是親子感情培養期，此時如果沒有與父母建立良好的親子感情，孩子很可能在8歲左右產生心理障礙，到少年時期還有可能產生心理疾病。

可見與孩子建立好親子感情，在兒童的教育中是何等的重要，這直接關係到教育的成功與否，所以父母要重視與孩子建立親子感情，與孩子保持平等親密的關係。這樣做一方面可以避免因不良家庭氣氛和家庭教育導致「問題兒童」，也是幫助「問題兒童」恢復或者趨向健康的必要條件。

家園配合挽救「問題兒童」

「問題兒童」一般都是由於家庭教育不當造成的，但是，對「問題兒童」的教育光靠家庭教育是不能解決問題的，它需要幼兒園、家庭密切配合。多數家長往往缺乏科學對待「問題兒童」的常識和方法，所以幼兒園在對「問題兒童」進行教育的同時，還要加強對家長的教育。形成家庭、幼兒園教育的合力，對於這類孩子而言非常重要。

通常來說，對於「問題兒童」的治療，不是某一個醫生或家長使用某一種矯正方法就能治癒的，它需要醫生、家長、老師以及全社會共同努力，透過消除社會、家庭環境中不利因素，正確運用教育學、心理方法，輔以藥物治療，才能達到糾正兒童異常行為的目的。

在對孩子進行治療的過程中，家園間的資訊交換非常重要，幼兒園老師要針對「問題兒童」定期進行家庭訪問，也可以請家長到幼兒園觀察孩子的當前情況，雙方都要及時掌握孩子的最新動態，這是糾正、輔助孩子康復的第一手資料，是治療方案有效到位的依據。

因為「健康的孩子總是相似的，而需要特殊照顧的孩子則是各不相同的」，老師向家長介紹幼兒在園中的學習和活動情況，或者透過家長了解到孩子在家的表現情況，全方位地準確地了解他們的具體情況，才能做到因材施教，最終才能解決問題。

另一方面老師要向幼兒家長介紹一些教育方法，或者請有經驗的專家介紹他們成功的教育經驗，使家長熟悉一些基本的教育方法，提升家庭教育的品質，使家庭教育與幼兒園教育相輔相成，為這些需要特殊照顧的孩子的健康成長創造良好的條件。

某幼兒園裡去年招生到兩名需要特殊照顧的小朋友：安妮和陳小飛。他們來自不同的家庭，存在的問題也不完全相同。安妮是一個自閉症患者，而陳小飛不但有過動症，還智力低下。面對這樣兩個孩子，該幼兒園

的園長和老師沒有像其他幼兒園那樣把他們拒之門外，而是伸出溫暖的雙臂迎接他們。

　　為了讓正常的孩子能夠接受安妮和陳小飛，老師首先向別的孩子清楚地解釋了為什麼安妮和陳小飛需要特殊照顧，並引導小朋友怎樣在平時照顧這兩個特殊的小朋友。這樣就避免了，當安妮不理睬小朋友向她問好或者陳小飛突然自己跑出隊伍時，別的小朋友對他們的舉止感到意外。老師營造這樣一個接納的環境，提高安妮的社會交往技能，同時規範陳小飛的行為。

　　老師還積極了解、跟進這兩個孩子各自的治療進度，與醫生、家長取得廣泛的連繫，收集安妮包括心理測驗、自我概念測驗和家庭情況等等資料，與醫生達成共識，制定輔導計畫。老師還提醒家長們注意自己的不良行為，保持家庭和睦溫暖，不要以粗暴或簡單的批評方式來糾正孩子的不良行為。

　　針對陳小飛的情況，老師積極配合心理學家，關於讓他在團體中學會自我控制的建議，採取幫助他「出聲思考」方法。經常提醒陳小飛思考：我的錯誤行為是什麼？如何控制它？我在按照我的計畫行事嗎？我過去是如何做的？並要求他站在局外人的立場上觀察他自己的行為。透過觀察自己的行為，使他增加一些控制自己行為的能力。逐漸地，陳小飛能知道引發其放肆行為或過動的信號，這樣他就能以比較好的態度，去控制以前所不能控制的行為。

　　接下來，老師配合家長矯正陳小飛的行為：對他在課堂上注意力不集中，經常干擾他人、隨便在教室內走動之類的行為，老師首先詳細說明幼兒園小朋友學習時應該做到的要求。每當陳小飛能達到老師要求的時候，老師就及時表揚他，透過強化好的行為，讓他把好行為和表揚連繫起來，減弱他出現壞行為的心理動機。不斷強化後，陳小飛的過動症狀況得到了明顯改善。

對安妮也是一樣，教師透過她的父母取得了和醫師之間的連繫，並提供一切關於安妮的資料，了解安妮的醫師制定的措施，在相互配合下進行治療。老師還和安妮的家長約定：關心其生活，不要過分溺愛，凡事不能包辦。鼓勵她做一些力所能及的事，做好了要及時讚賞，失敗了要指出如何避免失敗。在她害羞或者遊戲失敗時，家長和老師不要過多指責和施加壓力。

結合醫生的建議，老師定期與安妮說悄悄話，讓她在有保護的環境裡，釋放出被抑制的感情和未說出的恐懼。指導她如何去克服無助感和恐懼感。在課外活動中老師還組隊一部分低齡小朋友和她一起完成一些簡單遊戲，當他們失敗的時候，耐心地使她們明白自己在遊戲中，所扮演的角色和如何避免失敗，以便他們能改過自己的行為。透過反覆多次交流和這樣的活動，幫助安妮克服無助感和怕失敗所導致的恐懼、退縮心理。

老師還建議家長用電視示範方法矯正安妮的孤獨感、不能與人交朋友的缺陷：經常給安妮看經過精心設計的錄影帶，內容都是描寫在幼兒園裡小朋友的相互幫助。在每個情節裡，可以看到有一個幼兒首先是觀察別人的行為，後來就參加到他們的活動裡去，接著便出現強化後果。例如一個孩子給另一個孩子玩具並和他談話、微笑，然後他們快樂地玩在一起。透過一段時間觀看，小安妮開始變得願意參加一些活動，喜歡並學會和小朋友交朋友了。

老師還借助高科技力量，讓有問題的孩子獲得一些幫助。專家研究發現，微型電腦的應用，對有行為問題的孩子具有特別的意義，因為它對這類兒童有時表現的不恰當行為，能做出客觀公正的反應，而那些有問題的孩子，對來自老師或家長的回饋做出的反應，可能很失望，這往往使教育者不得不帶著負面的情緒教育他們，容易出現前文提到過的「惡性循環」。

　　然而，由於電腦不會在情感上與這些孩子相互影響，當這些孩子出現行為偏差，或者在解決問題時遇到困難，他們可以依靠借助電腦中的遊戲，弄清楚為什麼，同時得到正確的回答。在家中或幼兒園有意識地讓「問題兒童」像正常的孩子一樣使用電腦，有助於解決普遍的行為問題。特別是對那些過分好動或注意力難集中的幼兒，當他們操作電腦時，必須注意力很集中才能進行，因此電腦對糾正兒童過動、注意力不集中和常表現不恰當行為有很大的幫助。

　　建議家長和老師給孩子創造必備的條件，不要以為他們是「問題兒童」就阻斷了和高科技產品的密切接觸。其實，即使是「問題兒童」，他們也有很大的發展潛力，只要多一些耐心、多一份呵護，科學的教育引導往往可以彌補多種缺憾和不足。

　　總之，「問題兒童」的出現並不可怕，這是社會發展的產物，在教育發展的長河中總會有許許多多的我們意想不到的問題出現的，關鍵是看我們如何去面對這些問題。既然問題已經出現了，那麼我們就不應該迴避它，而是應當正確地面對它，首先要承認問題的客觀存在，然後是潛心地去研究它，最後尋找出解決問題的辦法。

　　只要我們教育工作者認真、科學地對待問題，潛心地研究問題，總會找到解決問題的辦法的；只要學校、家庭和社會全面合作，對「問題兒童」加以正確地引導和合理的教育，定能使「問題兒童」得到轉變，健康地成長。

你最終能給孩子什麼

　　家庭教育是一個歷久彌新的議題。說它「久」，是因為只要家庭存在，就有家庭教育的問題。兒女抬頭不見低頭見，古人說子女都在「膝下」，形象地說明了父母和子女的親密關係，無數的事實證明了家庭教

育，對於一個人的成長具有多麼關鍵性的影響。說它新，是因為社會生活和家庭結構都發生了很大的變化，特別是獨生子女和單親家庭越來越多，孩子所直接接觸到的社會資訊也越來越多，很多父母覺得孩子「不聽話」、「管不了」。不知多少父母都在感嘆，教育孩子是一件吃力不討好的苦差事。

父母的苦，首先來自家庭教育的目標問題，你要把孩子培養成什麼樣的人？從理論上說，孩子有無限的前途，有的父母看著走紅的明星、著名的作家、成功的經理等等「上流社會人士」，嫉妒心理湧上來，恨不得自己的孩子一夜成名。

父母有了「超越常理」的期望，自然就會給自己超常的壓力，而這種壓力，轉嫁到孩子身上，就是超常的「投入」，外加超常的要求。進口的奶粉，時髦的衣服，高端的玩具，連綿不斷的零用錢……父母們似乎在心甘情願地吃苦受累。實際上這些都是父母的糖衣炮彈，反思一下，在看上去無私無悔的投入背後，父母藏匿了多少不切實際的「願望」呢？孩子無法洞察父母的心思，但是他們身上的各種壞習慣，就是對父母的最好「報應」，最起碼，父母也落個吃力不討好的下場。

每個人一出生，就意味著開始脫離母體，成為獨立的人，成為有「別」於父母的人。孩子的成長，最終要依靠他自己的基本素養。最貼切的比喻，就是教子如種樹，父母要在孩子的「根」上，下工夫，而不要整天想著子女應該開什麼花，結什麼果。古人所說的「揠苗助長」，非常形象地說明了急於求成，本末倒置的不明智做法，這個成語大家都熟悉，但是事到臨頭，自己教育子女的時候，就不由自主地虛榮起來了。

再淵博的父母，也代替不了圖書館；再富有的父母，也不是搖錢樹。你最終能給孩子多少具體的知識和物質享受呢？如果你的孩子在這一時期，從你的家庭教育中獲得了健康的人格，可以獨立地解決困難，自信地

面對挑戰，自覺地遠離惡習，主動地承擔責任，熱情地投入生活，友好地看待他人 —— 總之，成了一個素養極佳的人，成了一個不用你操心，能為社會作出貢獻，實現自己個人理想的人，那才是功德無量的事情。

孩子不是父母自己的，而是屬於孩子自己的，父母有撫養和教育的義務，而沒有管制和強迫的權力，如《道德經》所說的「生而不有，長而不宰」。有的父母可能會說，孩子是我的骨肉，我們做父母的辛苦又辛苦地拉拔孩子，教育孩子，孩子怎麼不是我自己的呢？

但是，成年人不要忘記自己的身家性命，也不是大風刮來的，每個人都是被撫養、被教育，才長大的。所以說，教育孩子是父母應盡的社會責任，也是對自己所受教育的一種償還，所以不能認為作為父母，就理所應當地對孩子發號施令；不能把父母的意願強加給孩子。

父母也不是孩子的，在孩子面前，父母的獨立自主性並不由於血緣關係而應該放棄。父母完全沒有必要，最終也不可能成為孩子的僕人。很多父母自覺自願地為孩子遮風擋雨、端茶送水、穿衣提鞋 —— 不肯錯過一次機會，同時兼任孩子的自動提款機，孩子連提都不用提，錢就送上來了。我們對這樣的父母朋友要說一聲：「休息一下吧，您！」

最重要的，是要把孩子培養成獨立自主的人。因循守舊、懶惰怯懦、悲觀厭世、浮躁輕率、好高騖遠、自私孤僻等等不良因素，都會左右孩子的成長。社會是大熔爐，也是大染缸，最終能否成「才」，有沒有獨立自主的人格是最重要的因素。

但是，家庭教育是一個日積月累的漸進過程，它是一種藝術，而不是一種技術，也就是說不能像設計產品那樣，按照一定的製程教育我們的孩子，然後可以斷定孩子的長短。孩子是活生生的，社會是變動不居的，家庭教育實際上是處於動態的。

同時，家庭教育也沒有什麼祕密可言，有些父母希望獲得一勞永逸的「靈丹妙藥」，也是不切實際的、偷懶的想法。

父母教育是家庭教育成敗的關鍵

現代家庭與家庭教育，隨著現代社會變遷，已成為世界性的問題。家庭是以婚姻為基礎和以血緣為紐帶而形成的社會生活的基本單位，是社會最微小的細胞。家庭，既是個人最早接觸的社會化團體，也是社會安定團結的基石。因此，一個現代的健康的家庭，真心實施與發揮有效的家庭教育功能，便成為國家與社會發展的根本和基礎。穩定的家庭和科學的家庭教育的重要性是顯而易見的。那麼，到底怎樣實施家庭教育？現今家庭教育的重點又應該放在哪個方向、哪個內容之上呢？

家庭教育的內容是很廣泛的。它包括家庭生活禮儀、家庭倫理（人際關係）、家庭道德、夫妻婚姻關係、子女教育、家庭生活教育（環境管理、經濟管理、飲食健康管理、娛樂休閒管理等）和父母教育。而這諸多內容中，目前最為迫切和亟待解決的是父母教育，因為父母教育的主要目的在於提高父母素養。

所謂父母教育，就是指對父母進行教育，即父母在對子女進行教育前，父母自身先學習，先受教育。父母教育的重要性主要表現在：

1. 透過父母教育，提高父母素養，這將為提高下一代素養，打下一個扎實基礎，並將直接促進社會安定與發展，從而進一步達到提高全民族人口素養的目的。

2. 透過父母教育，提高父母素養，可以為學校教育由應試教育向素養教育轉變奠定一個良好的社會基礎和創建一個合適的社會氛圍。

3. 透過父母教育，提高父母素養，可以減少甚至根治問題兒童和不良少年的發生率。因為，問題兒童和不良少年產生的根源在於成人。研究表明，父母、教師以及其他成人的不正確的教育思想、觀念和方法，是產生問題兒童和不良少年的主要原因。問題兒童的問題不在兒童本身。

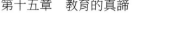

4. 透過父母教育，提高父母素養，可以改善父母的教育觀念和具體的教育方法與技巧。從而改變父母的具體教育手段落後於兒童成長的現狀，使父母能夠有能力提前預防和察覺兒童成長中可能發生的問題。

同時，要注意兩個具體問題，其一，要避免家庭教育成為一種針對年輕父母的單純知識傳遞和灌輸的傾向。知識的傳遞是必需的，但家庭教育的核心思想是：幫助父母建立教育好兒童的信心，引導父母了解教育兒童過程中遇到的問題的原因，學會分析問題，使父母能真正發現作為父母的「真我」，並有勇氣承認「真我」；在父母消除各種不良的心理偏差中，能真正努力實現對兒童的有建設性的教育。

因為，每一個家庭，每一個兒童及其父母在實施家庭教育的實際過程中，所遇到的問題是相當複雜的，如果不能解決父母自身處理和應對問題的能力，就很難解決這些具體問題。

其二，家庭教育側重的是父母教育。如果家庭教育僅限於如何培養兒童，而忽略真正需要提高的是父母素養，那麼，這樣的家庭教育很難取得預期的效果。父母素養不高，怎能擁有一個良好的家庭教育氛圍，又怎能培養出適合未來社會需要的身心健全發展的下一代呢？

法國著名少年節目主持人克里斯琴·施皮茲博士，曾經這樣給做父母的人忠告：培養你們的孩子，多和孩子在一起，因為親情的慰撫與關懷有助於孩子的成長；留心不要在無意中謾罵了孩子，孩子的潛能是否得到發展，需要的是鼓勵，鼓勵中的孩子對未來充滿信心；不要替孩子作太多的決定，父母是孩子學習的輔導者而不是替代者，讓孩子學會快樂生活。

施皮茲博士還告誡父母們要記住這樣的基本道理：我們生兒育女不是為了自己，也並非為了填補感情空虛或要兒女為我們實現未完成的夢想生活；父母的職責是幫助他們明白必須對自己負起責任。而要做到這些，父母的素養有決定作用。從這個意義上講：家庭教育的第一步，應是父母教

育；家庭教育的重心，應是父母教育；並且需要真正提高父母素養。

所以，父母教育是家庭教育成敗的關鍵。

初為人母，我很無助！

掌握生存技能 × 累積失敗經驗 × 克服恐懼心理，從初步成長到獨立自主，打造孩子的人生基礎

編　　著：錢媽媽

發 行 人：黃振庭

出 版 者：崧燁文化事業有限公司

發 行 者：崧燁文化事業有限公司

E-mail：sonbookservice@gmail.com

粉 絲 頁：https://www.facebook.com/
　　　　　sonbookss/

網　　址：https://sonbook.net/

地　　址：台北市中正區重慶南路一段六十一號八
　　　　　樓 815 室

Rm. 815, 8F., No.61, Sec. 1, Chongqing S. Rd.,
Zhongzheng Dist., Taipei City 100, Taiwan

電　　話：(02)2370-3310

傳　　真：(02)2388-1990

印　　刷：京峯彩色印刷有限公司（京峰數位）

律師顧問：廣華律師事務所 張珮琦律師

定　　價：450 元

發行日期：2023 年 06 月第一版

◎本書以 POD 印製

國家圖書館出版品預行編目資料

初為人母，我很無助！掌握生存技
能 × 累積失敗經驗 × 克服恐懼心
理，從初步成長到獨立自主，打造
孩子的人生基礎 / 錢媽媽編著 . --
第一版 . -- 臺北市：崧燁文化事業
有限公司 , 2023.06
　　面；　公分
POD 版
ISBN 978-626-357-418-2(平裝)
1.CST: 親職教育 2.CST: 親子關係
3.CST: 子女教育
528.2　　112008273

電子書購買

臉書